これからの病院経営を担う人材

医療経営士テキスト

病院会計

財務会計と管理会計

中級【一般講座】

橋口　徹

8

日本医療企画

はじめに

わが国の病院経営が危機に瀕している。少子高齢化社会の進展を背景に、医療費抑制政策が続く中で、医療事故の防止対策、感染予防対策、地域医療連携の強化など、多くの困難な経営課題を抱えており、病院等の医療機関の維持・運営は、従来になく厳しい状況となっている。

とりわけ病院収益に直結する診療報酬改定では、DPC／PDPS(Diagnosis Procedure Combination／Per-Diem Payment System：診断群分類別包括評価制度)に基づく包括評価(急性期入院医療におけるDPCに基づく1日当たりの診療報酬の包括評価)の拡大が進展している。

病院経営上、その重要な対策として、しっかりとした原価管理を行うとともに、会計情報を基に院内の経営資源の有効活用を図り、収益を生み出す効率性の高い経営管理体制を構築していくことが、病院等がこれから生き残りを図るうえでの必須条件となってくる。

その意味で、現在のような変革期における病院経営において、会計情報が果たす役割は大変大きいと考える。

本書は、病院に不可欠な経営資源とされる「ヒト・モノ・カネ・情報」のうち、おカネの部分に焦点を当てて執筆されたテキストである。

本書の構成については、大きく分けると、第1章では財務会計とその関連領域、第2章では管理会計とその関連領域について取り扱っている。

本書は、病院などの医療機関の院長や事務長をはじめとする病院職員、大学・大学院などの教育機関で会計や医療経営などを学ぶ学生を主な読者として想定している。

最後に、本書を執筆するうえで、医療マネジメント全般については、大道 久先生(医学博士、前・日本大学医学部社会医学系医療管理学分野教授、社会保険横浜中央病院院長、日本大学医学部客員教授、財団法人日本医療機能評価機構理事、日本医師会医療政策会議委員・同病院委員会委員長ほか公職多数)、管理会計については、故・小川 洌先生(早稲田大学名誉教授、元国際会計研究学会会長ほか公職多数)、財務会計については、長谷川茂先生(早稲田大学名誉教授)のご教示に負うところが極めて大きい。著者の恩師である先生方には、ここに記して深く感謝申し上げる次第である。

また、本書の出版に当たり編集において格別のご配慮をいただいた㈱日本医療企画に対しても心から厚くお礼申し上げる。

橋口　徹

目次
contents

第1章

財務会計と関連領域

財務会計の基礎知識

1　会計の領域

(1) 財務会計と管理会計

会計とは、情報利用者が適切な判断と意思決定ができるように、経済主体の経済活動を記録・測定して伝達する手続きをいう。営利・非営利を問わず、経営組織の実態を伝達する言語の役割を果たしているといえる。

会計は、その果たす機能の観点から、①「財務会計(financial accounting)」、②「管理会計(management accounting)」という２つの領域に大別される。

①財務会計とその目的、情報の利用者

財務会計は、病院等、経営組織の経営成績*1および財政状態を明らかにし、それを外部の利害関係者に提供することを目的とする。財務会計は「外部報告会計」とも呼ばれる。その情報提供手段としては、損益計算書および貸借対照表等の財務諸表(financial statement)が用いられている。

特に病院外部の利害関係者としては、金融機関等の債権者、取引先(医薬品、医療材料等の仕入先など)、監督官庁、税務当局、患者およびその家族、潜在的患者である地域住民等が存在する。

②管理会計とその目的、情報の利用者

管理会計は、経営組織の内部の利害関係者に対して、意思決定または組織のコントロールを行うのに有用な情報の提供を目的とする。管理会計は「内部報告会計」とも呼ばれる。経営組織内部の利害関係者は、開設者および法人本部、経営管理者(病院長、幹部職員)、施設職員および労働組合等が挙げられる。

(2) 財務会計と管理会計の関係

財務会計と管理会計を比較した場合、前述の会計情報の利用目的以外でも、いくつかの側面でその違いが見られる(表１－１)。

＊1　病院会計の場合、後述するように、施設会計としての性格を考慮し、経営成績ではなく運営状況と表現される。

取扱情報の性格

まず会計情報の内容であるが、財務会計は、期間損益計算を行い、配当可能利益を算定するという主要な役割を担っている。その会計情報は客観的かつ検証可能でなければならず、すでに確定した過去の情報を取り扱う。

それに対し、管理会計は、経営管理に役立たせるために、有用性や目的適合性の視点が重視される。さらに迅速性が要求されることから、未来予測を実施するための将来情報も併せて取り扱う。

主な会計単位

次に、「会計単位(accounting unit)」、すなわち会計が行われるために限定される範囲のことであるが、財務会計において、病院会計準則では施設、医療法人会計基準では法人を会計単位としており、他の法人や施設との比較がそれぞれ概ね可能になっている(なお、開設主体ごとに準拠する会計基準が異なっている点に留意する必要あり)。

これに対し、管理会計では、プロジェクト別損益計算、患者別(疾病別)損益計算など、施設単位に縛られず、会計単位を自由に設定できる。

情報の属性

財務会計では、前述のように、病院を含む医療法人等の損益計算と、国の法人税法上の所得計算が、実際上一体化されていることなど、制度上多くの利害関係者のため、その会計情報の属性として、正確な期間損益計算の観点から、客観性、検証可能性が重視されている。

これに対し、管理会計では、経営管理への役立ちの観点から、有用性、目的適合性、迅速性のほうがより重視されている。

表1-1　財務会計と管理会計の相違点

	財務会計	管理会計
情報の利用者	外部利害関係者	内部経営管理者
取扱情報の性格	過去情報	過去情報 未来情報
主な会計単位	法人 (例外：病院会計準則→施設)	施設、部門 プロジェクト
情報の属性	客観性 検証可能性	有用性 適時性
会計期間	年間決算（1年） 中間決算（6か月） 四半期決算（3か月）	予算期間（1年または6か月） 設備投資計画（10年など） 原価計算期間（1か月）
貨幣的評価	貨幣	貨幣、物量

会計期間

会計を行う期間である会計期間であるが、財務会計では、制度上、安定して事業が継続されるという「継続企業(going concern：ゴーイング・コンサーン)」の概念を前提として、毎年、一定の期間(１年、６か月[中間決算]ないし３か月[四半期決算])の末日において、当該期間における損益、および期末における資産・負債、純資産(資本)を計算・確定するよう定められている。

これに対し、管理会計では、会計期間を任意に定めることができる。

貨幣的価値

さらに財務会計では、期間損益計算重視の観点から、会計行為すなわち記録・測定・伝達のすべてが、貨幣額による貨幣的評価(monetary valuation)によって行われる。

これに対し、管理会計では、例えば、環境管理会計等で見られるように、物量による測定(個数や重量等)など、貨幣価値以外の単位を尺度として用いることもできる。

このように財務会計と管理会計を対比してみると、一見、両者はまったく別物で何ら関係がないように見える。しかし実は、両者は相互補完関係にあるといえる。

例えば、財務会計上、標準原価によって棚卸資産を評価し、また費用測定を行った場合、これらの会計情報は、管理会計上の計算技法である標準原価計算に依拠することになる。

また、中長期の経営計画を立案する際に、過去の実績データに基づいて、実現可能な目標を設定することになることから、管理会計上でも、財務会計の観点からの実績データの分析や経営計画上のキャッシュ・フロー分析が必要になるなど、財務会計と管理会計は不可分の関係にあるということができる。

(3)財務会計と管理会計の関連領域

本章の冒頭で、会計は、主に財務会計と管理会計の２つに大別されると述べたが、会計をもっと大きな枠組みで捉えた場合、それぞれ関連性の強いいくつかの領域を設定することが可能である。

財務会計の関連領域

まず財務会計と有機的に結び付けられる主な関連領域としては、「税務会計」「会計監査」などが挙げられる。

税務会計とは、法人の課税所得および支払税額の算定を行う会計である。具体的には、法人税法の規定に従い、財務会計によって算出された損益計算書上の当期純利益を基礎に、法人税法で定められた調整項目を加減算することによって行われる。財務会計の目的に鑑みて、財務会計上の期間損益計算と、多くの経営組織の法的組織形態である法人の課税所得計算とは元来別個のものであるが、実務上は、一体化されている。

会計監査とは、財務会計によって作成された財務諸表を利用する利害関係者のために、第三者が検査・評価を行い、その情報内容がすべての重要な点において正確に表示されているか否かを検証し、その結果を意見として表明することである。会計監査は、公認会計士、あるいは、その集まりである監査法人によって実施される。

管理会計の関連領域

管理会計の関連領域としては、主に、「経営分析(財務諸表分析)」が挙げられる。

これは、経営組織の財務状況を概略的に把握するため、確定した財務諸表の数値をもとに、損益計算書における利益の算出過程や貸借対照表の流動・固定区分などに着目しながら、財務諸表の数値を加工して比率などを算出したうえで、時系列的傾向や他組織との比較を通じて行われる。その目的は、経営管理や評価への活用にある。

とりわけ営利企業等を対象とした一般的な経営分析とは別に、病院等の施設経営に特有な経営指標の分析がある。そこでは、一般的な財務諸表データの活用により算定された数値以外に、患者数や平均在院日数など、非財務情報等を活用することによって、病院等の経営管理や評価に役立てられている。

2 財務会計の基本的役割

一般に、財務会計は、外部報告会計としてさまざまな役割を有している。基本的なものとしては、次の２つである。

(1)経営組織の経営成績(運営状況)を明らかにすること

株式会社のような営利組織の場合、現代にあっては社会貢献活動など多種多様な活動を行っているが、当該組織の主要な目的は利益の獲得を通じて純資産(資本)、すなわち出資者の持分の増大を目指すことである。

そして、当該組織の一定期間における経営成績、すなわち、どれだけの利益を獲得したのか、あるいは、どれだけ損をしたという経営組織の活動結果は、財務諸表の「損益計算書(profit and loss statement, income statement：P/L)」にその利益計算の過程が明細表示される(39ページ図１－21、40ページ図１－22～23参照)。

利害関係者の多くは、経営組織の収益力に大きな関心を有しており、これに応えるために、経営者は、毎期、当該組織の経営成績を明らかにしなければならない。

例えば、営利組織である株式会社の出資者である株主は、現代経営組織の特徴である資本と経営の分離の下、自己資本を経営者に委託しており、配当可能利益および経営組織の収益力の基礎となる期間損益計算の結果に関心を有している。

また、経営組織に資金を融資している銀行等の債権者の立場からみれば、貸し付けた資金を確実に回収できるかどうか、貸付先の債務返済能力および利息支払能力の基礎となる経営成績の結果について大いに関心を有しているといえる。

なお、病院等を運営する医療法人については、医療法第54条において、医療の公共性の観点から剰余金の配当が禁止されているため、出資者の収益力への関心は、営利組織におけるそれとは異なるものであることに留意する必要がある。

(2)経営組織の財政状態を明らかにすること

財政状態とは

ここで、財政状態とは、経営組織が事業活動を行うために用いる資金の調達源泉(負債＋純資産ないし資本)と、それが実際に運用されている状態(資産)をいう。

すなわち、自己資本(純資産ないし資本)および他人資本(負債)として調達された資金が、事業用資産として経営組織内に投下され、それをうまく運用しつつ事業展開を図ることで資金が循環することになる(資金循環プロセス)。例えば、販売業であれば、現金(元手)→〔仕入〕→商品→〔販売〕→売掛金・受取手形→現金(原価＋利益)、また製造業であれば、現金(元手)→〔購入〕→原材料・労働力・機械設備・外部サービスなど→〔製造〕→仕掛品→製品→〔販売〕→売掛金・受取手形→現金(元手＋利益)というような流れである。

上記の資金循環プロセスにおける、ある一定時点において使用されている資金の調達源泉と、その資金循環プロセスにおける運用の状態が財政状態である。

貸借対照表における財政状態の表示

経営組織の財政状態については、財務諸表のうち、「貸借対照表(balance sheet：B/S)」において表示される。

なお、貸借対照表を構成する資産、負債、純資産(資本)について、継続企業(経営組織が将来にわたって事業活動を継続すること)を前提とし、期間損益計算を重視する現代会計では、次のように定義できる。

①資産………経営組織の事業活動における一定時点にて、将来の経済的利益の獲得が期待される、資金循環プロセスにある投下資本で、かつ貨幣額によって合理的に測定できるものをいう。

②負債………負債とは、経営組織の事業活動における一定時点にて、支払義務等、当該組織が負うべき経済的負担であって、かつ貨幣額によって合理的に測定できるものをいう。

負債は、法律上の債務であるか否かによって、1)法的負債、2)会計的負債に分けられる。前者には、支払手形、買掛金、借入金などの確定債務のほか、退職給付引当金などの条件付債務が含まれる。また後者には、修繕引当金などの負債性引当金、および費用の見越し計上、収益の繰り延べ計上による未払費用、前受収益などの経過負債が含まれる。

③純資産……純資産とは、経営組織の事業活動における一定時点にて、当該組織が保有する資産の総額(総資本)から、当該組織が負担すべき負債を控除した残余の資

産額をいう。元本である出資金等の額、および、その果実である獲得利益の額から構成される。

（負債や純資産の分類の詳細については、32ページ「5 負債および純資産の分類」参照）

3 わが国の病院経営にかかる財務会計の概要

(1)病院会計準則の誕生とその変遷

後述する医療法人会計基準が制定される以前、わが国の標準的な病院会計のルールであった病院会計準則は、病院が適正な医療を提供していくためには経営の安定が不可欠であり、病院経営者がその運営状況(企業会計でいう経営成績)および財政状態を的確に把握する必要があることから、厚生省(現・厚生労働省)が、1965(昭和40)年10月15日付医務局長通知(第1233号)として各都道府県知事宛に通知したものである(**表1－2**)。

当時、わが国には、統一的な病院会計基準がなく、1963(昭和38)年に病院勘定科目が定められたものの、会計処理の基準や、病院の経営成績および財政状態を報告する財務諸表の様式ならびにその作成方法に関するルールの制定が急がれていた。このような要望に応えるために、当時の病院会計の一般的水準および実務能力等を勘案しつつ、企業会計原則を基礎に、必要最低限の基準を示したものとなった。

その後、病院経営を巡る環境の変化、企業会計原則の改正等、諸般の状況を勘案して、1983(昭和58)年8月22日付医政発第824号の厚生省通知により、財務諸表体系、勘定科目等の抜本的見直し、整備の全面的な改正がなされた。当時の改正は、病院機能の変貌、病院会計準則の基礎となった企業会計原則の改正等が背景にあり、体系整備を中心に全面改正が行われた。

そして、前回の見直しから20年以上が経過し、医療施設の機能の類型化、介護保険制度の創設など、病院を取り巻く環境の著しい変化を踏まえて、厚生労働省は、2004(平成16)年8月19日付医政発第0819001号による都道府県知事宛の通知によって、新たな病院会計準則(以下、改正病院会計準則という)を公表した。

(2)改正病院会計準則の特徴

改正病院会計準則における財務諸表の体系

この改正病院会計準則では、施設を会計単位とし、個々の病院等の財務諸表を作成するための会計基準として明確に位置づけられた。それとともに、施設における資金の状況を正確に把握したいという利害関係者の要請から、新たにキャッシュ・フロー計算書が財務諸表体系の中に導入された点が大きな特徴といえる。これによって、新たな財務諸表の体系は、次の通りとなった。

表1-2　**医療法改正と医療法人等にかかる会計ルールの変遷**

●医療法公布（1948［昭和23］年）
●医療法に医療法人制度追加（1950［昭和25］年）

「病院会計準則」公表（1965［昭和40］年）、「病院会計準則」改正（第1次）〈1983［昭和58］年）

第1次医療法改正（1985［昭和60］年）
・都道府県における医療計画制度の導入 ・医療法人に対する指導監督規定の整備 ・都道府県における医療審議会の設置　など
第2次医療法改正（1992［平成4］年）
・特定機能病院、療養型病床群制度の創設 ・老人保健施設等、医療施設機能の体系的整備 ・医業等にかかる広告規制の緩和　など
第3次医療法改正（1997［平成9］年）
・療養型病床群制度の診療所への拡大 ・地域医療支援病院制度の創設 ・医療計画制度の充実 ・医療法人の業務範囲の拡大等にかかる規定整備 ・インフォームド・コンセントの法制化　など
第4次医療法改正（2000［平成12］年）
・医療機関の機能分化（一般病床・療養病床の区分） ・広告規制の緩和 ・医師の臨床研修の必修化 ・一般病床の看護師配置基準の強化 ・カルテ（診療記録）開示の法制化 ・病院業務の外部委託の進展　など
第5次医療法改正（2006［平成18］年）
・医療法人制度改革（社会医療法人制度の創設など） ・医療機能の分化・連携の推進 ・地域や診療科による医師不足問題への対応 ・医療安全の確保 ・患者等への医療に関する情報提供の推進　など
第6次医療法改正（2014［平成26］年）
・医療法人制度の見直し（「持分なし医療法人」への移行の促進など） ・病床の機能分化・連携の推進 ・特定機能病院の承認の更新制の導入 ・医師および看護職員の確保対策 ・医療機関における勤務環境の改善 ・チーム医療の推進 ・医療事故調査の仕組み等の整備 ・臨床研究の推進　など
第7次医療法改正（2015［平成27］年）
・地域包括ケアシステムの構築 ・地域医療法人連携推進法人制度の創設 ・医療法人制度の見直し　など （医療法人の経営の透明性の確保） （医療法人のガバナンスの強化に関する事項） （医療法人の分割等に関する事項） （社会医療法人の認定等に関する事項） （医療法人への会計基準の適用、外部監査の義務づけ）
第8次医療法改正（2017［平成29］年）
・特定機能病院のガバナンス改革に関する規定の創設 （一層高度な医療安全管理体制の確保）など ・「持分なし医療法人」への移行計画の認定制度の延長 ・認定医療法人への贈与税非課税要件の大幅な緩和 ・医療機関開設者に対する監督規定の整備 ・検体検査の品質・精度管理に関する規定の創設 ・医療機関のウェブサイト等における虚偽・誇大等の表示規制の創設 など

「病院会計準則」改正（第2次）（2004［平成16］年）（第4次医療法改正に対応）

四病院団体協議会「医療法人会計基準に関する検討報告書」公表（2014［平成26］年）（第5次医療法改正に対応）

「医療法人会計基準」公表（2016［平成28］年）「地域医療連携推進法人会計基準」公表（2017［平成29］年）（第7次医療法改正に対応）

①貸借対照表
②損益計算書
③キャッシュ・フロー計算書
④附属明細表

従来の体系では、損益計算書から順に配置されていたのに対し、新たな体系では、病院の経営体質の強化の観点から、貸借対照表から順に配置し、その重要性が強調されている。

改正病院会計準則において、施設会計基準としての性格が色濃くなったのは、患者や地域住民等に信頼される医療提供体制の担い手にふさわしく、効率的で透明な医業経営の確立を目的としているためである。

すなわち、開設主体の異なる各種の病院の財政状態および運営状況を体系的、統一的に捉えることによって、個々の病院の経営管理の改善に資するのに加えて、病院の会計情報の比較可能性を確保するための情報基盤の構築を意図しているのである。

これは、わが国の病院の開設主体が多岐にわたっているとともに(図1－1)、個々の開設主体が準拠する会計基準が異なっているため、病院間の経営比較が困難な状況にあることが背景として考えられる。病院の開設主体は、複数の病院を開設・運営するだけでなく、病院以外にも診療所、研究所、学校、介護老人保健施設、社会福祉施設などのさまざまな施設や事業を運営しており、それぞれが行政上の許認可等の関係から、各種の財務諸表を作成しなければならないためである。

改正病院会計準則への新会計基準の導入

ところで、わが国の企業会計の分野において、国際会計基準への接近を意図した、いわゆる会計ビッグバンと呼ばれる新会計基準の導入(例えば、リース会計、税効果会計、新金融商品会計、退職給付会計など)が、2000(平成12)年3月の決算から逐次適用するこ

- 独立行政法人
- 国立大学法人
- 地方公営企業
- 日本赤十字社
- 社会福祉法人
- 厚生農業共同組合連合会
- 国民健康保険団体連合会
- 全国社会保険協会連合会
- 公益法人
- 国家公務員共済組合連合会
- 医療法人
- 学校法人

図1-1 **病院の主な開設主体**

とによって行われてきた(図1－2)。

そこで、改正病院会計準則でもこれに対応する形で、これらの新会計基準を導入し、財務諸表によって病院経営の実態をより適切に把握できるように配慮されている。

年度	内容
1999（平成11）年度	・個別財務諸表重視から連結財務諸表重視へ変更 ・税効果会計の導入 ・研究開発費の費用処理 ・連結キャッシュ・フロー計算書の導入
2000（平成12）年度	・退職給付会計の導入 ・有価証券（持ち合い株式を除く）、デリバティブの時価評価 ・中間連結財務諸表の導入
2001（平成13）年度	・持ち合い株式の時価評価
2002（平成14）年度	・商法の自己株式取得の解禁
2003（平成15）年度	・連結納税
2004（平成16）年度	・減損会計
2006（平成18）年度	・ストックオプション会計 ・企業結合会計 ・会社法施行

図1-2　**近年の企業会計ビッグバンの主な流れ**

(3)わが国の病院財務会計における課題と医療法人会計基準の制定

改正病院会計準則と各病院独自の会計基準

前述のように、改正病院会計準則は、施設を会計単位とし、個々の病院ごとに財務諸表を作成する際の会計基準であり、開設目的が異なる各種の病院の財政状態および運営状況を体系的、統一的に捉えるためのものであることから、開設主体の種別にかかわらず、すべての病院は、病院会計準則に準拠して個々の取引および会計事象を体系的に記録し、正確な会計帳簿に基づいて財務諸表を作成することが期待されている。それによって、財務諸表にかかる一定レベルの質と、施設間の比較可能性を担保しうる整合性を確保しうるからである。

しかし実際には、病院の各開設主体には、それぞれ準拠すべき独自の会計基準が存在しており、その存立基盤や歴史的経緯等を背景に、かなり異なる会計処理、異なる財務諸表の名称や様式が採用されている。さらに、改正病院会計準則には法規のような強制力はなく、任意適用であることから、施設間の財政状態および運営状況の比較可能性が担保されているとは言い難い状況にあるといえる。

したがって、開設主体の会計基準が病院会計準則と異なる場合であっても、病院の財務諸表については、病院会計準則に準拠する形で別途に作成することが望まれており、この問題の解消のため、2004(平成16)年に「病院会計準則適用ガイドラインについて」(平成16年9月10日医政発第0819001号厚生労働省医政局長通知)が公表されている。これは、公的病院等の開設主体が、病院の財政状態および運営状況を適正に把握し、比較可能な会計情報を作成するため、開設主体の会計基準を前提とし病院会計準則に準拠した財務情報を提供することを意図したものである。

具体的には、例えば、公的病院等の開設主体が、財務諸表作成において病院会計準則をそのまま適用できない場合において、実務上、精算表などを利用して、病院会計準則の財務諸表から、開設主体の会計基準に基づく財務諸表への組み換えを行ったり、あるいは、両者の異なる点を注記情報として、財務諸表の利用者に注意喚起をするなどの対応を行うことが求められている。

近年における医療法人制度改革の動きと医療法人会計基準の制定

また、病院等を開設・運営する医療法人(医療法第39条が根拠規定)は、介護保険制度の創設によって、加えて介護老人保健施設や訪問看護ステーションも開設・運営しており、社会保障制度改革や医療需要の変化等によって、その業務内容は多様化している。そのため、上記のようなさまざまな施設を運営する医療法人全体の経営内容を適切に表示する必要があったが、それぞれの施設に対応する会計基準はあるものの*2、これらの施設会計基準のみでは対応できない状況にあった(図1－3～8)。

したがって、医療法人全体の財政状態および運営状況を適切に把握し、経営実態を明らかにするためにも、病院会計準則とは別に、医療法人に対して強制的に適用されるような医療法人会計基準ともいうべき新たな包括的な会計基準の制定が求められていた。

このような状況の中で、第5次医療法改正(2006[平成18]年6月公布、2007[平成19]年4月施行)に基づいて医療法人制度改革が行われ*3、社会医療法人制度が創設(医療法42条の2)された。これにより、従来の医療法人の類型が変化するとともに(図1－9)、病院会計上、これまでの施設会計基準の援用を止めるとともに、第5次医療法改正で新たに制定された医療法第50条の2が規定する「一般に公正妥当と認められる会計慣行」を根拠として会計処理が行われることとなった(会計慣行斟酌規定)*4。

具体的には、「一般に公正妥当と認められる会計慣行」として、法人税法上、医療法人が株式会社などと同様に普通法人(法人税法第2条1項9号)として取り扱われることもあ

＊2 「介護老人保健施設会計・経理準則」(2000[平成12]年3月31日)厚生省老人保健福祉局長通知第378号、「指定老人訪問看護の事業及び指定訪問看護の事業の会計・経理原則」(1995[平成5]年6月1日厚生省老人保健福祉局長通知第122号・保険局長通知第57号

＊3 第5次医療法改正の主な内容は、「患者への医療に関する情報提供の推進」「医療計画制度見直し等を通じた医療機能の分化・地域医療の連携体制の構築」「地域や診療科による医師不足問題対応」「医療安全の確保」「医療法人制度改革」「有床診療所に対する規制の見直し」であった。特に医療法人制度改革においては、改正医療法が施行された2007(平成19)年4月以降、新たに認可される医療法人は、医療法人の非営利性の徹底、経営の透明性を図るため、当該改正医療法によって新設された社会医療法人および基金拠出型医療法人の2類型のみとなった。すなわち、出資持分の定めのない社団医療法人しか設立できなくなったといえる。なお、既存の出資持分の定めのある社団医療法人は、経過措置として当分の間存続することが認められ、経過措置型医療法人と位置づけられた。

り、企業会計の基準を取り入れざるを得なかったが、この場合、近年、企業会計が投資意思決定に資する情報提供を重視することから、医療法人に本来適合しないものまでも企業会計の基準を準用しなければならないという懸念があった。

このような問題を背景に、2014（平成26）年２月26日、四病院団体協議会（一般社団法

【構成】
第１章　総則
第２章　損益計算書原則
第３章　貸借対照表原則
別表第１　財務諸表科目
別表第２　財務諸表の様式
注解

2004（平成16）年８月に改正する以前の旧・病院会計準則にほぼ対応する形となっている。

【注】
介護保険事業における会計の区分が求められることから、Ｐ／Ｌについては、旧・病院会計準則ものとは異なる「介護サービス事業別損益計算書」の作成が必要となる。

（介護老人保健施設の人員、施設及び設備並びに運営に関する基準　第37条）

図１-３　**介護老人保健施設会計・経理準則**

・損益計算書
・貸借対照表
・利益金処分計算書
　又は損失金処分計算書
・付属明細表

（附属明細表）
・有形固定資産明細表
・無形固定資産明細表
・任意積立金明細表
・減価償却費明細表
・引当金明細表

（介護老人保健施設会計・経理準則　第２条の２（適用の原則））

図１-４　**介護老人保健施設の財務諸表**

＊4　第5次医療法改正により社会医療法人債制度が法定化され、社会医療法人債発行法人については、医療法施行規則第33条により、特例として決算書類が追加され（純資産変動計算書、キャッシュ・フロー計算書および附属明細表）、あわせて詳細な表示基準である、「社会医療法人債を発行する社会医療法人の財務諸表の用語、様式および作成方法に関する規則（2007［平成19］年厚生労働省令第38号」が定められた。これにより、その他の法人については、「医療法人における事業報告書等の様式について（医政指発第0330003号厚生労働省医政局指導課長通知」によることとされ、従来、医療法人の財務諸表は、施設別のものと法人全体の合算のものから構成されていたものが、新たに法人全体数値を前提としたものに改められることになった。一方で、従来の施設基準の援用を止めたため、医療法人に適用すべき明確な会計処理基準が存在しないという結果を引き起こした。このような制度上の不具合が、医療法人会計基準制定の動きにつながったといえる。

人日本病院会、公益社団法人日本精神科病院協会、一般社団法人日本医療法人協会、公益社団法人全日本病院協会の４つの病院団体から構成される協議会)によって「医療法人会計基準に関する検討報告書」が公表された。それとともに、2014(平成26)年３月19日付医政発0319号第８号の厚生労働省通知において、上記の報告書に基づく医療法人会計基準は、医療法第50条の２に規定する「一般に公正妥当と認められる会計慣行」の１つとして認められることが明らかにされた。

その後、上記の報告書を基礎として、第７次医療法改正(2015[平成27]年９月公布、

【介護老人保健施設会計・経理準則　参考例】

	合計	介護保健施設サービス	短期入所療養介護	通所リハビリテーション	○○介護
【施設運営事業損益計算】 1　施設運営事業収益 　1　介護保健施設介護料収益 　　介護報酬収益 　　利用者負担金収益 　　基本食事サービス料収益 　2　居宅介護料収益					

(2001[平成13]年３月28日　老振発第18号　各都道府県介護保健主管部(局)長宛　厚生労働省　老健局振興課長通知「介護保険の給付対象事業における会計の区分について」別紙３)

図1-5　**介護サービス事業別損益計算書(介護老人保健施設)**

【構成】
第１章　総則
第２章　損益計算書原則
第３章　貸借対照表原則
別表第１　財務諸表科目
別表第２　財務諸表の様式
注解

2004（平成16）年８月に改正する以前の旧・病院会計準則に対応する形となっている。

【注】
介護保険事業における会計の区分が求められることから、Ｐ／Ｌについては、旧・病院会計準則ものとは異なる「介護サービス事業別損益計算書」の作成が必要となる。

(指定居宅サービス等の事業の人員、設備及び運営に関する基準　第74条)

図1-6　**指定老人訪問看護等の事業の会計・経理原則**

2016［平成28］年９月および2017［平成29］年４月に段階的施行）＊5による改正医療法第51条２項の規定に基づき、「医療法人会計基準」を定めた省令（2016［平成28］年４月20日厚生労働省令第95号）が公布され、2017（平成29）年４月２日から施行されることになった。当該規定の医療法人への適用時期については、同日以後に開始する会計年度（３月決算の場合には2019［平成31］年３月期）にかかる会計について適用されることになった。これにより、ようやくわが国における医療法人の会計基準の不存在という問題が解決され

・損益計算書
・貸借対照表
・利益金処分計算書
　又は損失金処分計算書
・付属明細表

（附属明細表）
・有形固定資産明細表
・無形固定資産明細表
・任意積立金明細表
・減価償却費明細表
・引当金明細表

（指定老人訪問看護の事業及び指定訪問看護の事業の会計・経理準則　第２条の２（適用の原則））

図１-７　**訪問看護ステーションの財務諸表**

【指定老人訪問看護・指定訪問看護の会計・経理準則　参考例】

〔事業損益計算〕	合計	医療保険	介護保険事業		
			計	訪問看護	○○看護
Ⅰ　事業収益					
１　老人訪問看護療養費収益					
２　訪問看護療養費収益					
３　老人訪問看護利用料収益					
長時間利用料収益					
休日・時間外利用料収益					
交通費収益					
その他のサービス利用料収益					
４　訪問看護利用料収益					

（平成13年３月28日　老振発第18号　各都道府県介護保健主管部（局）長宛　厚生労働省老健局振興課長通知「介護保険の給付対象事業における会計の区分について」別紙４）

図１-８　**介護サービス事業別損益計算書（訪問看護）**

＊5　第5次医療法改正に引き続き、第6次医療法改正（2014［平成26］年6月公布、同年10月施行）でも「医療法人制度の見直し」が行われ、出資持分の定めのない医療法人への移行促進が図られた。そして、さらに第7次医療法改正（2015［平成27］年9月公布、2016［平成28］年9月より段階的施行）では、「地域医療連携推進法人の創設」とともに、「医療法人制度の見直し」が大きな柱となり、医療法人制度改革が行われた。第7次医療法改正における医療法人制度の見直しでは、「医療法人の経営の透明性の確保及びガバナンスの強化に関する事項」「医療法人の分割等に関する事項」「社会医療法人の認定等に関する事項」が主要改正項目として取り上げられた。

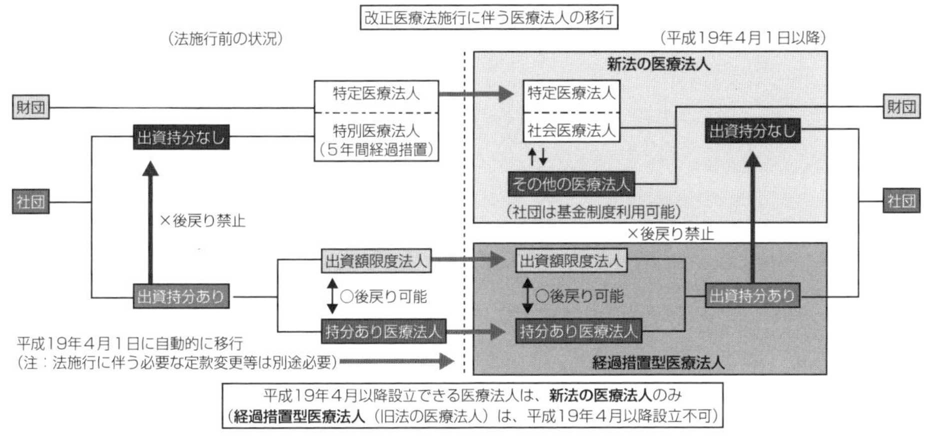
改正医療法施行に伴う医療法人の移行
（法施行前の状況）
（平成19年4月1日以降）
新法の医療法人
財団
社団
出資持分なし
出資持分あり
×後戻り禁止
特定医療法人
特別医療法人
（5年間経過措置）
特定医療法人
社会医療法人
その他の医療法人
（社団は基金制度利用可能）
財団
出資持分なし
社団
×後戻り禁止
出資額限度法人
○後戻り可能
持分あり医療法人
出資額限度法人
○後戻り可能
持分あり医療法人
出資持分あり
経過措置型医療法人
平成19年4月1日に自動的に移行
（注：法施行に伴う必要な定款変更等は別途必要）
平成19年4月以降設立できる医療法人は、新法の医療法人のみ
（経過措置型医療法人（旧法の医療法人）は、平成19年4月以降設立不可）

出典：厚生労働省「医療法人・医業経営のホームページ」より転載

図1-9　**第5次改正医療法施行による医療法人類型の変化**

たことになったのである。

医療法人会計基準の概要

医療法人会計基準は、医療法第51条1項において医療法人に義務づけられている財産目録、貸借対照表および損益計算書の作成のための会計処理の方法、そして、財務会計情報として併せて整備すべき内容を規定したものである（図1－10～13）。これは従来、決算書に関する表示基準はあるが、具体的な処理基準がないという問題があり、その解決を図ることを意図したものと見られる。

医療法第51条1項の規定は、「医療法人は、毎会計年度の終了後二月以内に、事業報告書、財産目録、貸借対照表、損益計算書、関係事業者（理事長の配偶者がその代表者であることその他の当該医療法人又はその役員と厚生労働省令で定める特殊の関係がある者をいう。）との取引の状況に関する報告書その他厚生労働省令で定める書類（以下「事業報告書等」という。）を作成しなければならない。」となっている。このうち、事業報告書は、その中心は非会計情報であるため、本基準の直接の対象とはされていない。

また、その他、厚生労働省令で定める書類として、「社会医療法人債を発行する社会医療法人」に限定して作成が求められている、キャッシュ・フロー計算書、純資産変動計算書および附属明細表があるが、これらについては、整備すべき財務会計情報において考慮されているものの、その作成方法については、別途、「社会医療法人債を発行する社会医療法人の財務諸表の用語、様式及び作成方法に関する規則（2007［平成19］年厚生労働省令第38号）」で定められているため、医療法人会計基準の直接的な適用対象とはなっていない。

これは、民間非営利法人である医療法人が、株式会社等の営利法人とは異なる性質をもつ法人であるであることから、近年における投資意思決定を重視するべく改定されてきて

法人名　〇〇〇〇〇〇〇〇
所在地　〇〇〇〇〇〇〇〇

財　産　目　録
（令和××年3月31日現在）

1．資産額　××××千円
2．負債額　××××千円
3．純資産額　×××千円

（内 訳）　（単位：千円）

区　分	金額
A 流動資産	×××
B 固定資産	××××
C 資産合計　（A+B）	××××
D 負債合計	××××
E 純資産　（C－D）	×××

図１-10　医療法人会計基準における財産目録のイメージ（出資持分あり社団医療法人のケース）

いる企業会計の手法が、他の民間非営利法人の会計基準でも取り入れられている範囲に限定されているためである。

なお、本会計基準において、決算に関する財務情報を示す書類の名称として「財務諸表」という用語ではなく「計算書類」という用語が使用されているが、これは上記省令の中で財務諸表を「財産目録、貸借対照表、損益計算書、純資産変動計算書、キャッシュ・フロー計算書及び附属明細表」と定義しているため、混乱を避けるためとされている。

医療法人会計基準と改正病院会計準則における主な特徴の比較

このように、医療法人会計基準は、改正病院会計準則と共通する点もあるが、異なる点もある。例えば、財務諸表（計算書類）では、いわゆる財務三表について、貸借対照表および損益計算書は双方ともに作成されるが、キャッシュ・フロー計算書については、改正病院会計準則において作成されるのみで、医療法人会計基準では作成されない。また、病院会計準則では、財産目録や純資産変動計算書は作成されないが、医療法人会計基準では作成される、というように細かな点は相違するところも多い（**表１－３**）。

さらに、次節「貸借対照表」のところで詳しく取り扱うが、改正病院会計準則における貸借対照表の「純資産の部」については、資産と負債の差額としての資本ではなく、単に、病

法人名　○○○○○○○○

所在地　○○○○○○○○

貸借対照表

（令和××年3月31日現在）

（単位：千円）

資産の部		負債の部	
科目	金額	科目	金額
Ⅰ 流動資産	×××××××	Ⅰ 流動負債	×××××××
現金及び預金	××××××	買掛金	××××××
事業未収金	××××××	短期借入金	××××××
未収入金	×××××	1年以内返済予定長期借入金	×××××××
たな卸資産	×××××	未払金	××××××
前払費用	×××××	未払費用	××××××
繰延税金資産	××××××	未払法人税等	×××××
その他の流動資産	××××	未払消費税等	×××××
Ⅱ 固定資産	××××××××	預り金	××××××
1 有形固定資産	××××××××	賞与引当金	××××××
建物	××××××	その他の流動負債	×××××
構築物	×××××	Ⅱ 固定負債	××××××××
医療用器械備品	××××××	長期借入金	×××××××
その他の器械備品	××××××	退職給付引当金	×××××××
車両及び船舶	×××××	その他の固定負債	××××××
土地	×××××××		
建設仮勘定	××××		
2 無形固定資産	××××××	負債合計	××××××××
借地権	××××××	純資産の部	
ソフトウェア	××××××	科目	金額
施設利用権	×××	Ⅰ 出資金	×××××
3 その他の資産	×××××××	Ⅱ 積立金	×××××××
投資有価証券	××××××	1 繰越利益積立金	×××××××
保証金	××××××	Ⅲ 評価・換算差額等	△×××××
繰延税金資産	×××	その他の有価証券評価差額金	△×××××
その他の固定資産	×××	純資産合計	×××××××
資産合計	××××××××	負債・純資産合計	××××××××

図1-11　**医療法人会計基準における貸借対照表のイメージ**
（出資持分あり社団医療法人のケース）

法人名　○○○○○○○○○

所在地　○○○○○○○○○

損　益　計　算　書

（自　令和××年4月1日　至　令和××年3月31日）

（単位：千円）

科　　目	金　　額	
Ⅰ　事　業　損　益		
A　本来業務事業損益		
1　事　業　収　益		××××××××
2　事　業　費　用		××××××××
本来業務事業利益		××××××
B　附帯業務事業損益		
1　事　業　収　益		××××××
2　事　業　費　用		××××××
附帯業務事業損失		△×××××
事　業　利　益		××××××
Ⅱ　事　業　外　収　益		
受　取　利　息	×××	×××
Ⅲ　事　業　外　費　用		
支　払　利　息	××××××	××××××
経　常　利　益		×××××
Ⅳ　特　別　利　益		
投資有価証券売却益	×××××	×××××
Ⅴ　特　別　損　失		
固定資産売却損	×××××	
固定資産除却損	×××××	×××××
税　引　前　当　期　純　利　益		×××××
法人税・住民税及び事業税	×××××	
法　人　税　等　調　整　額	△×××××	×××××
当　期　純　利　益		×××××

図1-12　医療法人会計基準における損益計算書のイメージ
（出資持分あり社団医療法人のケース）

法人名　〇〇〇〇〇〇〇〇
所在地　〇〇〇〇〇〇〇〇

純資産変動計算書
（自　令和××年4月1日　至　令和××年3月31日）

	基　金（又は支出金）	積立金					評価・換算差額等		純資産合計
		代替基金	〇〇積立金	繰越利益積立金	積立金合計	その他有価証券評価差額金	繰延ヘッジ損益	評価・換算差額等合計	
令和〇年4月1日残高（**当期首残高**）	×××	×××	×××	×××	×××	×××	×××	×××	×××
会計年度中の変動額									
当期純利益				×××	×××				×××
〇〇〇〇〇〇									
〇〇〇〇〇〇									
会計年度中の変動額合計	×××	×××	×××	×××	×××	×××	×××	×××	×××
令和〇年3月31日残高（**当期末残高**）	×××	×××	×××	×××	×××	×××	×××	×××	×××

図1-13　**医療法人会計基準における純資産変動計算書のイメージ（基金拠出型医療法人のケース）**

院が有する正味財産としての位置づけである「純資産額」と表示される。他方、医療法人会計基準における貸借対照表の「純資産の部」では、「出資金」「基金」「積立金」および「評価換算・差額等」に区分される。

ただし、上記の区分のうち、例えば「出資金」の概念については、第５次医療法改正の附則10条２項の適用を受ける医療法人、すなわち「出資持分の定めのある社団医療法人」に限定されるなど、医療法人の類型によって、貸借対照表の「純資産の部」における区分表示は異なってくる。また、「基金」（医療法施行規則30条の37）の概念については、その定款の定めにより基金制度を採用した社団医療法人（出資持分の定めのあるもの、特定医療法人、特別医療法人を除く）に限定される（なお、基金制度については、社会医療法人では採用不可）。例えば、医療法人の類型ごとに具体例を示せば、次のようになる（イメージとしては、表1－4を参照)。
①「出資持分の定めのある社団医療法人」
→出資金、積立金、評価・換算差額等
②「基金拠出型医療法人」(基金制度を採用した「出資持分の定めのない社団医療法人」)
→基金、積立金、評価・換算差額等
③上記の①および②以外の医療法人
→積立金、評価・換算差額等
そして、前述のように、改正病院会計準則において、「一般に公正妥当と認められる会計慣行」として、医療法人に本来適合しないと見られる企業会計の基準を準用しなければならないという懸念を生じていたが、医療法人会計基準では、社会医療法人債発行法人などを除く、一定の基準を満たす医療法人については、簡便な会計処理を認めることになった。例えば、貸倒引当金、退職給付会計、ファイナンス・リース取引、減損会計などである。ここにも改正病院会計準則と医療法人会計基準との大きな相違が見られる。

表1-3　病院会計準則および医療法人会計基準において作成すべき財務諸表(計算書類)

病院会計準則	医療法人会計基準（社会医療法人債発行法人が適用対象の場合）	医療法人会計基準（左記のケースを除く医療法人が適用対象の場合）
貸借対照表	貸借対照表	貸借対照表
損益計算書	損益計算書	損益計算書
キャッシュ・フロー計算書	財産目録	財産目録
附属明細表	純資産変動計算書	純資産変動計算書
	キャッシュ・フロー計算書	附属明細表
	附属明細表	

表1-4　医療法人会計基準における基金拠出型医療法人の「純資産の部」のイメージ

科　目	金　額
Ⅰ　基　　金	×××
Ⅱ　積 立 金	×××
代替基金	×××
○○積立金	×××
繰越利益積立金	×××
Ⅲ　評価・換算差額等	×××
その他有価証券評価差額金	×××
繰延ヘッジ損益	×××
純資産合計	×××

医療法人会計にかかる残された課題

医療法人は、定款または寄附行為の規定によって、さまざまな施設の設置や事業を行うことがあり、その場合、当該施設や事業によっては、会計にかかる基準や規制に直面することがある。医療法人会計基準は、医療法人において必要とされる会計制度のうち、法人全体の計算書類に関する部分のみを取り上げて規定したものであり、当該医療法人会計基準をもって医療法人にかかるすべての会計制度について網羅的に規定したものではない。

また、同じ医療法人であっても、わが国の医療法人(厚生労働省「種類別医療法人数の年次推移」によれば、2019[平成31]年現在で医療法人総数5万4,790、うち社団医療法人総数5万4,416)のうち多数を占める一人医師医療法人(総数4万5,541)については、医療法人会計基準の適用対象外となっている。

したがって、医療法人の会計を適正に行うためには、医療法人会計基準のみならず、他の施設や事業にかかる会計基準等についても考慮しなければならないといえる。

医療法人会計基準に基づく財務諸表(計算書類)の体系

医療法人会計基準に基づく財務諸表(計算書類)の体系であるが、本来、医療法人会計基準はあくまで作成基準であり、財務諸表(計算書類)の様式等を示すものではない。しかし、それでは一覧性ある財務諸表(計算書類)の体系イメージがわかりにくいことから、前出の「医療法人会計基準に関する検討報告書」では、参考までに、財務諸表(計算書類)の体系にかかるイメージについて、以下のように示している。

【社会医療法人債を発行している社会医療法人】

以下の財務諸表(計算書類)はすべて一般閲覧の対象である。

・財産目録
・貸借対照表
・損益計算書
・純資産変動計算書
・キャッシュ・フロー計算書
・重要な会計方針に関する記載その他財務諸表に関する注記
・附属明細表(有価証券明細表、有形固定資産等明細表、社会医療法人債明細表、借入金等明細表、引当金明細表、事業費用明細表:以下同じ)

【社会医療法人(社会医療法人債を発行している社会医療法人を除く)】

○注記表情報を単独の財務諸表(計算書類)として取り扱う場合
・財産目録(一般閲覧対象)
・貸借対照表(一般閲覧対象)
・損益計算書(一般閲覧対象)
・純資産変動計算書(一般閲覧対象外)
・キャッシュ・フロー計算書(一般閲覧対象外)

・附属明細表（一般閲覧対象外）
・注記表（一般閲覧対象外）
→注記表の構成：すべての法人を対象とした情報、社会医療法人限定（関連当事者、収益業務）情報
〇注記表情報を単独の財務諸表（計算書類）として取り扱う場合以外
・財産目録（一般閲覧対象）
・貸借対照表（一般閲覧対象）
・損益計算書（一般閲覧対象）
・注記表（一般閲覧対象外）
→注記表の構成：すべての法人を対象とした情報、社会医療法人限定（関連当事者、収益業務）情報、キャッシュ・フロー情報、純資産変動情報、附属明細表対象情報

【病院または介護老人保健施設を開設する社会医療法人以外の医療法人】

〇注記表情報を単独の財務諸表（計算書類）として取り扱う場合
・財産目録（一般閲覧対象）
・貸借対照表（一般閲覧対象）
・損益計算書（一般閲覧対象）
・純資産変動計算書（一般閲覧対象外）
・附属明細表（一般閲覧対象外）
・注記表（一般閲覧対象外）→注記表の構成：すべての法人を対象とした情報
〇注記表情報を単独の財務諸表（計算書類）として取り扱う場合以外
（一般に、中小規模の病院を開設する出資持分の定めのある社団医療法人の場合、このケースに該当すると見られる）
・財産目録（一般閲覧対象）
・貸借対照表（一般閲覧対象）
・損益計算書（一般閲覧対象）
・注記表（一般閲覧対象外）
→注記表の構成：すべての法人を対象とした情報、純資産変動情報、附属明細表対象情報

【診療所のみ開設する医療法人】

（医療法人会計基準は、一人医師医療法人を適用対象にしていないが、任意に作成した場合は、このケースに該当すると見られる）
・財産目録（一般閲覧対象）
・貸借対照表〈簡易版〉（一般閲覧対象）
・損益計算書〈簡易版〉（一般閲覧対象）
・注記表（一般閲覧対象外）
→注記表の構成：すべての法人を対象とした情報、純資産変動情報、附属明細表対象情報、

中小法人の貸借対照表、損益計算書が簡易版となっているための補足情報

(4)地域医療連携推進法人会計基準

第7次医療法改正における地域医療連携推進法人制度の創設

第７次医療法改正によって、地域の医療機関相互間の機能の分担・連携を推進し、質の高い医療を効率的に提供するため、地域医療連携推進法人制度(2017［平成29］年４月施行)が創設された。

この制度は、地域医療構想(「医療介護総合確保推進法」により各都道府県で策定されており、2025(令和７)年に向けて、病床の機能分化・連携を進めるために、医療機能ごとに、2025年の医療需要と病床の必要量と、目指すべき医療提供体制を実現するための施策を定めるもの)に基づき、２次医療圏を原則とする地域内の複数の医療機関や介護施設を統一的な方針の下で、一体的に運営する一般社団法人を都道府県知事が認定するものである。法人には介護事業等を実施する非営利法人も参加できる。

したがって、地域医療連携推進法人は、介護との連携も図りながら、地域医療構想の達成、および地域包括ケアシステムの構築に資することが期待されている。

地域医療連携推進法人会計基準の公表

地域医療連携法人にかかる会計基準は、厚生労働省令第19号「地域医療連携推進会計基準」として、2017(平成29)年３月に公表された。その内容について目次を概観すると、「第１章　総則(１～５条)」「第２章　貸借対照表(６～12条)」「第３章　損益計算書(13～16条)」「第４章　補足(17条)」「附則」という構成で、「病院会計準則」や「医療法人会計基準」と比較して、かなり簡易なものとなっている。

しかし、併せて公表された「地域医療連携推進法人会計基準適用上の留意事項並びに財産目録、純資産変動計算書及び附属明細表の作成方法に関する運用指針」を見ると、医療法第70条の14(地域医療連携推進法人にかかる事業報告書等の作成義務についての読替え等)の規定により準用する、第51条１項(医療法人にかかる事業報告書等の作成義務)の規定によって作成する事業報告書等のうち、会計情報である財産目録、貸借対照表、損益計算書、純資産変動計算書及び附属明細表を作成する際の基準、様式等について定められており、その内容に従えば、結局、地域医療連携推進法人は医療法人会計基準に準じる形で財務諸表を作成することになる。

2 貸借対照表

1 貸借対照表の意義とその構造

(1)貸借対照表とは

貸借対照表は、一定時点(貸借対照表日ないし決算日)におけるすべての資産の部、負債の部および純資産(資本)の部における科目を一表に集めており、一会計期間において、法人または施設の純資産がどれだけ増えたかを示す財務表である(図1－14～15)。すなわち、資金の調達源泉と運用形態を左右(借方、貸方)に表示した一覧表である。出資者(株式会社の場合、株主)・債権者その他の利害関係者に、経営組織の財政状態を明らかにするために作成される。

(2)資産の部(資金の運用形態)

借方には資金の運用形態が資産として表示されており、資金の投下状況が示されている。これらはやがて資金として回収されることが予定されている。資産の部は、回収までの期

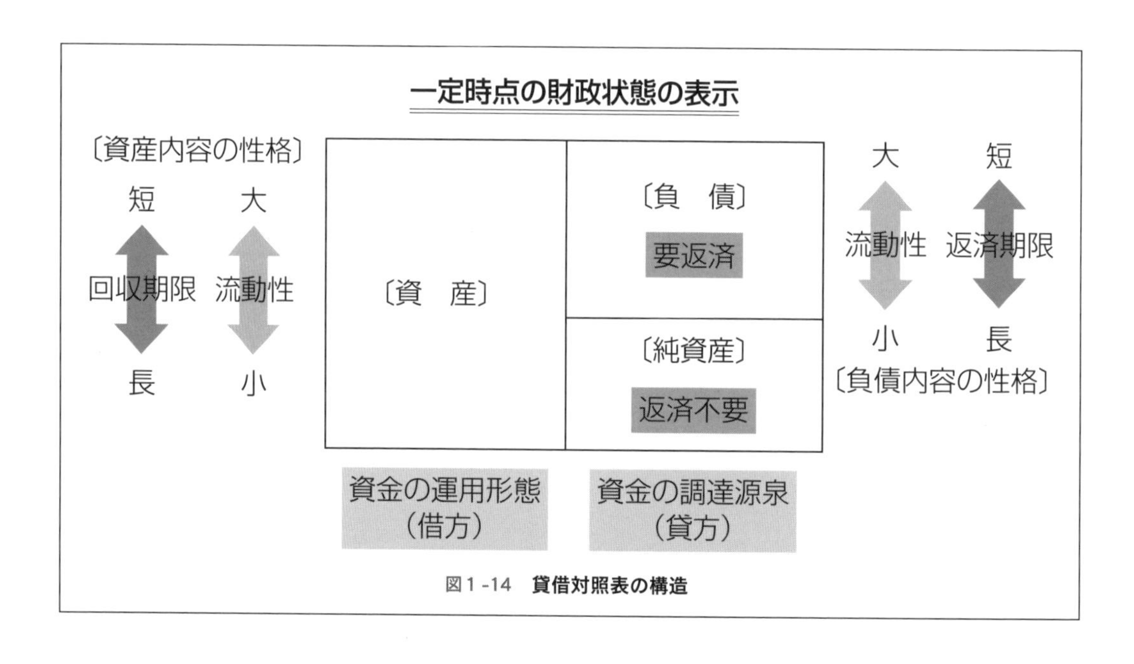

図1-14　**貸借対照表の構造**

貸借対照表

令和〇〇年3月31日　（単位：万円）

（資産の部）			（負債の部）		
流動資産			**流動負債**		
現金		××××	未払費用		××
当座預金		×××	前受収益		×
売掛金	×××		流動負債合計		××
貸倒引当金	△×	×××	**固定負債**		
有価証券		××	長期借入金		××××
商品		×××	固定負債合計		××××
前払費用		×	負債合計		××××
流動資産合計		××××	（純資産の部）		
固定資産			**株主資本**		
建物	×××		資本金		××××
減価償却累計額	△××	×××	資本剰余金		
車両	×××		資本準備金	××	××
減価償却累計額	△××	×××	利益剰余金		
固定資産合計		×××	利益準備金	××	
			繰越利益剰余金	××	××
			純資産合計		××××
資　産　合　計		××××	負債及び純資産　合　計		××××

図1-15　**企業会計における貸借対照表のイメージ**

間が短いものを上部に、比較的長いものを下部に表示する形で区分されており(「流動性配列法」)、前者を「流動資産」、後者を「固定資産」と呼ぶ(この資産分類の詳細については、27ページ「3　資産の分類」参照)。

(3)負債の部、純資産の部(資金の調達源泉を表示)

貸方には、資金の調達源泉が負債や純資産として表示されている。負債はやがて返済が必要となるものを表示しているが、資産の部と同様、流動性配列法に従って、返済までの期間の短いものを上部に、比較的長いものを下部に表示する形で区分されており、前者を流動負債、後者を固定負債という。

そして、返済の必要がないものを「純資産」として一番下に表示する。これは、資産と負債の差額として経営組織が有する正味財産であり、純資産の部では、損益計算書との関係を明らかにするため、「当期純利益(または当期純損失)」の金額が表示される。

2　資産の分類基準

資産の分類に関しては、その分類基準によって大きく２つに分けることができる。すなわち、⑴資金の流動性の観点から、資産項目を流動項目と固定項目に分けて捉える見方と、⑵投下資本の事業活動における循環状態の観点から、資産を未投下資本あるいは回収済みの投下待機資本と、まだ未回収の投下資本に分けて捉える見方の２つである。

(1)資金の流動性に基づく資産分類

この見方については、さらに次の２つに大別できる。１つは、決算日(貸借対照表日)の翌日から１年以内に投下資本が回収されるどうかを基準として、資産を流動項目と固定項目に分類する方法である。この分類基準を「ワンイヤー・ルール(one year rule：１年基準)」という。

もう１つは、仕入→支払→販売→資金回収といった、事業活動における通常の資金の循環プロセスにあるかどうかを基準として、資産を流動項目と固定項目に分類するものである。これを「正常営業循環基準」という。

資産分類については原則として、まず正常営業循環基準が適用される。しかし、正常な資金循環プロセスから外れている項目については、補完的にワンイヤー・ルールが適用されるといった形で併用されている。

(2)投下資本の事業活動における循環状態に基づく資産分類

この分類基準によれば、資産とは、継続企業の概念を前提とした、経営組織の事業活動の一定時点において、投下された資金の循環プロセスにあるものをいう(図１－16)。

そして、当該資産のうち、収益(病院会計の場合、医業収益)を獲得するための財貨、またはサービスにまだ投下されていない資本(未投下資本)、あるいは、すでに資金循環プロセスを経て回収済みで次の新たな投下機会を待っている資本(回収済みの投下待機資本)を、「貨幣性資産」(現金、預金、受取手形、一時所有の売買目的有価証券など)という。貨幣性資産は、原則として、回収可能額あるいは収入額で評価される。

これに対して、回収可能性は高いが、まだ資金循環プロセス内にある未回収の投下資本を「非貨幣性資産」といい、これは原則として、取得原価あるいは支出額で評価される。

非貨幣性資産は、さらに２つに大別される。すなわち、①有形固定資産や棚卸資産など、期間損益計算の結果、貸借対照表によって次期以降に費用化が繰り越された、将来の費用になる「費用性資産」(建物、医療用器械・備品、放射性同位元素など)と、②損益に関わらない「その他の非貨幣性資産」(建設仮勘定など)である。

さらに費用性資産については、１)投下資本が、販売等に基づく収益計上によって資金回収されることに伴い費用化されるもの(診療材料など)、２)販売等に関係なく費用化す

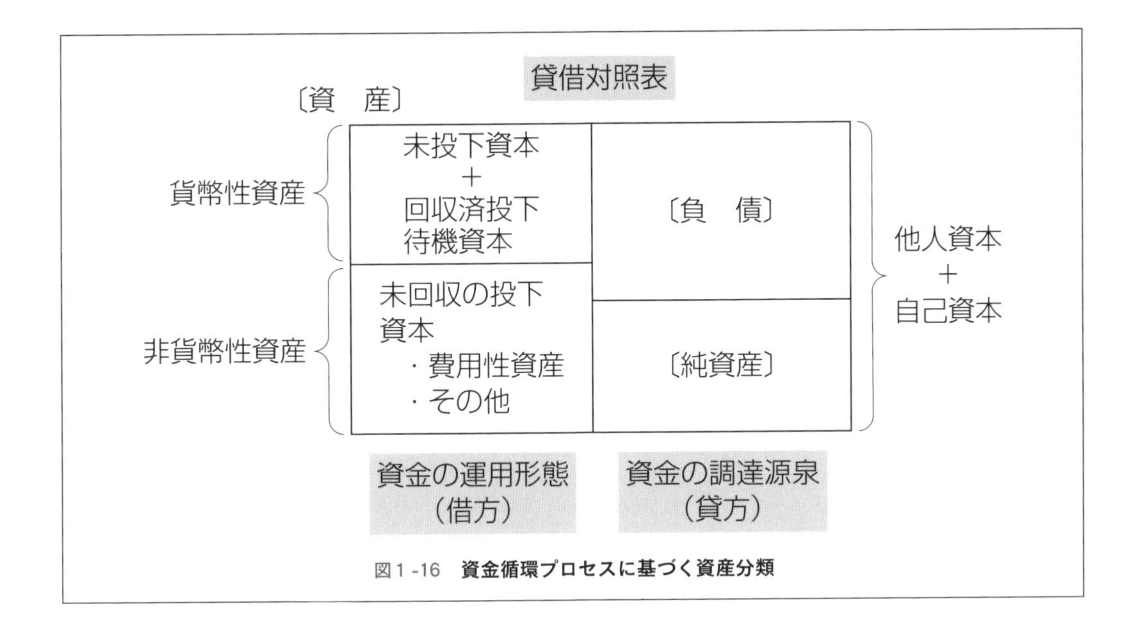

図１-16　**資金循環プロセスに基づく資産分類**

るもの（減価償却等を通じて費用化させる償却性資産、前払費用など）の２つに分けられる。

3　資産の分類

上記の２つの見解に基づいて、貸借対照表における資産を分類すれば、次の２つに大別することができる（図１－17）。すなわち、「流動資産」と「固定資産」である。

流動資産は、一般に、現金および比較的短期間のうちに販売等によって資金回収される資産、あるいは比較的短期間のうちに費用化する資産をいう。

固定資産は、経営組織の主たる事業活動のために使用することを目的として長期保有される資産、および投資その他の目的のために長期保有される資産をいう。

特に後者については、例えば、他の経営組織を支配しコントロールする目的で所有する出資金、財産の長期的運用を目的として所有する有価証券のほか、資金循環プロセスの外にあり、その回収期限が貸借対照表日の翌日から１年を超える長期債権や、決算日の翌日から１年を超えなければ費用化されない長期前払費用などがある。

この流動資産と固定資産は、さらにいくつかの資産グループに分類できる。

（1）流動資産の分類

流動資産は、さらに資金への変化の仕方から、「当座資産」「棚卸資産」「その他の流動資産」の３つに分類することができる。

当座資産

流動資産のうち、まだ資金循環プロセスに投下されていない未投下資本、または、すで

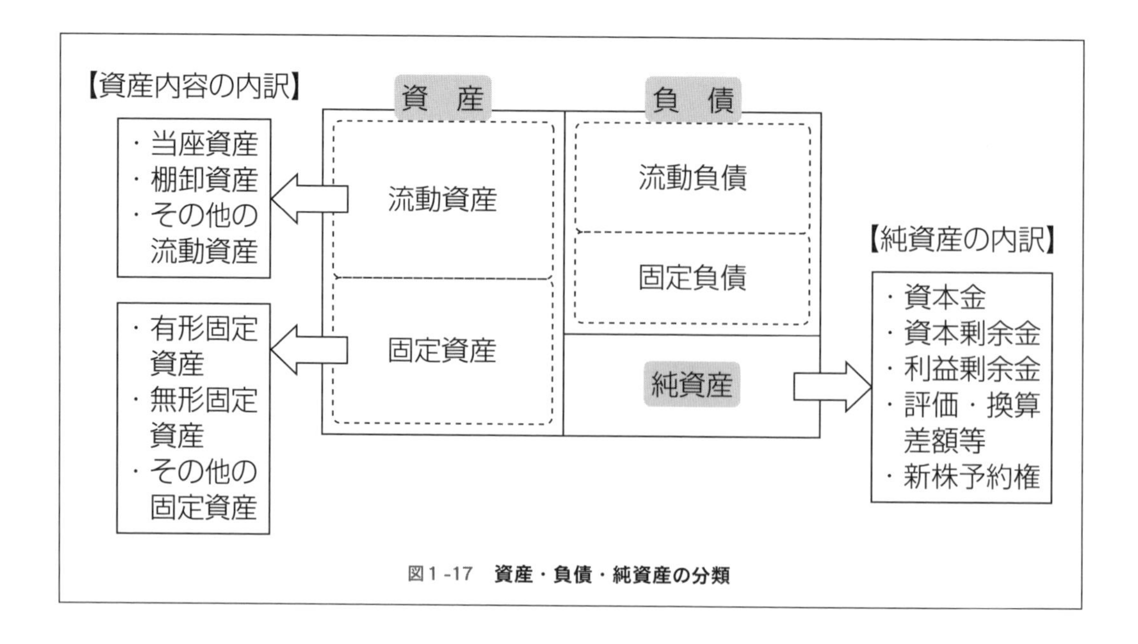

図１-17　資産・負債・純資産の分類

に資金循環プロセスを経て回収済みで次の新たな投下機会を待っている投下待機資本、あるいは、ごく短期のうちに資金に変化する見込の資産をいう。これらはすべて、貨幣性資産である。具体的には、現金、預金、医業未収金、受取手形などで構成される。

棚卸資産

一般に棚卸という行為によって、その有高が確定する費用性資産である。施設がその医業活動を通じて、来期以降の医業収益に対応させるために短期保有している、いわゆる在庫と呼ばれる資産である(医薬品、診療材料、給食用材料、貯蔵品)。

その他の流動資産

当座資産や棚卸資産以外で、ワンイヤー・ルールの判定の結果、流動資産とされた資産である。

(2)固定資産の分類

固定資産は、形態別の視点から、「有形固定資産」「無形固定資産」「その他の固定資産」の３つに分類することができる。

有形固定資産

原則として、１年以上使用することを目的として長期保有する固定資産のうち、具体的な形態を有するものをいう。有形固定資産は、さらに①償却資産、②非償却資産に大別され、その他として、③建設仮勘定がある。

①償却資産

使用または時の経過によって次第に価値が減少するため、減価償却という手続によって、それにかかる費用(減価償却費)を配分しなければならない資産をいい、例えば、建物、構築物、医療用器械備品、車両および船舶、放射性同位元素などがある。

②非償却資産

減価がなされない資産であり、例えば、土地はこれに該当する。

③建設仮勘定

事業のための有形固定資産の購入、または建設中の建物や構築物、製作中の機械などにかかる支出について、一時的に処理する勘定科目である。例えば、大規模ビルを建設している場合、1年を超えて建設が続き、建設会社に対し、途中で多額の建設費の支払いが発生しているが、まだ未完成のため、建物としては固定資産計上ができない。しかし、この場合、建設中であっても、一定の資産価値は認めることができるので、建設仮勘定という仮の勘定で固定資産計上を行う。その後、当該ビルが完成し固定資産としての取得原価が確定すると、これを建物勘定に振り替えることになる。

無形固定資産

これは、有形固定資産のように具体的な形態をもたないが、長期にわたって経営に利用されるものであり、収益を獲得するうえで他の経営組織との競争にあたって有用なものをいう。具体的には、主に借地権やソフトウェアなどの法的な権利がこれに該当する。

その他の固定資産

有形固定資産、無形固定資産以外で、長期にわたって資金を固定化するもの。例えば、長期保有の有価証券、長期貸付金、役員従業員長期貸付金、長期前払費用などがある。

4 減価償却の意義・目的とその方法

(1)減価償却の意義・目的

固定資産は、具体的な物理的形態を有し、事業活動のために繰り返し利用される過程で、徐々にその本体および機能を消耗し、その価値を減少させていくことに特徴がある。

この固定資産の減価には、①物質的減価と②機能的減価がある。前者は、時間の経過や使用、天災・事故などによって、固定資産が物質的に損耗することによる減価である。一方、後者は、物質的にはまだ使用できる状態であっても、新製品などの出現によって当該資産が陳腐化または不適応化してしまうことによる機能的な価値の減少である。

正確な期間損益計算を毎期行うためには、当該資産を取得するために要した額(取得原価)を、取得した会計期間、あるいは、それを除却した会計期間だけに費用として負担させることは合理的でなく、有形固定資産の取得原価を、当該資産が使用できる各会計期間の費用として、計画的かつ規則的に正しく配分していく必要がある(減価償却費の計上)。この会計上の手続を減価償却という(図1－18)。

このように、減価償却の第一義的な目的は、正確な期間損益計算(正確な費用配分)とい

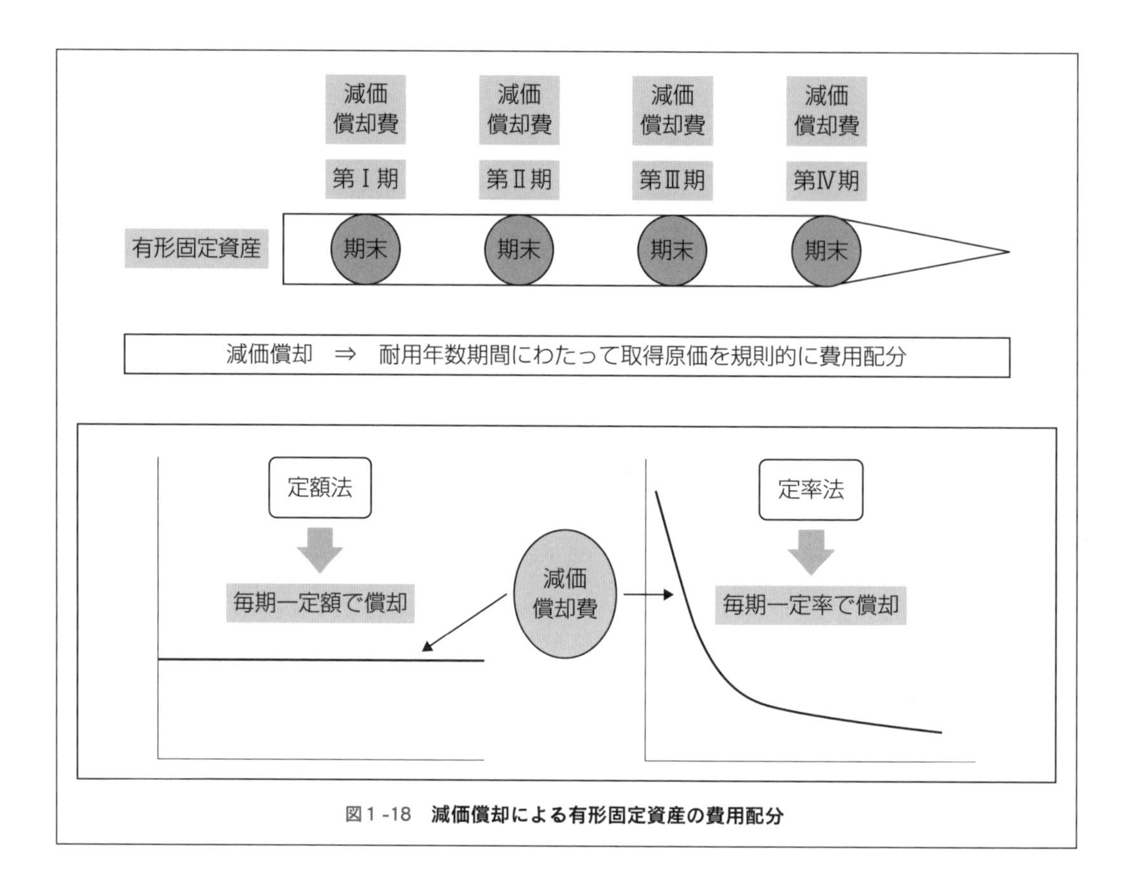

図1-18　減価償却による有形固定資産の費用配分

うことができるが、一方で、その副次的な目的として、減価償却による固定資産への投下資本の回収が挙げられる。

すなわち、固定資産は、減価償却を通じて、償却額だけ帳簿価額が減少し、当該部分は減価償却費として収益に対応させられるが、実際には、減価償却費の計上時点では何ら資金の支出を伴うものではない（いわゆる振替費用であり、キャッシュ・アウトフローは発生しない）。

したがって、減価償却の結果として、会計上、次のような効果が生じることになる。つまり、①固定資産に投下された資金が、貨幣性資産の裏付けのある収益として回収されるとともに、②減価償却費計上額の分だけ流動資産が増加するため、内部留保が増加することになる。

このように、減価償却を行えば、固定資産に投下された資金が流動化し、また、減価償却費が計上されても、実際の支出を伴わないことから、資金的には、経営組織がその分だけ増資または借入をした場合と同一の効果を有することになる。これは、減価償却の財務効果と見ることができる。

(2)減価償却の方法

固定資産は、棚卸資産とは異なり、その費消部分を物理的に把握することが困難なため、一般に、次のような減価償却方法が適用される。すなわち、①耐用年数(固定資産の使用可能期間)を配分基準とする方法(定額法、定率法、級数法)と、②生産高または利用高を基準とする方法(生産高比例法)である。

定額法

これは、固定資産の耐用期間中、毎期均等額の減価償却費を計上する方法である。毎期、同額の減価償却費を計上するため、安定した会計処理が可能となる。具体的には、減価償却総額(固定資産の取得原価−残存価額)を耐用年数で除することによって算出する。

減価償却費＝(固定資産の取得原価−残存価額)÷耐用年数

定率法

固定資産の耐用期間中、毎期、期首の未償却残高に一定率を乗じた減価償却費を計上する方法である。定率法の主な特徴として、償却資産の能率の高い初期に多額の減価償却を行い、能率が低下してくるあとの会計期間では、少額だけしか減価償却費を計上しない点が挙げられる。これによって、毎期の費用負担を平準化できるとともに、資金的にも早期に多額の資金回収が可能になる。

減価償却費＝(固定資産の取得原価−減価償却累計額)×一定率

級数法

固定資産の耐用期間中、毎期、一定の額を算術級数的に逓減した減価償却費を計上する方法。定率法の簡便法といえる。各会計年度別に減価償却率を定め、それを減価償却総額に乗じて、毎期の減価償却額を算定する。

生産高比例法

固定資産の耐用期間中、毎期、当該資産による生産またはサービスの提供の度合に比例した減価償却費を計上する方法である。

減価償却費＝減価償却総額×(当期実際利用量／見積総利用可能量)

ただし、この生産高比例法は、当該固定資産の総利用可能量が物理的に把握でき、かつ、減価が固定資産の利用に比例して発生するものにのみ適用することが認められる(鉱業用設備、航空機、自動車など)。

以上の減価償却の方法は、いずれも公正妥当な方法として容認されている。毎期継続的に適用していくことを前提に、その選択適用が認められている。

5　負債および純資産の分類

(1)負債の分類

資産の場合と同様に、前出の資産分類基準にかかる２つの見解にもとづいて、貸借対照表における負債を分類すれば、次の２つに大別することができる(28ページ図１－17参照)。すなわち、「流動負債」と「固定負債」である。

流動負債

流動負債は､経営組織の主目的たる事業活動の資金循環プロセスにおいて生じた債務で、決算日の翌日から起算して、１年以内に支払期限が到来するもの、または、１年を超えるものであっても、正常な資金循環プロセスにある債務、あるいは、引当金のうちで１年以内に使用される見込みのものや経過負債(未払費用および前受収益)をいう。

ここで引当金とは、適正な期間損益計算を行うため、将来の特定の支出や損失に備えて、貸借対照表の負債の部、あるいは、資産の部の評価勘定として計上される金額である。

収益に対応させるべき費用や損失があれば、まだ実際に発生していなくても、合理的な見積りによって計上する必要があることから設定される。引当金には、①貸倒引当金のように、資産価額からの控除を意味する評価性引当金と、②修繕引当金のように、将来の支出を意味する負債性引当金の２つがある。

流動負債の具体的な科目としては、買掛金、支払手形、未払金、短期借入金、役員従業員短期借入金、他会計短期借入金、未払費用、前受金、預り金、従業員預り金、前受収益、賞与引当金などが挙げられる。

固定負債

固定負債は、正常な資金循環プロセスの中で生じた流動負債以外の債務であり、支払いまたは返済期限が決算日の翌日から起算して１年を超えて到来するもの、または、引当金のうちで１年を超えて使用される見込みのものなどをいう。

具体的な科目として、長期借入金、役員従業員長期借入金、他会計長期借入金、長期未払金、退職給付引当金、長期前受補助金などが挙げられる。

(2)資産・負債における流動・固定分類の意味

貸借対照表では、資産および負債を、流動性の高いものとそうでないものに分類するが、これは、経営組織の財務的安全性を明らかにするためのものである。

経営組織が、その財務的な安全性を維持し、事業活動を円滑に遂行するためには、短期間に資金化しうる資産(流動資産)が、少なくとも短期間に支払いを迫られる負債(流動負債)を賄えるだけ十分に保有されている必要がある。

このため、流動資産および流動負債の分類によって、経営分析上、財務の安全性を見るうえでもっとも基本的なものとなる「流動比率」が示される。流動比率とは、流入する資金と流出する資金の割合をいう(一般的には、200％超であることが望ましいとされる)。

また、流動資産および流動負債は、ワン・イヤー・ルールに基づいて分類されているが、現実の債権(売掛金、受取手形など)・債務(買掛金、支払手形など)については、期限が1～3か月で設定されているのが通常であるため、1年よりも短い短期支払能力を示す必要がある。これに対応するのが「当座比率」である。当座比率とは、当座資産の流動負債に対する割合である(100％超であることが望ましい)。

一方、設備投資等、資金化するまでに長い期間を要する資産(固定資産)に投下される資本については、返済期限のない自己資本(純資産)、あるいは、返済期限が長期に及ぶ他人資本(固定負債)によって賄われることが、財務の安全性の点から望ましい。

固定資産への投資を自己資本のみによって実施する場合は、「固定比率」によって分析される。固定比率とは、固定資産の自己資本に対する割合である(100％以下であることが望ましい)。

しかし、現実には、自己資本で賄いきれない部分を借入金に頼る場合がほとんどである。

この場合には、「固定長期適合率」で分析することになる。固定長期適合率とは、固定資産に対する、自己資本に固定負債を加えたものの割合である(もし固定長期適合率が100％超であれば、短期資金を固定資産に投下することになり、法人や施設運営のための手許資金が不足する危険性がある)。

(3)純資産の分類

企業会計における純資産の区分(株式会社のケース)

純資産は、株式会社の場合、貸借対照表(個別貸借対照表：企業会計上、連結貸借対照表と区別)において、まず、出資者である株主が所有する「株主資本」と、「株主資本以外の諸項目」(「評価・換算差額等」「新株予約権」)に区分される(図1－19)。

さらに株主資本は、①払込資本(拠出資本)、②留保利益(稼得資本)に大きく分類される。

【株主資本】

①払込資本(拠出資本)

払込資本(拠出資本)については、「資本金」(法定資本)と「資本剰余金」(「資本準備金」および「その他の資本剰余金」)に分類される。

まず、株式会社制度を規定する会社法が定める「資本金」であるが、これは法定資本とも呼称され、株主による金銭または現物の出資によって生じた自己資本の増加部分であり、事業活動の元手としての性格を有している(会社法445条1項)。

また、上記の資本拠出以外にも、いわゆる組織再編、すなわち合併、会社分割(吸収分割や新設分割)、株式交換または株式移転に際して、合併会社が新株を発行した際には、この場合も払込資本が増加することになり、「資本金」や「資本準備金」に計上することにな

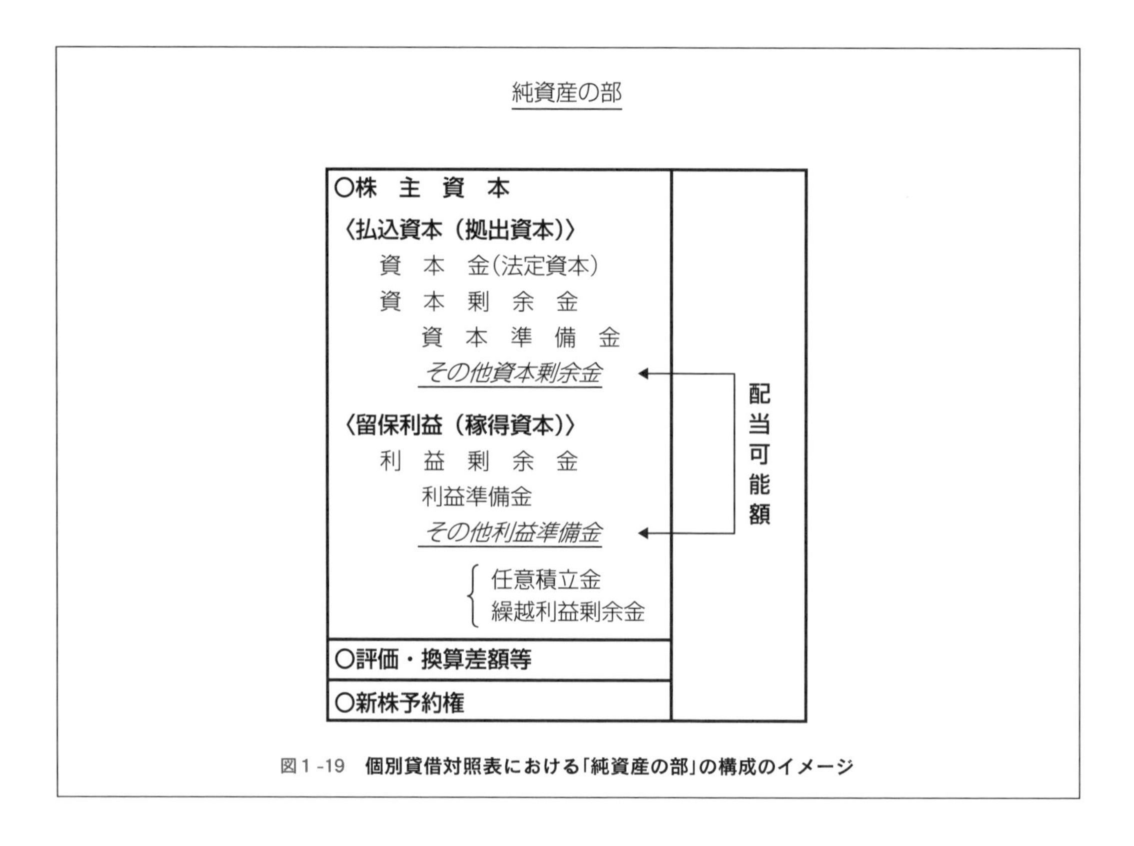

図1-19　個別貸借対照表における「純資産の部」の構成のイメージ

る（会社法445条5項を参照）。

次に、払込資本（拠出資本）のうち、資本金以外の「資本剰余金」については、「資本準備金」および「その他資本剰余金」から成る（会社計算規則76条4項などを参照）。

上記の「資本準備金」については、上記の払込資本はすべて「資本金」とするのが原則であるが、特例として、会社の判断により払込資本の一部を「資本金」として計上しないことができる（ただし、払込金額の2分の1を限度とする）。この場合、会社法の規定に基づいて「資本準備金」として計上しなければならない（会社法445条2項3項）。

また、後述するように、以前は株主への配当は利益剰余金を原資としていたが、現在は資本剰余金（「その他資本剰余金」）からの配当も可能になったことから、この場合、当該資本剰余金（「その他資本剰余金」）の配当により減少する資本剰余金（「その他資本剰余金」）の額に10分の1を乗じて得た額を計上することが規定されている（会社法445条2項、会社計算規則22条1項）。

また、「その他資本剰余金」については、「資本準備金」として計上できるものが、会社法や会社計算規則によって限定されることから、「資本準備金」に計上せず、かつ、「資本金」に計上しなかったものが「その他資本剰余金」として分類される（例えば、減資差益、自己株式処分差益など）。特に、自己株式処分差益について、自己株式が、株式会社によって発行済株式の一部が再取得された株式であり、それが一種の減資と同じ効果を有することから、当該再取得株式(自己株式)の売却は資本取引にあたり、その結果、発生した自己株式処分差益は、払込資本としての性格をもつので、「その他資本剰余金」に含まれることになる。

ところで、企業会計では、資本と利益は明確に区分しなければならず、株主資本のうち、資本取引(株式会社の自己資本を直接的に変化させることを目的として行われる取引:これに対し、損益取引は、株式会社が利益の獲得を狙って行う取引をいう)から生じた「資本剰余金」と、損益取引から生じた「利益剰余金」は、同じ純資産の部でも区分記載が必要となる。これは、企業会計原則の一般原則の１つである「資本取引・損益取引区分の原則」(剰余金区分の原則)に規定されている通りである(企業会計原則・一般原則 三)。

②留保利益(稼得資本)

留保利益は、株式会社の事業活動によって生み出された利益を源泉とする自己資本の増加部分である。株式会社が、一会計期間において、前述の払込資本を運用して稼得した利益(当期純利益)は、ある部分については、株式会社の所有主たる株主に配当として分配されるが、残りの部分については、会社内に留保(蓄積)されることになる。この社内に留保される利益を「留保利益」(稼得資本)といい、貸借対照表上では「利益剰余金」として表記される。

さらに「利益剰余金」は、株式会社において、過年度に配当を実施した際に会社法の規定に従い計上された「利益準備金」と、他方、法規制によるものではなく、当該株式会社が自らの判断(株主総会または取締役会の決議)に基づき任意で設定した「その他利益剰余金」の２つに分類できる。

利益剰余金については、前述の資本剰余金(「その他資本剰余金」)からの配当のときと同様に、「その他利益剰余金」からの配当を、配当可能額(会社法461条２項)の範囲内であれば、同一会計期間において何度でも行うことが可能となっている(会社法453条以下)。

このような剰余金(「その他資本剰余金」および「その他利益剰余金」)からの配当については、株主に対し剰余金配当として支出する金額の10分の１を、資本準備金と合わせて、資本金の４分の１に達するまで、利益準備金を積み立てることが、債権者保護の観点から、法的に要求されている(会社法445条４項および会社計算規則45条２項)。

また、「その他利益剰余金」については、さらに「任意積立金」と「繰越利益剰余金」に分類できる。「任意積立金」については、前述のように、社内において任意に設定したものであり、その内容を示すような科目で表示することになっている(例えば、○○積立金)。他方、「繰越利益剰余金」については、「その他利益剰余金」のうち「任意積立金」以外のものである。すなわち、換言すれば、株式会社が過年度に稼得した累積利益の期末時における残存額に、当期純利益または当期純損失を加減したものともいえる。したがって、この「繰越利益剰余金」については、一会計期間の結果として損失(当期純損失)が発生したとしても、株主への配当のための原資となりうる。

【株主資本以外の諸項目】

「株主資本以外の諸項目」としては、①「評価・換算差額等」と②「新株予約権」に区分される。

①評価・換算差額等

「評価・換算差額等」には、「その他有価証券評価差額金」「繰延ヘッジ損益」「土地再評価差額金」などがあり、これらは、資産または負債について時価をもって貸借対照表価額としているが、当該資産または負債にかかる評価差額を当期の損益計算書において認識しない場合に生じるものである。とりわけ、その主たるものは「その他有価証券評価差額金」であるが、これは、持ち合い株式等の投資有価証券にかかる決算日時点での評価額と、取得価額との差額のことであり、まだ実現された損益ではないので、前述のように、損益計算書には計上せず、貸借対照表の純資産の部に計上される。

②新株予約権

新株予約権とは、その保有者が当該株式会社に対し、一定期間、あらかじめ定められた一定の価格（行使価格という）で株式の取得を請求できる権利である。この行使価格が株式の時価を下回っている場合は、当該権利を行使すれば利益が得られる。一方、当該行使価格が株式の時価を上回っている場合は、当該権利を放棄すれば新株予約権を取得するのに要した費用だけで済み、新株予約権の保有者にとって支出は抑えられる。

新株予約権は、当該新株予約権の保有者が権利行使され現金の払込がなされた場合には株主資本とされ（「資本金」、または、「資本金」および「資本準備金」に振り替えられる）、「純資産の部」に計上されることになる。

病院会計における純資産の区分

【医療法人会計基準】

医療法人会計基準における貸借対照表の「純資産の部」については、医療法人が医療法第54条に基づき剰余金の配当が禁止されている点を重視して、「出資金」（「出資持分の定めのある社団医療法人」に限定）、「基金」（「基金拠出型医療法人」〈基金制度を採用した「出資持分の定めのない社団医療法人」〉に限定）、「積立金」及び「評価・換算差額等」に区分されている。

特に、前述の企業会計における純資産の区分（株式会社の場合）と比較した場合、医療法人会計基準では、①「資本金」が「出資金」に、②「利益剰余金」が「積立金」に変更され、③「資本剰余金」項目が削除されている、などの特徴を有している。

上記の「純資産の部」の項目であるが、まず「出資金」については、当該医療法人が「出資持分の定めのある医療法人」である場合において、当該法人の社員等が出資した金額が計上される。

次に「基金」については、第５次医療法改正において創設された基金制度（医療法施行規則30条の37、30条の38）に基づくものであり、基金拠出型医療法人（基金制度では、特別医療法人や特定医療法人、および「出資持分の定めのある社団医療法人」を除く、「出資持分の定めのない社団医療法人」〉が限定的に当該制度の適用対象となる）のうち、返還可能性を有する金額が計上される。言い換えれば、この場合、当該基金拠出型医療法人は、「基金」への拠出者に対し、厚生労働省令、および当該基金拠出型医療法人と当該拠出者との間の合意の定めるところに従い返還義務を負っているといえる。

また、この基金制度の主な特徴として、①基金は利息を付さない債権（残余財産に含まれない）であり、②拠出者への返還額については、拠出した当時の額が限度、という点が挙げられる。さらに、③基金の返還には、定時社員総会の決議が必要であるとともに（医療法施行規則30条の38第１項）、④その返還額については、貸借対照表の純資産額が基金の総額を超える場合における当該超過額を限度として、⑤当該会計年度の次の会計年度における定時社員総会の前日までに基金の返還を行う（医療法施行規則30条の38第２項）。加えて、⑥基金を返還する場合には、返還する基金に相当する金額を代替基金として計上しなければならず、当該代替基金は、取り崩すことが禁止されている（医療法施行規則30条の38第３項、第４項）。

「積立金」については、各会計年度の当期純利益または当期純損失の累計額から、当該累計額の直接減少額を差し引く形で、当期以前の損益を源泉とした純資産額を、その性格に応じた名称を付して計上される。「積立金」は、さらに、「設立等積立金」（医療法人の設立等にかかる資産の受増益の金額、および「出資持分の定めのある社団医療法人」が、「出資持分の定めのない社団医療法人」へ移行した場合における、当該移行時の出資金の金額と繰越利益積立金等の金額の合計額を計上）、「代替基金」（前述のように、基金への拠出者に対する返還額と同額を計上）、「固定資産圧縮積立金」（特別償却準備金等の法人税法等の規定による積立金経理により計上）、「特定目的積立金」（将来の特定目的の支出に備えるため、理事会の議決に基づき計上）、「上記の各積立金以外の繰越利益積立金」である。

「評価・換算差額等」については、有価証券の評価替え等について、資産または負債を時価をもって評価し貸借対照表価額としているが、損益計算書を通さず、当該資産または負債にかかる評価差額を当期の損益としない場合に「評価・換算差額等」として計上される。「評価・換算差額等」には、「その他有価証券評価差額金」や「繰延ヘッジ損益」がある。

【病院会計準則】

病院会計準則が、非営利を前提とする施設会計としての性格を有することから、貸借対照表における「純資産の部」は、資産と負債の差額としての資本ではなく、病院が有する正味財産として位置づけられるものであり、貸借対照表上「純資産額」と表示する。

その際、当該内訳区分については、それぞれの開設主体の会計基準に応じて任意に設定することを前提とし、必要に応じて勘定科目を分類整理することになるが、損益計算書との関係を明らかにするため、「純資産額」に占める「当期純利益または当期純損失」の金額を、「純資産額」の内訳として併せて記載する（第３章 貸借対照表原則・第19「貸借対照表の科目の分類」、注９）。

3 損益計算書

1 損益計算書の意義とその構造

損益計算書は、経営組織の一定期間の経営成績を明らかにするため、当該会計期間に属するすべての収益と、これに対応するすべての費用の科目を一表に集め、一定期間にどれだけ利益を稼いだのか、あるいは、どれだけ損をしたのかを示す財務表である(図1－20)。

損益計算書の様式には、借方に費用項目、貸方に収益項目を記載する「勘定式」と、売上高から開始して、上から下へ記載していく「報告式」の2つがあり、一般には後者の様式が採用されている(報告式の損益計算書については、図1－21を参照)。

損益計算書では、純損益の発生プロセスをより明確にするために、相互に関連のある収

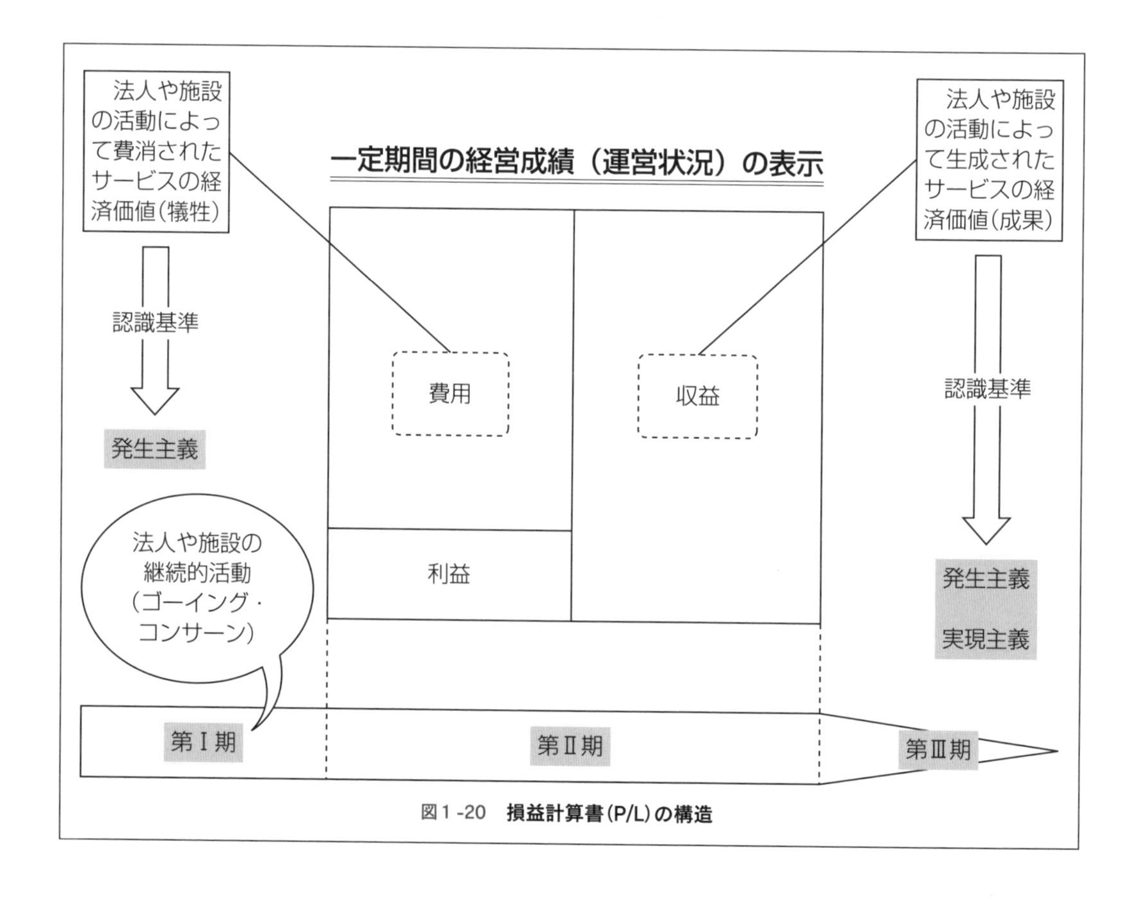

図1-20　損益計算書(P/L)の構造

損　益　計　算　書

自　令和〇〇年4月1日　至　令和〇〇年3月31日

	(単位：万円)	
売　上　高	××××	
売　上　原　価	×××	… 仕入･生産活動
売　上　総　利　益	×××	
販売費及び一般管理費	×××	… 販売・資金回収活動 及び経営管理活動
営　業　利　益	×××	
営　業　外　収　益	××	… 金融活動
営　業　外　費　用	××	… 金融活動
経　常　利　益	×××	
特　別　利　益	××	
特　別　損　失	××	
税引前当期純利益	×××	
法人税、住民税及び事業税	××	
法人税等調整額	××	
当期純利益	××	

図1-21　**企業会計における損益計算書のイメージ**

益と費用を対応表示させ、いくつかの損益計算区分を設けている。すなわち、企業会計でいえば、「営業損益計算の区分」「経常損益計算の区分」「純損益計算の区分」であり(図1－22)、病院会計準則でいえば、「医業損益計算の区分」、「経常損益計算の区分」、「純損益計算の区分」である(図1－23)。

なお、上記の企業会計の「営業損益計算の区分」については、物販業を営む企業と製造業を営む企業で売上原価にかかる表示に相違が出てくる(図1－24)。すなわち、物販業を営む企業にあっては、期首商品棚卸高に当期商品仕入高を加え、そこから期末商品棚卸高を控除する形式で表示される。一方、製造業を営む企業の場合は、期首製品棚卸高に当期製品製造原価を加え、そこから期末製品棚卸高を控除する形式で表示される。このプロセスは、原価計算によって作成される製造原価明細書の生産コストにかかる情報を記載したものである。

(1)医業損益計算の区分

医業損益計算の区分では、一会計期間に属する「医業収益」(入院診療収益、室料差額収益、外来診療収益、保健予防活動収益、受託検査・施設利用収益、および、その他の医業収益)

損　益　計　算　書

自　令和〇〇年4月1日　至　令和〇〇年3月31日

	（単位：万円）	
売　上　高	××××	営業損益計算の区分
売　上　原　価	×××	
売　上　総　利　益	×××	
販売費及び一般管理費	×××	
営　業　利　益	×××	
営　業　外　収　益	××	経常損益計算の区分
営　業　外　費　用	××	
経　常　利　益	×××	
特　別　利　益	××	純損益計算の区分
特　別　損　失	××	
税引前当期純利益	×××	
法人税、住民税及び事業税	××	
法人税等調整額	××	
当期純利益	××	

図1-22　**企業会計における区分表示計算**

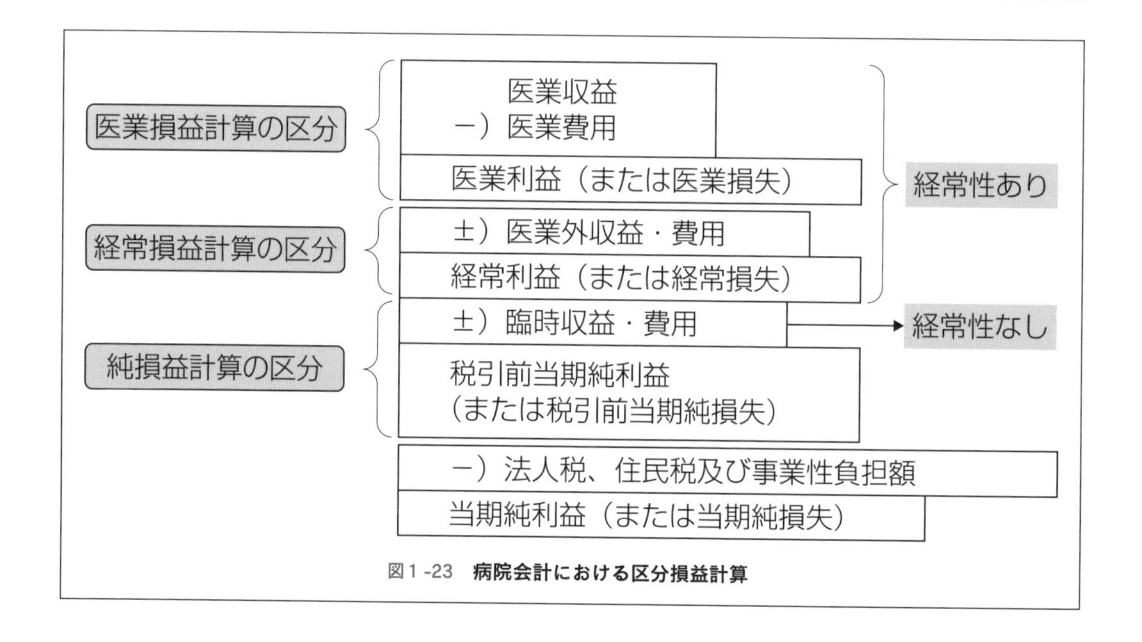

図1-23　**病院会計における区分損益計算**

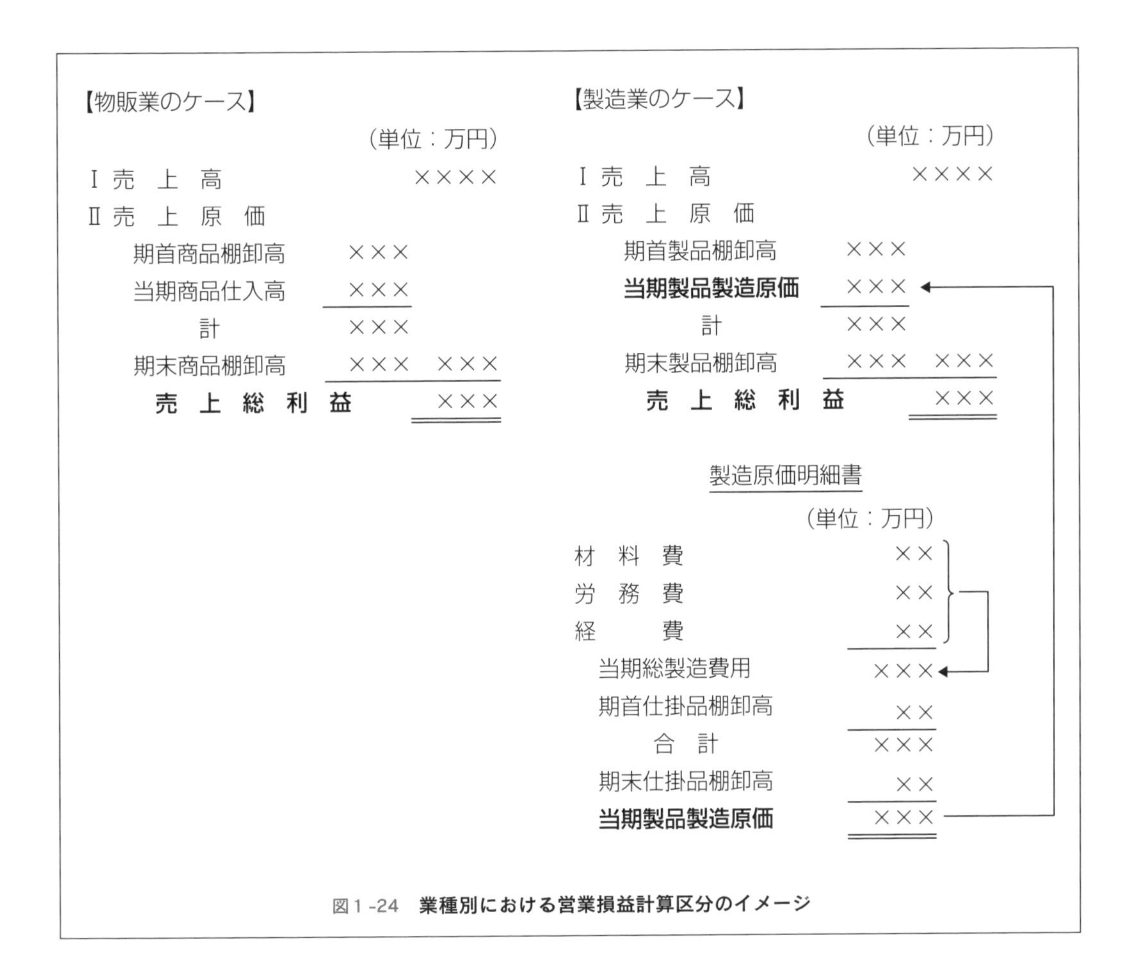

図1-24　業種別における営業損益計算区分のイメージ

から、「医業費用」(材料費、給与費、委託費、設備関係費、研究研修費、経費)を控除することによって、病院本来の医業活動の成果を示す「医業利益(または医業損失)」が表示される。

なお、病院の開設主体が、本部会計(医療法人本部の会計)を独立会計単位として設置している場合、本部費として各施設に配賦*6する内容は、医業費用として計上されるものに限定され、項目ごとに適切な配賦基準を用いて配賦されなければならない。

また、本部費配賦額を計上する際には、医業費用の区分の末尾に本部費配賦額として表示するとともに、その内容および配賦基準が附属明細表に記載される。

(2)経常損益計算の区分

経常損益計算の区分では、医業損益計算で算出した医業利益(または医業損失)に、「医業外収益」(受取利息および配当金、有価証券売却益、患者外給食収益、運営費補助金収益、施設整備補助金収益、その他の医業外収益)、および「医業外費用」(支払利息、有価証券売却

*6　配賦とは、部門等にまたがって発生する費用を、一定の基準に従い、それぞれの部門等に割り振ること(費用配分)。

損、患者外給食用材料費、診療費減免額、医業外貸倒損失、貸倒引当金医業外繰入額、その他の医業外費用)が加減算されることによって、「経常利益(または経常損失)」が表示される。

上記の医業外収益と医業外費用については、一部、対応関係が見られるものの(例：患者外給食収益および患者外給食用材料費)、多くは対応関係がない。これらは主に、財務活動の結果である金融収益・費用で構成されている。

(3)純損益計算の区分

純損益計算の区分では、経常利益(または経常損失)に、「臨時収益」(固定資産売却益、その他の臨時収益)および「臨時費用」(固定資産売却損、固定資産除却損)が加減算されることによって「税引前当期純利益」が表示される。

そして、税引前当期純利益から当期の負担に属する法人税、住民税および事業税負担額を控除することによって「当期純利益」を表示する。

なお、当期の負担に属する法人税額等は、税効果*7を加味して当期純利益が負担すべき額を計上する。

2　収益および費用の認識基準

期間損益計算では、一定期間の事業活動によって獲得した収益と、それを獲得するために費やされた費用とを合理的に対応させ、この収益および費用の差額として純損益が計算される。この収益および費用の期間的対応計算を合理的に行うためには、収益および費用がどの会計期間に帰属するのか(認識)を定める必要がある。

収益および費用の認識基準の基本的なものとして、「現金主義」「発生主義」および「実現主義」の３つがある。

(1)現金主義

現金主義とは、収益は現金収入時に、また費用は現金支出時に認識する基準である。このような収入と支出の差をもって損益とする会計方法を「現金主義会計」という。

現金主義会計は、現金の収支のみに着目する単式簿記を採用する官庁会計において見られる。しかし、固定資産の購入時にその支出額を一括して費用処理し、当該資産にかかる減価償却を通じた適正な費用配分ができないなど、適正な期間損益計算を実施するには非合理的である。

＊7　税効果会計とは、財務会計上の利益(収益－費用)と法人税法上の所得(益金－損金)による差異を調整するもの。

(2)発生主義

発生主義とは、現金の収支に関わらず、収益または費用の発生という経済的事実に基づいて認識する基準である。このようにして認識した収益および費用によって損益を求める会計方法を「発生主義会計」という。

発生主義によれば、収益および費用について、これらが発生した会計期間に正しく帰属させることができることから、合理的な収益および費用の認識基準といえる。

ただし、収益の認識基準としては、恣意的または主観的な見積もりに基づく収益が計上され、未実現利益が計上される恐れがある。

したがって、収益の認識基準としては、保守主義（不確実な利益は計上せず、一方、予想される損失は計上すべきという考え方）の観点から、発生主義の採用は容認できない。よって、より客観的な認識基準である次の「実現主義」が採用されることになる。

(3)実現主義

実現主義とは、財貨またはサービスを経営組織外部の第三者に提供し、その対価として、現金または現金等価物（医業未収金など）を受け取ることによって、当該組織と第三者の間で取引が完了した時点で、収益を計上する認識基準である。

実現主義のもとでは、検証可能な取引の事実に基づいて取引価額が確定することになるため、資金的裏付けのある収益を計上することになり、保守主義の観点からもより望ましいといえる。

3 損益計算書と貸借対照表の関係

(1)複式簿記の視点から見た損益計算書および貸借対照表の関係

損益計算書と貸借対照表は、次のような複式簿記における一連の手続きによって作成される（図1－25）。

①まず決算に際して、総勘定元帳の各勘定残高から残高試算表が作成され、これに基づいて損益計算書および貸借対照表が作成される。この場合、現代の会計では、収益（病院会計の場合、医業収益）および費用（病院会計の場合、医業費用）を算定することに重点がおかれる。

②収益および費用の金額は、決算整理事項による修正仕訳によって最終的に確定され、決算整理後残高試算表が作成される。

③この決算整理後残高試算表から、収益および費用を一表に集めて損益計算書が作成される。これに続いて、それ以外の勘定科目、すなわち次期に繰り越されるものの一覧表と

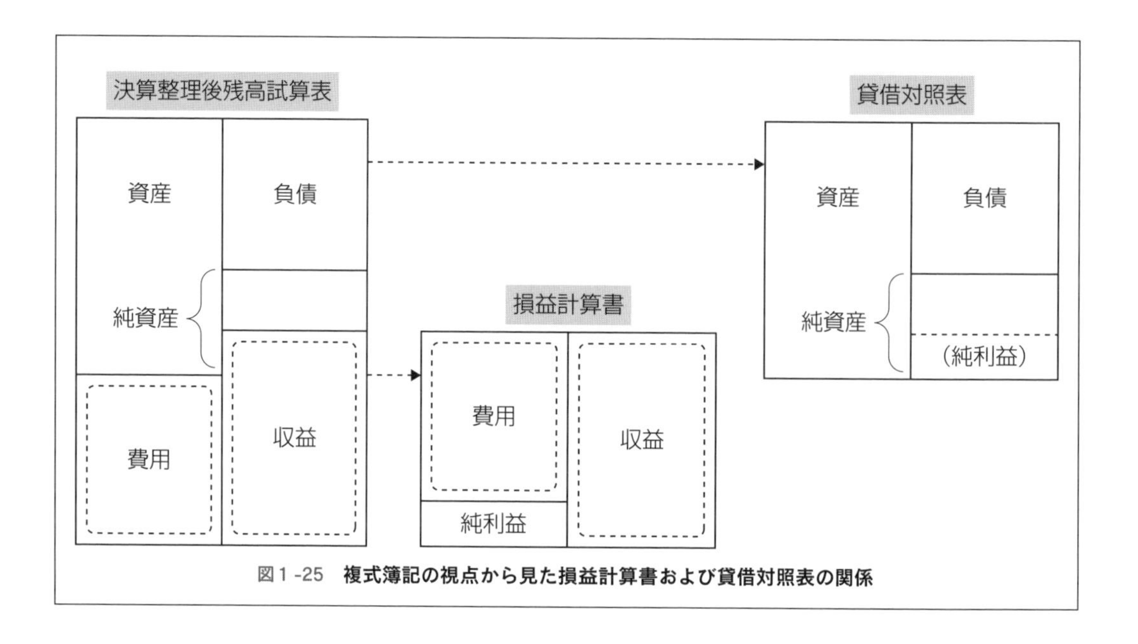

図1-25　複式簿記の視点から見た損益計算書および貸借対照表の関係

しての貸借対照表が作成される。

このようにして作成された損益計算書は、当期に属する収益と、それに対応する費用の一覧表であって、その差額としての当期純損益の発生原因が、収益および費用の各勘定科目によって表される。

また、貸借対照表は、損益計算が行われたあとの資産、負債および純資産(資本)を表わすとともに、次期以降の損益を正しく計算するために、それらを次期に繰り越すためのものである。

すなわち、損益計算書で計算された当期純損益は、期末に貸借対照表における純資産の増加として認識され、次期における期間損益の開始のための新たな元手となる。このため、貸借対照表は各会計期間の損益計算書をつなぐ連結環であるといわれる。

(2)期間損益計算の視点から見た損益計算書および貸借対照表の関係

損益計算書および貸借対照表の関係を期間損益計算の視点から見た場合、両財務表は、それぞれ独自の方法によって損益を計算しており、相互の計算結果を補完し合っているという見方がある(図1－26)。

すなわち、損益計算書上で行われている計算方法は、フローの側面から計算する「損益法」と呼ばれ、貸借対照表のそれでは、ストックの側面から計算する「財産法」と呼ばれる。当然のことながら、これら2つの計算方法によって算出される損益の額は一致することになる。

①損益法

損益法は、利益の積極的要素である収益から、その消極的要素である費用を差し引くこ

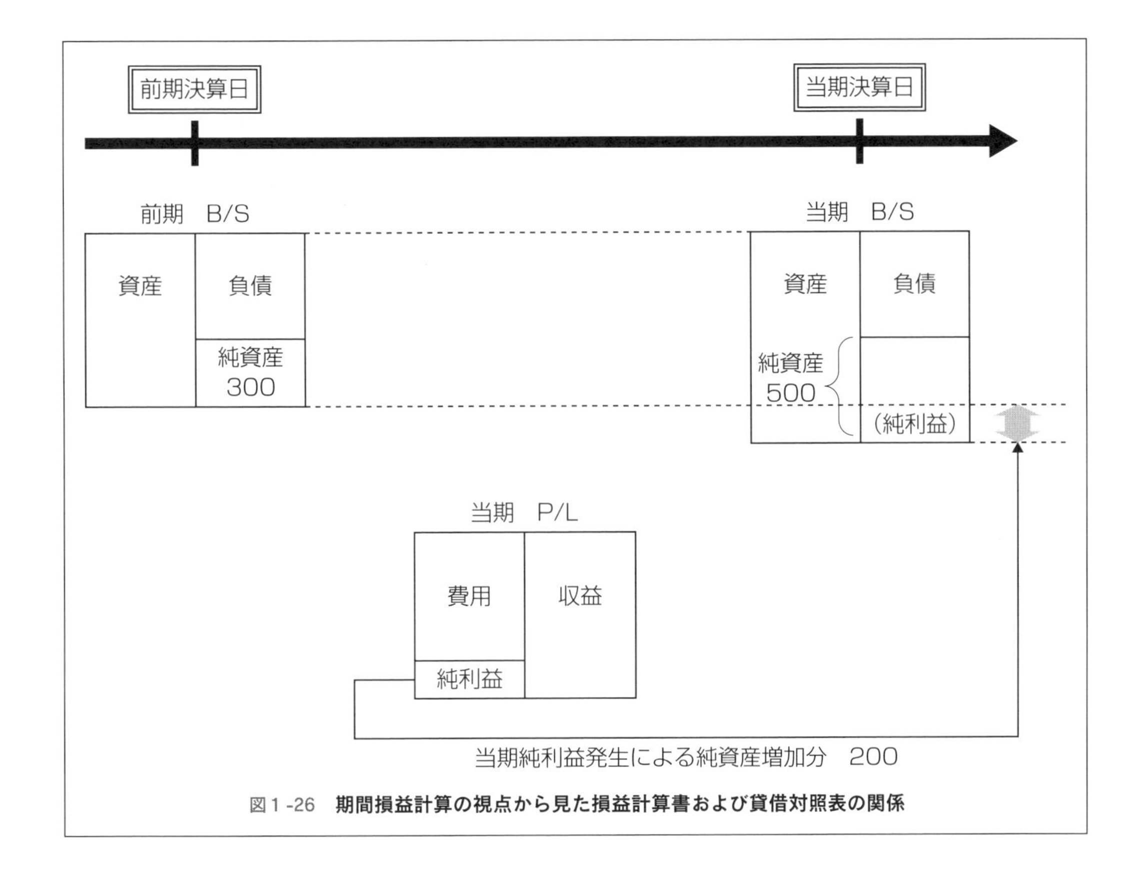

図1-26　**期間損益計算の視点から見た損益計算書および貸借対照表の関係**

とによって計算される。これを式で表わすと次のようになる。

損益＝収益─費用

これを変形すると、次のように損益計算書の基本関係を表わすものとなる。

費用＋純利益＝収益　　または　　**費用＝収益＋純損失**

損益法で計算された利益は、当該利益がもたらされた要因について詳しくわかる半面、計算された利益の財産的裏付けを欠くことになる。

②財産法

財産法は、期首の純財産と期末の純財産の比較によって計算される。ここでいう純財産とは、積極財産としての資産と、消極財産としての負債との差額である正味財産をいう。これに基づいて損益が算出されるため、財産法と呼ばれる。つまり、結果の側面から損益を計算する方法である。

これを式で表わすと、次のようになる(ただし、期中における純資産の増減がないと仮定した場合)。

純利益＝期末の純財産－期首の純財産

なお、期中に純資産自体の増減があった場合には、次のように修正する。

純利益＝期末の純財産－(期首の純財産±期中における純資産自体の増減額)

この式は、次のように変形できる。

純利益＝（期末資産－期末負債）－（期首の純財産±期中における純資産自体の増減額）

＝（期末資産－期末負債）－帳簿上の期末の純財産

これは、財産法による損益計算を表わす基本式である。そして、これをさらに変形すると、次のように貸借対照表の基本関係を表わすものとなる。

期末資産＝期末負債＋帳簿上の期末の純財産＋純利益

財産法によって計算された利益は、財産的裏付けに問題がないものの、当該利益がどのように獲得されたかという要因についてはまったく窺い知ることができない。

以上、損益法による利益と、財産法による利益は互いに正反対の長所および短所を有しているため、両者の一致を確認することによって相互の短所を補完し合う必要があるといえる。

4 キャッシュ・フロー計算書

1 キャッシュ・フロー計算書の意義

(1)キャッシュ・フロー計算書とは

キャッシュ・フロー計算書は、一会計期間における資金の流れ、すなわちキャッシュ・フローの状況を明らかにするため、それを活動内容に従って区分表示し、すべての資金の収入および支出の内容を記載して、その増減の状況を報告する財務表である。

企業会計のみならず(図1－27)、改正病院会計準則でも、キャッシュ・フロー計算書は、貸借対照表および損益計算書に加え、新たな第3の基本財務表として位置づけられている。

キャッシュ・フロー計算書導入の背景には、「黒字倒産」や「勘定合って、銭足らず」のように、損益計算書で利益を計上しているにも関わらず資金繰りに行き詰まって倒産するケースが頻発しているからである。

これは、現代の損益計算が、収益および費用の認識について発生主義を採用しているため、損益の数値が資金的な裏付けを有していないことに起因するものである。

(2)キャッシュ・フロー計算書の有用性

財務諸表は「記録された事実と会計上の慣習と個人的判断との総合的表現」といわれるが、とりわけ会計処理を行うにあたって必要な減価償却における定額法や定率法などの会計処理方法の選択や、(医業)未集金についての貸倒れの見積もりなど、損益計算において主観的判断や会計処理の恣意性を完全に排除することが困難といえる。

一方、キャッシュすなわち資金の増減は、端的にいえば現金主義によって計算された損益と財務活動によってもたらされた資金にかかる歴史的事実であり、こちらには、主観的判断や会計処理の恣意性が入る余地はない。

したがって、特に設備投資が多額となる傾向にある病院経営においては、本来業務にかかるキャッシュ・フローの増大とともに、設備投資にかかる資金効率をいかに高めるかが重要な経営課題となるが、キャッシュ・フローの状況に基づく経営判断によって、例えば、過大な設備投資の実行を回避するようなことが可能となることから、キャッシュ・フロー計算書は、経営情報として有用といえる(図1－28)。

キャッシュ・フロー計算書

自　令和〇〇年4月1日　至　令和〇〇年３月31日

	(単位：万円)
営業活動によるキャッシュ・フロー	
税引前当期純利益	×××
減　価　償　却　費	×××
貸倒引当金の増加額	×××
売上債権の増加額	△×××
棚卸資産の増加額	△×××
仕入債務の増加額	×××
そ　の　他	×××
営業活動によるキャッシュ・フロー	×××
投資活動によるキャッシュ・フロー	
有価証券の取得による支出	△×××
有価証券の売却による収入	×××
有形固定資産の取得による支出	△×××
有形固定資産の売却による収入	×××
投資有価証券の取得による支出	△×××
投資有価証券の売却による収入	×××
貸付けによる支出	△×××
貸付金の回収による収入	×××
そ　の　他	×××
投資活動によるキャッシュ・フロー	×××
財務活動によるキャッシュ・フロー	
短期借入れによる収入	×××
短期借入金の返済による支出	△×××
長期借入れによる収入	×××
長期借入金の返済による支出	△×××
そ　の　他	×××
財務活動によるキャッシュ・フロー	×××
現金(及び現金同等物）の増加額	×××
現金(及び現金同等物）の期首残高	×××
現金(及び現金同等物）の期末残高	×××

図1-27　**企業会計におけるキャッシュ・フロー計算書のイメージ**

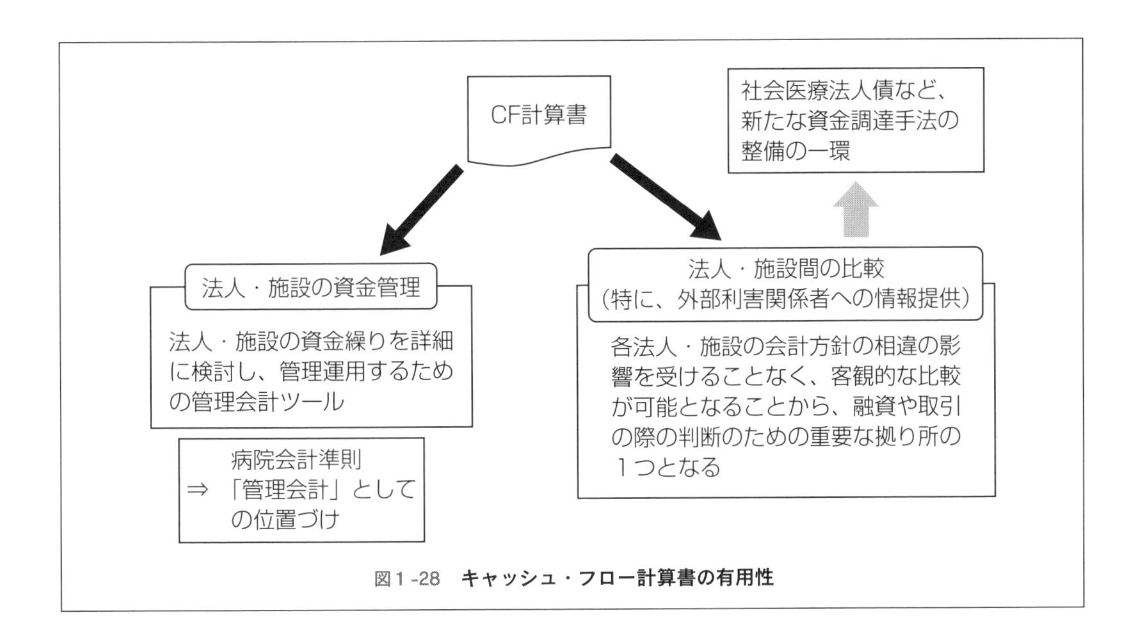

図１-28　キャッシュ・フロー計算書の有用性

2　キャッシュ・フロー計算書の構造

キャッシュ・フロー計算書が対象とする資金の範囲は、「現金」および「要求払預金」ならびに「現金同等物」である。

ここで要求払預金であるが、これには、当座預金、普通預金、通知預金およびこれらの預金に相当する郵便貯金が含まれる。

また、現金同等物とは、容易に換金可能であり、かつ、価値の変動について僅少なリスクしか負わない短期投資である（例：取得日から満期日または償還日までの期間が３ヵ月以内の短期投資である定期預金、譲渡性預金、コマーシャル・ペーパー、売り戻し条件付現先、公社債投資信託）。

キャッシュ・フロー計算書では、「業務活動（営業活動）によるキャッシュ・フロー」「投資活動によるキャッシュ・フロー」「財務活動によるキャッシュ・フロー」の３つの活動区分によってキャッシュ・フローの状況が表示される（図１－29～31）。

(1)業務活動（営業活動）によるキャッシュ・フロー

業務活動（営業活動）によるキャッシュ・フローの区分には、医業損益計算の対象となった取引のほか、投資活動および財務活動以外の取引によるキャッシュ・フローが記載される（企業会計では、「業務活動」ではなく「営業活動」と呼称）。

業務活動（営業活動）によるキャッシュ・フローは、病院が外部からの資金調達に依存することなく業務能力を維持し、新規投資を行い、借入金を返済するために、どの程度の資金を主たる業務活動から獲得したかを示すもっとも重要な指標である。したがって、業務

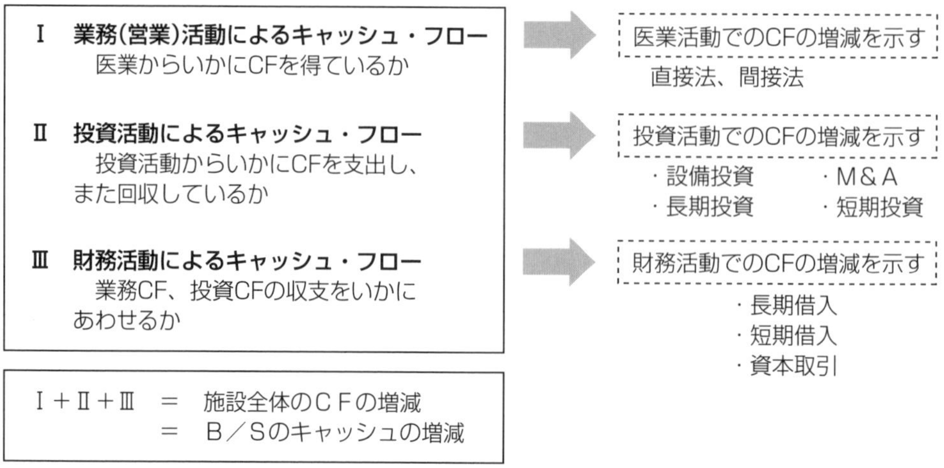

Ⅰ　業務(営業)活動によるキャッシュ・フロー 医業からいかにCFを得ているか	医業活動でのCFの増減を示す 直接法、間接法
Ⅱ　投資活動によるキャッシュ・フロー 投資活動からいかにCFを支出し、また回収しているか	投資活動でのCFの増減を示す ・設備投資　・M&A ・長期投資　・短期投資
Ⅲ　財務活動によるキャッシュ・フロー 業務CF、投資CFの収支をいかにあわせるか	財務活動でのCFの増減を示す ・長期借入 ・短期借入 ・資本取引

Ⅰ＋Ⅱ＋Ⅲ　＝　施設全体のＣＦの増減
　　　　　＝　Ｂ／Ｓのキャッシュの増減

図１-29　**キャッシュ・フロー計算書の構造**

活動(営業活動)によるキャッシュ・フローについては、プラスの状態にあるのが望ましい。

(2)投資活動によるキャッシュ・フロー

投資活動によるキャッシュ・フローの区分には、固定資産の取得および売却、施設設備補助金の受け入れによる収入、現金同等物に含まれない短期投資にかかる資産の取得および売却等によるキャッシュ・フローが記載される。

投資活動によるキャッシュ・フローは、将来の利益獲得および資金運用のために、どの程度の資金を支出し、または回収したかを示す指標である。投資活動によるキャッシュ・フローについては、業績好調な経営組織をはじめとして、多くの経営組織ではマイナスの状態になっている。なぜなら、逆に、投資活動によるキャッシュ・フローがプラスの状態にあるということは、投資機会を失っているため仕方なく現金化せざるをえない状況にあることを意味するからである。

(3)財務活動によるキャッシュ・フロー

財務活動によるキャッシュ・フローの区分には、資金の調達および返済によるキャッシュ・フローを記載する。財務活動によるキャッシュ・フローは、業務活動および投資活動を維持するために、どの程度の資金が調達または返済されたかを示す指標である。例えば、借入金が増大すれば、資金調達が行われるので、財務活動によるキャッシュ・フローは、プラスの状態になる。逆に、借入金を返済すれば、当該経営組織外にキャッシュが流出することになるので、財務活動によるキャッシュ・フローは、マイナスの状態になる。

キャッシュ・フロー計算書において、業務活動（営業活動）によるキャッシュ・フロー、

キャッシュ・フロー計算書

自　令和〇〇年4月1日　至　令和〇〇年3月31日

（単位：万円）

Ⅰ 業務活動によるキャッシュ・フロー	
医業収入	×××
医療材料等の仕入支出	△×××
給与費支出	△×××
委託費支出	△×××
設備関係費支出	△×××
運営費補助金収入	×××
〇〇〇	×××
小計	×××
利息及び配当金の受取額	×××
利息の支払額	△×××
〇〇〇	△×××
〇〇〇	×××
業務活動によるキャッシュ・フロー	×××
Ⅱ 投資活動によるキャッシュ・フロー	
有価証券の取得による支出	△×××
有価証券の売却による収入	×××
有形固定資産の取得による支出	△×××
有形固定資産の売却による収入	×××
施設設備補助金の受入れによる収入	×××
貸付けによる支出	△×××
貸付金の回収による収入	×××
〇〇〇	×××
投資活動によるキャッシュ・フロー	×××
Ⅲ 財務活動によるキャッシュ・フロー	
短期借入れによる収入	×××
短期借入金の返済による支出	△×××
長期借入れによる収入	×××
長期借入金の返済による支出	△×××
〇〇〇	×××
財務活動によるキャッシュ・フロー	×××
Ⅳ 現金(及び現金同等物）の増加額（又は減少額）	×××
Ⅴ 現金(及び現金同等物）の期首残高	×××
Ⅵ 現金(及び現金同等物）の期末残高	×××

図1-30　**改正病院会計準則におけるキャッシュ・フロー計算書のイメージ**
(「業務活動によるキャッシュ・フロー」を「直接法」で表示する場合）

キャッシュ・フロー計算書

自　令和〇〇年4月1日　至　令和〇〇年３月31日

（単位：万円）	
Ⅰ 業務活動によるキャッシュ・フロー	
税引前当期純利益	×××
減価償却費	×××
退職給付引当金の増加額	×××
貸倒引当金の増加額	×××
施設設備補助金収益	△×××
受取利息及び配当金	△×××
支払利息	×××
有価証券売却益	△×××
固定資産売却益	△×××
医業債権の増加額	△×××
たな卸資産の増加額	△×××
仕入債務の増加額	×××
○ ○ ○	×××
小計	×××
利息及び配当金の受取額	×××
利息の支払額	△×××
○ ○ ○	△×××
○ ○ ○	×××
業務活動によるキャッシュ・フロー	×××
Ⅱ 投資活動によるキャッシュ・フロー	
有価証券の取得による支出	△×××
有価証券の売却による収入	×××
有形固定資産の取得による支出	△×××
有形固定資産の売却による収入	×××
施設設備補助金の受入れによる収入	×××
貸付けによる支出	△×××
貸付金の回収による収入	×××
○ ○ ○	×××
投資活動によるキャッシュ・フロー	×××
Ⅲ 財務活動によるキャッシュ・フロー	
短期借入れによる収入	×××
短期借入金の返済による支出	△×××
長期借入れによる収入	×××
長期借入金の返済による支出	△×××
○ ○ ○	×××
財務活動によるキャッシュ・フロー	×××
Ⅳ 現金（及び現金同等物）の増加額（又は減少額）	×××
Ⅴ 現金（及び現金同等物）の期首残高	×××
Ⅵ 現金（及び現金同等物）の期末残高	×××

図１-31　**改正病院会計準則におけるキャッシュ・フロー計算書のイメージ**
（「業務活動によるキャッシュ・フロー」を「間接法」で表示する場合）

投資活動によるキャッシュ・フロー、財務活動によるキャッシュ・フローの３つは互いに関連している(図１－32～33)。

例えば、業務活動(営業活動)によるキャッシュ・フローが潤沢にある病院の場合には、外部からの資金調達に依存することなく、業務活動(営業活動)によるキャッシュ・フローによって医療機器への設備投資等の投資活動が行われると同時に、借入金の返済も可能となる。この場合、財務活動によるキャッシュ・フローは少額表示となる。

一方、業務活動(営業活動)によるキャッシュ・フローが少ないか、あるいはマイナスの状況にある場合、上記の設備投資の資金を金融機関等からの借り入れに依存することになるため、この場合、財務活動によるキャッシュ・フローは多額となる。

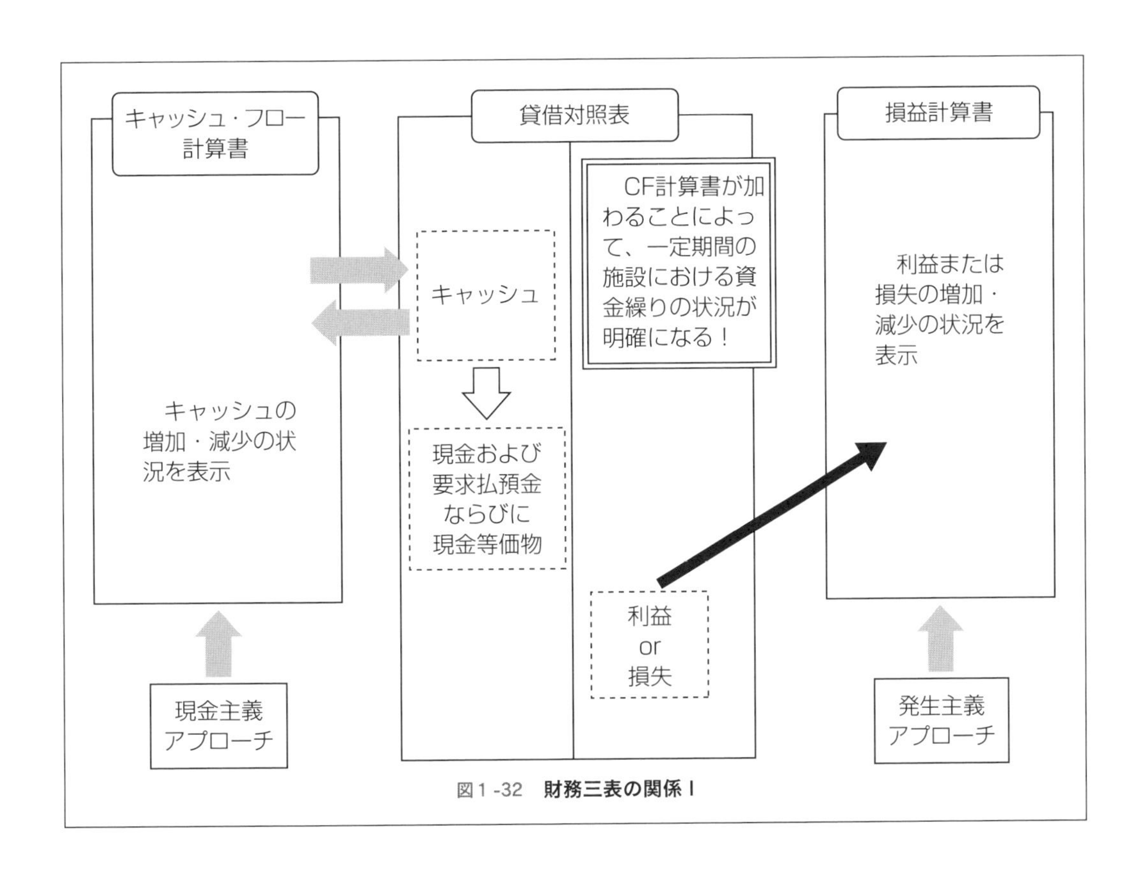

図１-32　**財務三表の関係Ⅰ**

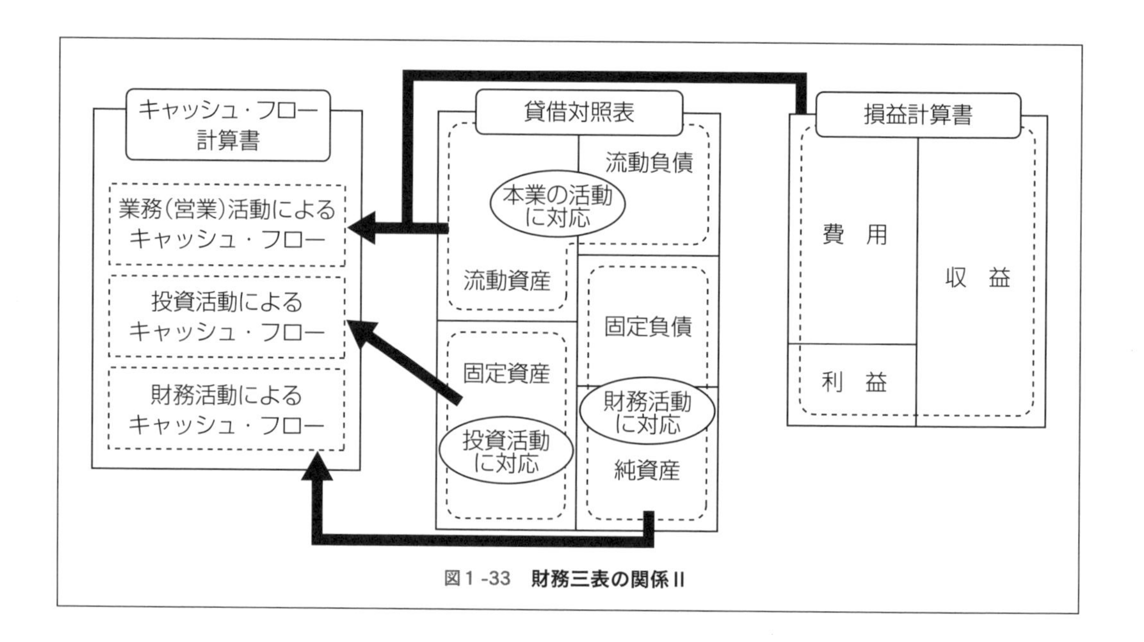

図1-33　**財務三表の関係Ⅱ**

5 税効果会計

1 税効果会計とは

(1)法人税、法人住民税および法人事業税

公益法人や人格のない社団等以外の普通法人(法人税法上の法人)にあっては、株式会社はもちろんのこと、非営利法人と位置づけられる医療法人(ただし、特定医療法人や社会医療法人など、租税特別措置法第67条の2第1項に規定する国税庁長官の認定を受けたものを除く)についても、普通法人(法人税法第2条)として法人税法に基づく法人税(国税)が課税され(なお、法人課税の詳細については、69ページ第9節「税務会計」を参照)、併せて、当該法人税法に従って算出される法人所得に基づく住民税(法人住民税：地方税)、事業税(法人事業税：地方税)が課される。

法人税とは、上記の普通法人が各事業年度(会計期間)における所得に対して課税される税金である。法人税の計算式は、「法人税額＝法人の課税所得×法人税率」である。

また、法人にかかる住民税(法人住民税)とは、「法人都道府県税」と「法人市町村税」から成り、当該法人の事業所がある地方自治体から課税される税金である。さらに、法人にかかる住民税は、「法人税割」および「均等割」によって構成されるため、法人にかかる住民税の計算式は、「法人税にかかる税額＝法人税割＋均等割」となる。法人税割は、法人税額を課税標準として、それに対し地方自治体ごとに異なる税率を乗じて求められる。均等割については、法人都道府県民税にあっては資本金額、法人市町村民税にあっては資本金および従業員数に基づいて算出され、それぞれ均等額で課される。

特に、医療法人の均等割については、2007(平成19)年4月以降に設立された法人はすべて、「出資持分の定めのない医療法人」になるため、上記の資本金額に相当するものが存在しないことから、法人住民税の均等割においては最低額が適用される。

なお、法人税については、所得がゼロ以下の状態(いわゆる赤字)であれば課税されないが、法人にかかる住民税のうち均等割の部分についてだけは、必ず支払義務が生じる点に注意しなければならない。

そして、法人にかかる事業税(法人事業税)とは、法人の課税所得に対して各地方自治体(都道府県)が課税する税金(所得割)であり、その算出式は、「法人にかかる事業税額＝法

人の課税所得×法人にかかる事業税率」である。ただし、資本金1億円以上の法人の場合は、法人の所得に課税されるこの「所得割」だけでなく、付加価値額を基礎として課される「付加価値割」、資本金等の額を基礎として課される「資本割」も加えられる。
法人にかかる事業税は、法人税と同様、法人にかかる所得がゼロ以下の状態(いわゆる赤字)であれば課税されない一方、課税される場合でも、上記の「付加価値割」および「資本割」についてだけは、法人税法上の損金扱いとなり、翌年度の費用(「販売費及び一般管理費」)として計上される。

なお、医療法人にかかる法人事業税については、社会保険診療報酬に対して非課税措置が取られている(地方税法第72条の23第1項但し書：社会保険診療にかかる収益と費用について、それぞれ所得金額の計算の際に算入しない)。

以上の3つの法人にかかる税金の多く(前述の法人事業税における「付加価値割」および「資本割」を除く)は、損益計算書において、「法人税、住民税及び事業税」(あるいは「法人税等」)として表示される(例えば、39ページ図1－21を参照)。

(2)税効果会計の意義・目的

このように、法人税法上の普通法人では、所得(または利益)に関する金額を課税標準とする税金である「法人税、住民税及び事業税(所得割)」は、損益計算書上、あくまで税法に基づいて算出された納税義務額を表しているが、前述のように、これらは企業会計上の費用ではないので、この税法に基づく「法人税、住民税及び事業税」(「法人税等」)の金額を、企業会計における発生主義に基づく金額に修正する必要が出てくる。このような会計手続を「税効果会計」という。従来、損益計算書のボトムラインである財務会計上の税引後当期純利益の額が、税法上の課税所得計算方法によって左右されるため、必ずしも業績を適切に表示していないという批判があったことから導入された。

したがって、税効果会計の目的については、「税効果会計に係る会計基準」によれば、「税効果会計は、企業会計上の資産又は負債の額と課税所得計算上の資産又は負債の額に相違がある場合において、法人税その他利益に関連する金額を課税標準とする税金(以下「法人税等」という。)の額を適切に期間配分することにより、法人税等を控除する前の当期純利益と法人税等を合理的に対応させることを目的とする手続である。」(第一　税効果会計の目的)としている。

すなわち、将来的に納付すべき税金は同一であるが、一般に、収益または費用(法人税法上の益金および損金に対応)の計上時点、資産または負債の計上時点などに差異が生じるため、当該差異がある場合、「法人税、住民税及び事業税」の額が税引前当期純利益と期間的に対応せず、また将来の「法人税、住民税及び事業税」の支払額に対する影響が表示されないことになり、何らかの調整(税金の期間配分)が必要になることから(当該調整額は、損益計算書上、「法人税等調整額」として、損益計算書のボトムラインである当期純利益[税引後当期純利益」の直前に表示される。発生主義に基づく税額へ調整するための項目であり、税法上の税額が企業会計上の税額に修正される)、適切な税金の期間配分を行い、もって税引前当期純利益と「法人税、住民税及び事業税」の額を合理的に対応させる会計手続である。

税効果会計は、「金融商品取引法」のみならず、「会社法」においても強制適用される(会社計算規則第83条、93条)。

2 繰延税金資産・繰延税金負債と一時差異

(1)永久差異と一時差異

税効果会計を採用しない場合、前述のように、財務会計上と税法上の処理が異なることから、財務会計上の税引前当期純利益と課税所得の間に差額、すなわち「差異」が発生する。この「差異」には、次の2つがある。

1つは、財務会計上の差異と税法上の差異が永久に解消されないような差異であり、これを「永久差異」といい、税効果会計の対象外となる。例えば、受取配当金の益金不算入額、交際費の損金不算入額などが該当する。財務会計上の税引前当期純利益の計算においては、それらは費用または収益として計上されるが、一方で、課税所得の計算上は、永久に損金または益金に算入されないからである。

もう1つは、財務会計上と税法上の双方での損益の期間帰属が異なることなどが原因で生じる差異であり、これを「一時差異」といい、将来的にはこの一時差異は解消されることから、税効果会計の対象となる。なお、「一時差異」には、「将来減算一時差異」と「将来加算一時差異」がある。前者は、例えば、不良債権の有税償却(ここでいう有税とは、税法上損金に算入できる限度を超過する額を財務会計上で費用計上したり、あるいは、税法上容認されていない引当金繰入額および評価損を財務会計上で費用計上することをいう)、貸倒引当金、退職給付引当金等の引当金の有税繰入額、減価償却費の有税償却額、棚卸資産等にかかる有税の評価損計上額等がある場合に生じる差異である。

また、後者については、例えば、剰余金の処分(会社法第452条)により租税特別措置法上の準備金等を計上した場合などに生じる差異である。

(2)税効果会計の方法

ところで、税効果会計の方法には、いわゆる収益費用アプローチ(収益と費用というフローの差額を計算・測定する方法:損益法に相当)に基づいて、財務会計上の税引前当期純利益と税法上の課税所得との差異に着目する考え方である「繰延法」と、いわゆる資産負債アプローチ(資産と負債というストックの価値を評価・測定する方法:財産法に相当)に

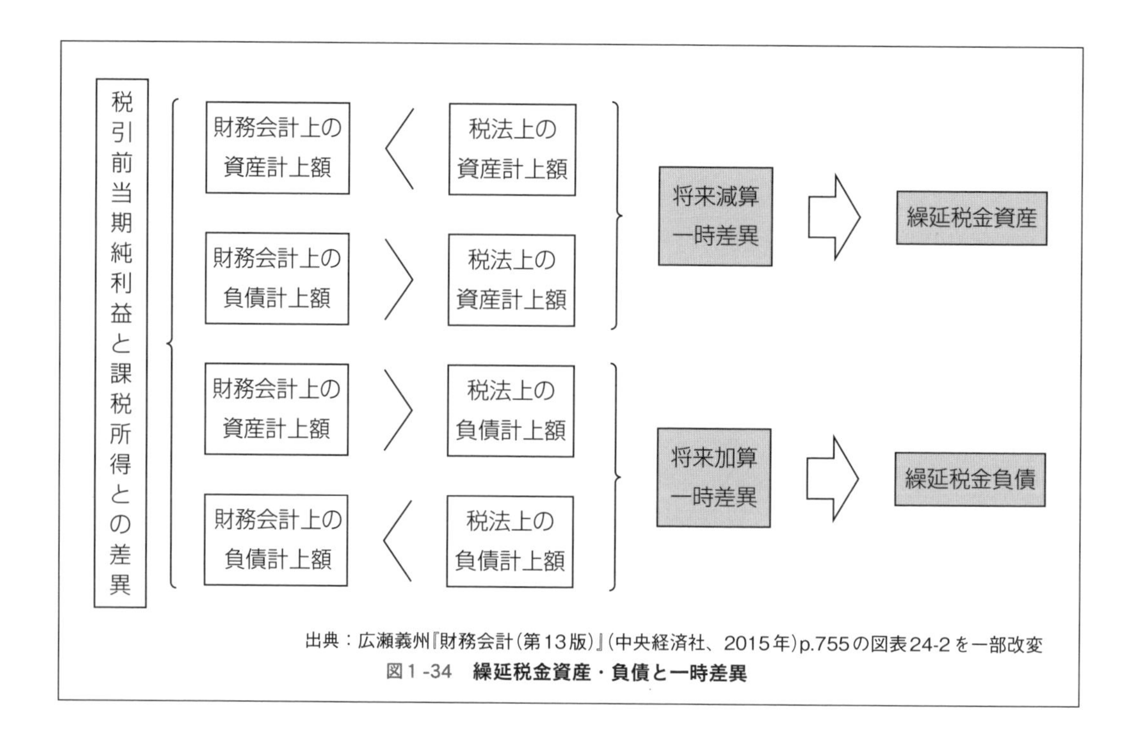

出典：広瀬義州『財務会計（第13版）』（中央経済社、2015年）p.755の図表24-2を一部改変

図1-34　**繰延税金資産・負債と一時差異**

基づいて、財務会計と税法上の資産および負債の差異に着目する考え方である「資産負債法」の２つがある（図１－34）。

繰延法とは、一時差異にかかる税金について、当該差異が解消される将来の会計期間まで繰り延べる考え方であり、特に、当該一時差異が生じた時点に着目することから、当該一時差異の生じた会計年度の税率で計算する方法である。

これに対して、資産負債法とは、一時差異にかかる税金について、将来回収される税金（「繰延税金負債」）として捉える考え方であり、繰延法とは逆に、当該一時差異が解消するであろう時点に着目することから、当該一時差異が解消されると予想される会計年度の税率で計算する方法である。

すなわち、繰延税金資産は、財務会計上、当該会計年度において本来課税されるべき額よりも多く支払った税金であり、いわば「法人税、住民税及び事業税」の前払額に相当するといえる。したがって、将来その分だけ「法人税、住民税及び事業税」の支払額が減少することになり、税引後当期純利益、つまり純資産の増加要因となることから、貸借対照表の「資産の部」に計上される。

ただし、繰延税金資産は、将来の会計年度において、課税所得が確実に発生することを前提に計上されることから、その計上額については、将来の課税所得を減少させることができる範囲に限定される（所得金額がマイナスとなる会計年度分については、課税所得がゼロであり税金の支払いがなくなるため、当該会計年度分にかかる税金負担額はそもそも軽減することはできない）。

一方、繰延税金負債は、税法上、当該会計年度において本来課税されるべきと計算されていた「法人税、住民税及び事業税」の額が、財務会計上の「法人税、住民税及び事業税」の額を下回った場合に生じるものであり、その差額分は、いわば「法人税、住民税及び事業税」の未納額に相当する。したがって、この場合、いずれ将来、その差額分だけ「法人税、住民税及び事業税」が増加することから、当該差額分を繰延税金負債として、貸借対照表の「負債の部」に計上する。

なお、制度上、税効果会計については、繰延法ではなく、資産負債法が採用されている。

このように、税効果会計を適用することによって、財務諸表全体が「一般に公正妥当と認められる企業会計の基準」に準拠することになり、貸借対照表の「繰延税金資産」と「繰延税金負債」を通して、当該経営組織の「法人税、住民税及び事業税」の前払額や、未納額すなわち将来の納税予定額が、外部利害関係者に対して明らかとなる。

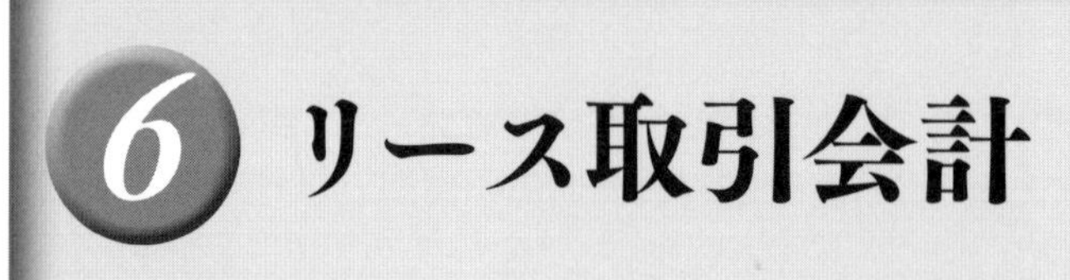

6 リース取引会計

1 リース取引の意義・分類

(1)リース取引とは

リース取引とは、例えば自動車など、特定の物件(これを「リース物件」という)の所有者たる貸手(これを「レッサー」という)が、当該物件の借手(これを「レッシー」という)に対し、双方で合意された期間(これを「リース期間」という)にわたって、当該物件を使用する権利を与え、借手は、双方で合意された使用料(これを「リース料」という)を貸手に支払う取引をいう(図１－35)。リース取引は、「ファイナンス・リース取引」と「オペレーティング・リース取引」の２つに分類される。

(2)ファイナンス・リース取引

ファイナンス・リース取引とは、①リース期間の中途で当該契約を解除することができないか、またはこれに準じる(例えば、解約に際し相当の違約金の支払義務が課されるなどの理由から実質的に解約できない場合など)もので、②借手が当該契約に基づき使用する当該リース物件からもたらされる経済的利益を実質的に享受することができ、かつ、③

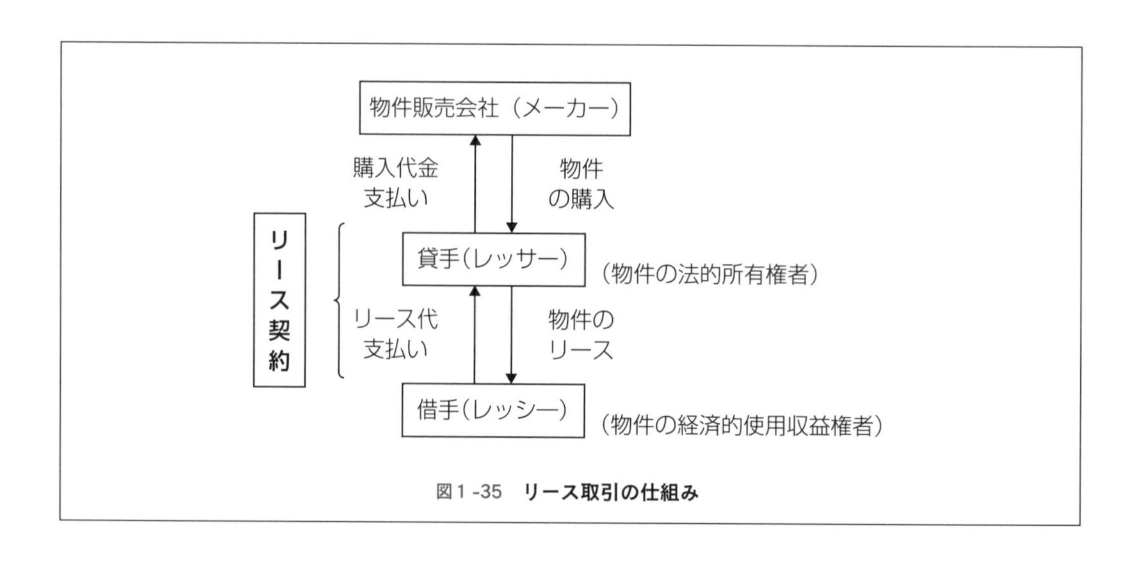

図１-35　リース取引の仕組み

借手が当該リース物件の使用に伴って生じる費用を実質的に負担する——ことになるリース取引をいう。特に、①の要件はノン・キャンセラブル(解約不能)、②および③の要件はフル・ペイアウト、つまり、当該リース物件にかかるほとんどすべての費用(当該リース物件の取得相当額、維持管理費、保険料など)を負担することである。

すなわち、ファイナンス・リース取引とは、借手側が、上記のフル・ペイアウトの要件を満たすことにより、当該リース物件から得られるほとんどすべての経済的利益を享受することになるのであるから、実質上、当該リース物件をローンによって購入し、当該ローンの元本と利子を長期にわたって分割払いするのと実質的に変わらない取引であり、それゆえ、ファイナンス・リース取引と呼ばれている。

このファイナンス・リース取引には、リース期間後にリース物件の所有権が借手に移転する「所有権移転ファイナンス・リース取引」と、所有権が移転しない「所有権移転外ファイナンス・リース取引」がある。いずれの取引であっても、後述するように、会計処理上は、売買取引に準じた会計処理がなされることになる。

(3)オペレーティング・リース取引

一方、オペレーティング・リース取引とは、ファイナンス・リース取引以外のリース取引をいう。その要件としては、ファイナンス・リース取引とは逆に、キャンセラブル(解約可能)であり、ノン・フルペイアウトであるといえる。

2 リース取引の会計処理

(1)ファイナンス・リース取引の場合

借手側の会計処理

ファイナンス・リース取引については、前述のように、経済的実質として自己所有の場合と変わらないことから、借手側では、通常の売買取引にかかる方法に準じて会計処理(売買取引)を行う。当該取引は、法的形式にあっては賃貸借取引であるけれども、経済的実質としては、有形固定資産にかかる長期分割支払契約に基づく売買取引と同様と考えられるからである。

具体的には、借手は、当該リース物件を貸借対照表に資産計上し、リース期間にわたって支払うべき義務をリース債務として負債計上する。当然、資産計上されたリース物件は、減価償却の対象となる。この場合、リース資産の取得原価については、リース期間におけるリース料の総額が、そのままリース資産やリース債務の評価額になるのではない点に留意する必要がある(表１－５)。当該リース契約は、通常のローン契約と同様に、リース契約料の中に元本部分以外に、利息部分が含まれているからである。

表1-5　借手側におけるリース資産の取得原価の評価方法

	所有権移転リース取引	所有権移転外リース取引
貸手の購入価額が明らかな場合	貸手の購入価額	貸手の購入価額と、リース料総額の割引現在価値のいずれか低い方
貸手の購入価額が不明の場合	借手の見積現金購入価額と、リース料総額の割引現在価値のいずれか低い方	

出典：桜井久勝『財務会計講義〈第19版〉』（中央経済社、2018年）p.195の図表8-8を一部改変

なお、所有権移転外リース取引における減価償却については、リース期間終了後にリース資産が貸手側に戻ることから、借手側は、当該リース物件の残存価額をゼロとして減価償却を行う。一方、所有権移転リース取引については、通常の減価償却方法が適用される。

貸手側の会計処理

一方、ファイナンス・リース取引の貸手側でも、借手側と同様に、通常の売買取引にかかる方法に準じて会計処理(売買取引)を行う。具体的には、リース期間にわたってリース料を受け取る権利であるリース債権を評価し、これをリース資産として、貸借対照表に資産計上を行う。

(2)オペレーティング・リース取引の場合

借手側の会計処理

借手側のオペレーティング・リース取引については、通常の賃貸借取引にかかる方法に準じて会計処理を行う。この場合、リース料は、製造原価、営業費などとして計上することになる。

ただし、オペレーティング・リース取引のうち解約不能なものにかかる未経過リース料については、貸借対照表日後1年以内のリース期間にかかるものと、貸借対照表日後1年を超えるリース期間にかかるものとに区分して、財務諸表に注記しなければならない。

貸手側の会計処理

貸手側のオペレーティング・リース取引についても、借手側と同様に、通常の賃貸借取引にかかる方法に準じて会計処理を行う。したがって、リース料は、売上高、営業外収益などとして計上することになる。

ただし、オペレーティング・リース取引のうち解約不能なものにかかる未経過リース料については、これも借手側と同様に、貸借対照表日後1年以内のリース期間にかかるものと、貸借対照表日後1年を超えるリース期間にかかるものとに区分して、財務諸表に注記しなければならない。

退職給付会計

1 退職給付の意義

(1)退職一時金と企業年金

わが国の退職給付制度には、退職一時金制度と企業年金制度がある。前者は、従業員が退職する際に一括して退職金を支給する制度であり、後者は退職後に一定期間または当該従業員の生涯にわたって一定の金額を分割し年金として支給する制度である。

近年では、わが国の多くの企業において、退職一時金制度から企業年金制度へと移行する動きがある。その理由として、いくつかの財務的デメリットが挙げられる。

すなわち、退職一時金制度の場合、当該支給額の全額を当該従業員の退職時に一括して支払わなければならないことから、毎期、当該費用が発生するとともに、退職給付引当金が計上されることになり、当該企業における退職一時金にかかる費用負担が平準化されないという点である。

一方、企業年金制度は、年金基金に拠出すべき掛け金相当額が費用計上されるだけで、貸借対照表上は、将来に支給すべき年金の支給額にかかる不足額がオフバランス(簿外取引：貸借対照表上に資産・負債として記載されない取引)化されることになり、企業にとって、退職一時金制度よりも企業年金制度のほうが有利となる。

また、当該退職一時金にかかる給付のための原資は、退職給付引当金として、当該企業が保有する資産全体を給付原資とすることになるため、もし当該企業が経営破綻するようなことが生じた場合に、上記の給付原資にかかる保障が期待できないという問題点も挙げられよう。

これに対し、企業年金制度の場合は、基本的に、退職者への年金にかかる給付原資については、年金給付のための資産(年金資産)として社外で積み立てられ、企業の資産全体から切り離されて管理・運用されることから、当該退職者への年金給付が保障されやすいといえる。

さらに、税法上、企業年金制度が企業年金のために当該企業が拠出した掛け金の全額について損金算入が認められるのに対して、退職一時金制度の場合、期末要支給額の20％までしか損金算入することができないというデメリットも挙げられる。

(2)企業年金制度

前述のように、企業年金制度は、企業が資金を拠出して当該企業の外部に積み立てた年金資産を原資として退職給付を行う制度であり、年金制度としては、国が運営する公的年金（国民年金、厚生年金など）や民間保険会社等による個人年金（個人が民間保険会社等と保険契約を締結するタイプ）と並べられるものである。

企業年金制度には、①確定給付制度と②確定拠出制度がある。

①確定給付制度

確定給付制度とは、在職時の給与や勤続年数に基づいて計算される金額を支給する制度であり、年金制度のみならず、前述の退職一時金制度もこの確定給付制度に該当する。

１）厚生年金基金制度

厚生年金基金とは、企業がその外部に独立した年金基金を設置して、自社の従業員にかかる厚生年金(国が運営する年金制度)の一部分を国に代わって運営し(代行部分)、当該代行部分に、さらに企業独自の年金を上乗せして一体として運営するものをいう。

２）確定給付企業年金制度

確定給付企業年金制度とは、2001（平成13）年６月に成立し、翌年４月より施行された確定給付企業年金法によって創設された年金制度で、「基金型」と「規約型」の２つがある。

基金型確定給付年金制度は、企業と従業員が合意した年金規約に基づいて、企業側が主体となり実施する企業年金制度である。その仕組みとして、当該制度を採用する企業は、必ず信託会社や生命保険会社等と資産管理運用契約を締結し、企業の外部で年金給付の原資となる資産を管理・運用し、退職者に対し年金給付を行う。

規約型確定給付年金制度は、「企業年金基金」という法人を設立して、当該法人に年金給付にかかる原資を移管することにより、当該企業とは完全に切り離して、当該年金資産を管理・運用し、退職者に年金給付を行う企業年金制度である。前出の規約型確定給付年金制度と比較した場合、年金資産の給付原資にかかる資産に法人格を別途与えていることから、法的形式上、企業からの独立性が強く、基金自ら年金資産を運用（いわゆる自家運用)することも可能である。

②確定拠出制度

確定拠出制度とは、企業が供出した年金資金としての掛け金の運用実績に基づいて退職給付の額が決定される制度であり、前出の確定給付制度と異なり、確定供出制度を最小した企業は、年金資産の運用(有価証券等)にかかるリスクを負わないことから、当該掛け金以外の追加的費用負担は生じない。それゆえ、従業員は、年金資産の運用利回りが予想よりも高かった場合には年金給付を多く受給できることになるが、逆に、運用利回りが予想よりも低い場合には、年金給付の額が予想よりも低くなり、その意味で、従業員は当該資産運用のリスクを負担することになる。

この制度は、アメリカでは、同国の税法の条文番号にちなんで「401k」と呼称されており、わが国でも「日本版401k」と呼ばれることがある。

③リスク分担型企業年金制度（折衷型:運用リスク分担型）

リスク分担型企業年金制度とは、2017（平成29）年1月から施行されている企業年金制度で、法律上は確定給付年金制度に分類されるが、当該企業が追加的な拠出義務を負わないと判断されるものについては、会計上、確定供出年金制度として扱われるものである。すなわち、確定給付企業年金制度のように、資産運用リスクをすべて企業が負うのではなく、年金資産の運用リスクを労使（企業と労働組合）で折半するもので、もし運用利回りが低くなり年金給付の額が予想よりも減少することになれば、当該差額分の負担については、企業と従業員側（労働組合）との話し合いで決定される。

2 退職給付にかかる会計の基本的な考え方

以上の説明からもわかるように、退職給付とは、基本的に、従業員が勤務期間を通じて労働を提供することによって発生するものであり、当該従業員を雇用する企業側にとっては、当該従業員の勤続に伴って発生する費用であるといえる。

したがって、退職給付会計とは、損益計算書上に計上される、一会計期間における「退職給付債務」（将来支給しなければならない年金給付額の割引現在価値）の増加分である上記の費用（「退職給付費用」）がいくらになるか、または、退職給付債務と年金資産との差額である「退職給付引当金」が貸借対照表上いくら計上されるのかを測定する会計といえる。

図1－36からもわかるように、ここで注意しなければならないのは、財務諸表上に計上されるのは、前述のように、損益計算書上に「退職給付費用」、貸借対照表上に「退職給付引当金」であって、年金資産や退職給付債務それ自体が、貸借対照表には計上されるわけではないという点である。なぜならば、例えば、年金資産については、すでに述べたように、年金給付の支払いのためだけに使用されることから、企業が収益獲得のために保有している一般の資産とは切り離されているためである。

したがって、退職給付費用や退職給付引当金を計上するためには、期末において、企業が将来支払わなければならない退職給付の総額、すなわち「退職給付見込額」について別途計算する必要がある（複雑な数理計算が必要になるため、通常、保険会社等に所属する年金の専門家であるアクチュアリーが計算を行う）。

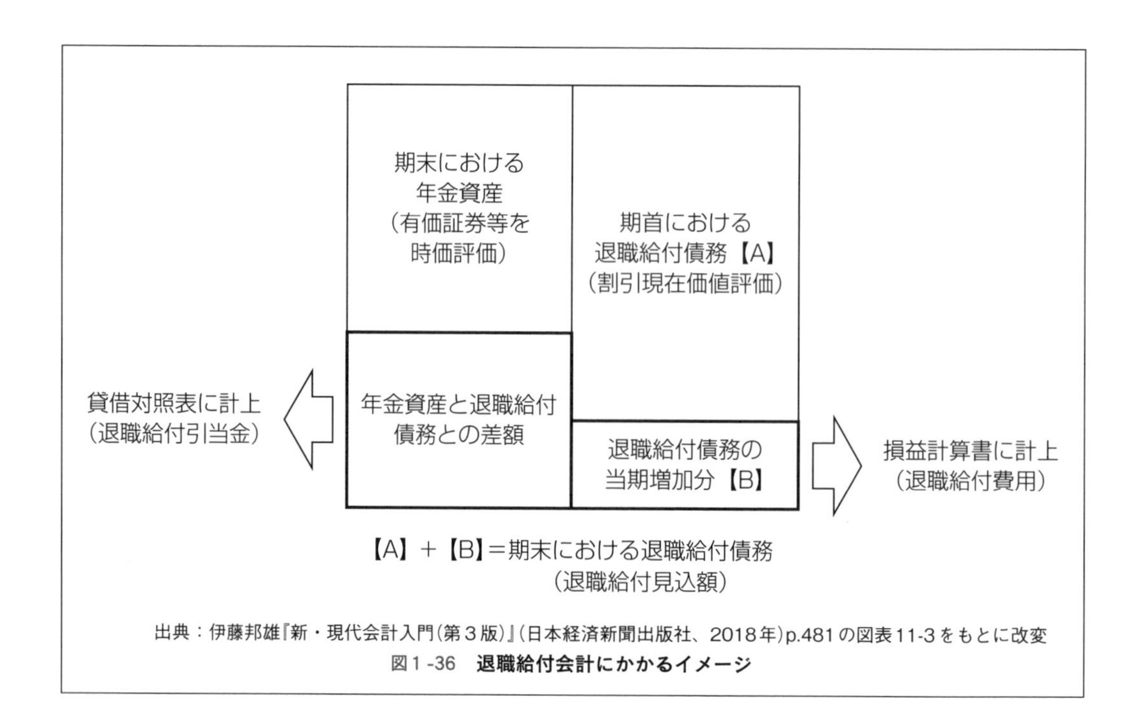

出典：伊藤邦雄『新・現代会計入門（第３版）』（日本経済新聞出版社、2018年）p.481の図表11-3をもとに改変

図１-36　**退職給付会計にかかるイメージ**

連結財務諸表

1 連結財務諸表の意義

現在、わが国の企業グループ（企業集団）は、M&A（企業の合併・買収）を行って事業の多角化・分社化等を図ったり、あるいは、生産・販売拠点を海外に移転するなどのグローバル化を推進する戦略を実施している。このような企業グループの活動の実態を財務的に把握するための会計上の手段として、連結財務諸表がある。

連結財務諸表とは、支配従属関係にある２つ以上の企業からなる集団（企業グループ）を単一の組織体とみなして、親会社が当該企業グループの財政状態、経営成績およびキャッシュ・フローの状況を総合的に報告するための財務表である。

連結財務諸表は、連結貸借対照表、連結損益計算書、連結包括利益計算書（または連結損益および包括利益計算書）、連結株主資本等変動計算書、および連結キャッシュ・フロー計算書から構成されている。これにより、企業グループを構成する個々の会社の財務諸表を結合して、法的実体を異にする個別財務諸表（あるいは単体財務諸表）だけでは把握できない企業グループとしての財政状態、経営成績などを総合的に示すものである。株式市場に上場している会社や、金融商品取引法（金商法）の適用対象となる大会社については、連結財務諸表の作成が義務づけられている。

2 連結の範囲

連結財務諸表を作成するためには、その対象とする企業グループの範囲を決定する必要があり、その基準として、持株基準と支配力基準の２つがある。前者は、他の会社の議決権の50％超を実質的に所有している会社を親会社、当該他の会社を子会社とし、当該子会社を連結対象とするものである。一方、後者は、持株比率が50％を超える場合は当然のこととして、50％以下の場合でも、例えば役員の派遣や取引関係を通じて、当該会社の経営を支配している会社を親会社、支配されている会社を子会社とする考え方である。

現在では、制度上、支配力基準が導入されている。

3 関連会社等の範囲

上記の持株基準や支配力基準に照らせば、子会社の業績は連結財務諸表に反映されるが、非連結子会社（連結の範囲から除外される小規模で重要性の乏しい子会社）や関連会社（親会社が、持株比率20％以上50％以下の状態で影響力を及ぼしている他の会社）の業績は、当該連結財務諸表に反映されないことになる。

そこで、影響力基準が導入され、親会社や子会社が、出資、人事、資金、技術、取引等の関係を通じて、他の会社の財務、人事および営業の方針決定に対し重要な影響を与えられる場合には、持分比率に応じて、当該他の会社が計上した損益を、持分法により、当該企業グループの連結財務諸表の損益に反映させるものとする。

9 税務会計

1 税務会計と医療法人課税

財務会計に密接に関係する重要な関連領域の１つに、税務会計(tax accounting)がある。

本章の冒頭でも述べたが、税務会計とは、法人税法の規定に従い、財務会計によって算出された損益計算書上の当期純利益を基礎に、法人税法で定められた調整項目を加減算することによって、法人の課税所得および支払税額の算定を行う会計である。

財務会計の目的に鑑みて、財務会計上の期間損益計算と、多くの経営組織の法的組織形態である法人の課税所得計算とは、元来別個のものであるが、実務上は一体化されているといえる。

病院の開設主体の中で、国および地方自治体、公益法人等によって開設された施設については、法人税法上、非課税扱いとなる。一方、医療法人に代表される民間病院の開設主体については、一部の特例措置があるものの原則として課税対象となっている。

医療法人制度は、「私人による病院経営の経済的困難を、医療事業の経営主体に対し、法人格取得の途を拓き、資金集積の方途を容易に講ぜしめること等により、緩和せんとするものである」との趣旨で創設され(1950［昭和25］年８月２日厚生省発医第98号各都道府県知事宛厚生事務次官通達)、その際、その課税制度について「なお、医療法人に対する課税上の特例を設けることは、本法の直接目的とする所ではなく、これについてはむしろ医業一般の問題として別途考慮すべきもの」として、法人税法上、株式会社などと同様、全所得に対して課税される普通法人として位置づけられている(出資金あるいは資本金１億円以下の法人等を除けば、2020［令和２］年現在、普通法人の法人税率は23.2％である)。

なお、租税特別措置法に基づき国税庁長官から承認を受けた特定医療法人は、法人税において19％の軽減税率が適用される(租税特別措置法第67条の２第１項)。

また、社会医療法人の法人税については、収益事業から生じた所得に対してのみ法人課税がなされる公益法人等(公益社団法人、公益財団法人など)に該当する(公益法人等に対する法人税率は、年800万円以下の所得部分に対しては15％、年800万円超の所得部分に対しては23.2％である)。

医療法人は、医療法第39条に基づいて、都道府県知事(２つ以上の都道府県において病院等を開設する場合は、厚生労働大臣)の認可を受けて設立される。病院や診療所、介護老人保健施設の開設・運営を目的とする特別法人である。医療法人の設立形態については、社団と財団の２つに分類される。前者が、社員と呼ばれる株主に似た構成員から成る「人」の結合体に法人格が付与されているのに対して、後者は、拠出された「財産」（基本財産）を基盤として、これに法人格が付与されている。

また、医療法人は、営利を目的とする医療行為が禁止されているとともに（医療法第７条）、剰余金の配当が禁止されている（医療法第54条）。医療法上は、非営利法人として位置づけられている。

しかし、その一方で、法人税法上では、株式会社等に代表される営利法人と同様に課税されており、現行23.2％の法人税率が適用されている（ただし、租税特別措置法に基づく特定医療法人については、19％の軽減税率が適用される）（表１－６～７）。

なお、医療法人に対する課税については、法人税以外にも、消費税、事業税、法人住民税が課せられる。特に、消費税については、医療法人による医療サービスの提供（社会保険医療の給付等）について、消費税法上非課税扱いとなっていることから、医療法人における「損税」が、医療法人経営における財務上の負担となっている。

2　法人税額および課税所得金額の計算

医療法人が納付すべき法人税額は、課税対象となる各事業年度（会計期間）の所得金額に対し、一定の法人税率を乗じて算定される（図１－37）。

表１-６　医療法人に適用される主な法人税率（2020［令和２］年現在）

<table>
<tr><th colspan="2">医療法人の種類</th><th colspan="2">所得金額</th><th>適用税率</th></tr>
<tr><td rowspan="4">医療法人</td><td rowspan="3">出資金１億円以下</td><td rowspan="2">年 800 万円以下の部分</td><td>下記以外の法人</td><td>15%</td></tr>
<tr><td>適用除外事業者</td><td>19%</td></tr>
<tr><td colspan="2">年 800 万円超の部分</td><td>23.2%</td></tr>
<tr><td colspan="3">出資金１億円超</td><td>23.2%</td></tr>
<tr><td colspan="2" rowspan="3">特定医療法人</td><td rowspan="2">年 800 万円以下の部分</td><td>下記以外の法人</td><td>15%</td></tr>
<tr><td>適用除外事業者</td><td>19%</td></tr>
<tr><td colspan="2">年 800 万円超の部分</td><td>19%</td></tr>
<tr><td colspan="4">社会医療法人（本来業務〈非課税〉を除く、附帯業務及び収益業務の部分）</td><td>19%</td></tr>
</table>

＊適用除外事業者とは、その事業年度開始の日前３年以内に終了した各事業年度の所得金額の年平均額が15億円を超える法人等をいう。

表1-7　法人（特定の医療法人を除く）に適用される主な法人税率（2020［令和2］年現在）

<table>
<tr><th colspan="2">法人の種類</th><th colspan="2">所得金額</th><th>適用税率</th></tr>
<tr><td rowspan="4">普通法人</td><td rowspan="3">資本金1億円以下法人など</td><td rowspan="2">年800万円以下の部分</td><td>下記以外の法人</td><td>15%</td></tr>
<tr><td>適用除外事業者</td><td>19%</td></tr>
<tr><td>年800万円超の部分</td><td></td><td>23.2%</td></tr>
<tr><td colspan="3">上記以外の普通法人</td><td>23.2%</td></tr>
<tr><td colspan="2" rowspan="2">協同組合等</td><td colspan="2">年800万円以下の部分</td><td>15%</td></tr>
<tr><td colspan="2">年800万円超の部分</td><td>19%</td></tr>
<tr><td rowspan="6">公益法人等</td><td rowspan="2">公益社団法人、公益財団法人又は非営利型法人</td><td rowspan="8">収益事業から生じた所得</td><td>年800万円以下の部分</td><td>15%</td></tr>
<tr><td>年800万円超の部分</td><td>23.2%</td></tr>
<tr><td rowspan="2">公益法人等とみなされているもの（例：管理組合法人）</td><td>年800万円以下の部分</td><td>15%</td></tr>
<tr><td>年800万円超の部分</td><td>23.2%</td></tr>
<tr><td rowspan="2">上記以外の公益法人等</td><td>年800万円以下の部分</td><td>15%</td></tr>
<tr><td>年800万円超の部分</td><td>19%</td></tr>
<tr><td colspan="2" rowspan="2">人格のない社団等</td><td>年800万円以下の部分</td><td>15%</td></tr>
<tr><td>年800万円超の部分</td><td>23.2%</td></tr>
</table>

法人税額＝法人の課税所得金額×法人税率

課税所得金額は、法人税法上、各事業年度において、益金の額から損金の額を差し引くことによって算定される（法人税法第22条）。

課税所得金額＝益金の額−損金の額

ここで「益金」とは、法人税法上の収益のことであり、また「損金」とは、法人税法上の費用のことである。

課税所得金額は、財務会計上の利益（決算利益）を基礎に計算されるため（企業会計準拠主義：法人税法第22条4項）、基本的にはほとんど同じものである。しかし、法人税法における益金および損金と、財務会計における収益および費用は、その対象とする範囲が微妙に異なっており、法人税法上の課税所得金額と財務会計上の利益金額は必ずしも一致しない。

なぜならば、財務会計上の利益金額は、病院等、経営組織の財務状況を把握することを目的としているのに対し、法人税法上の所得金額は、租税正義の下、租税公平主義（同一の事実の下の取引については、同一の課税関係が生じるものとして扱う）に基づいて計算されている。税務会計が開示対象としているのは税務当局であり、課税の公平性の観点から、適正な租税負担能力を表した課税所得が明らかにされる必要がある。

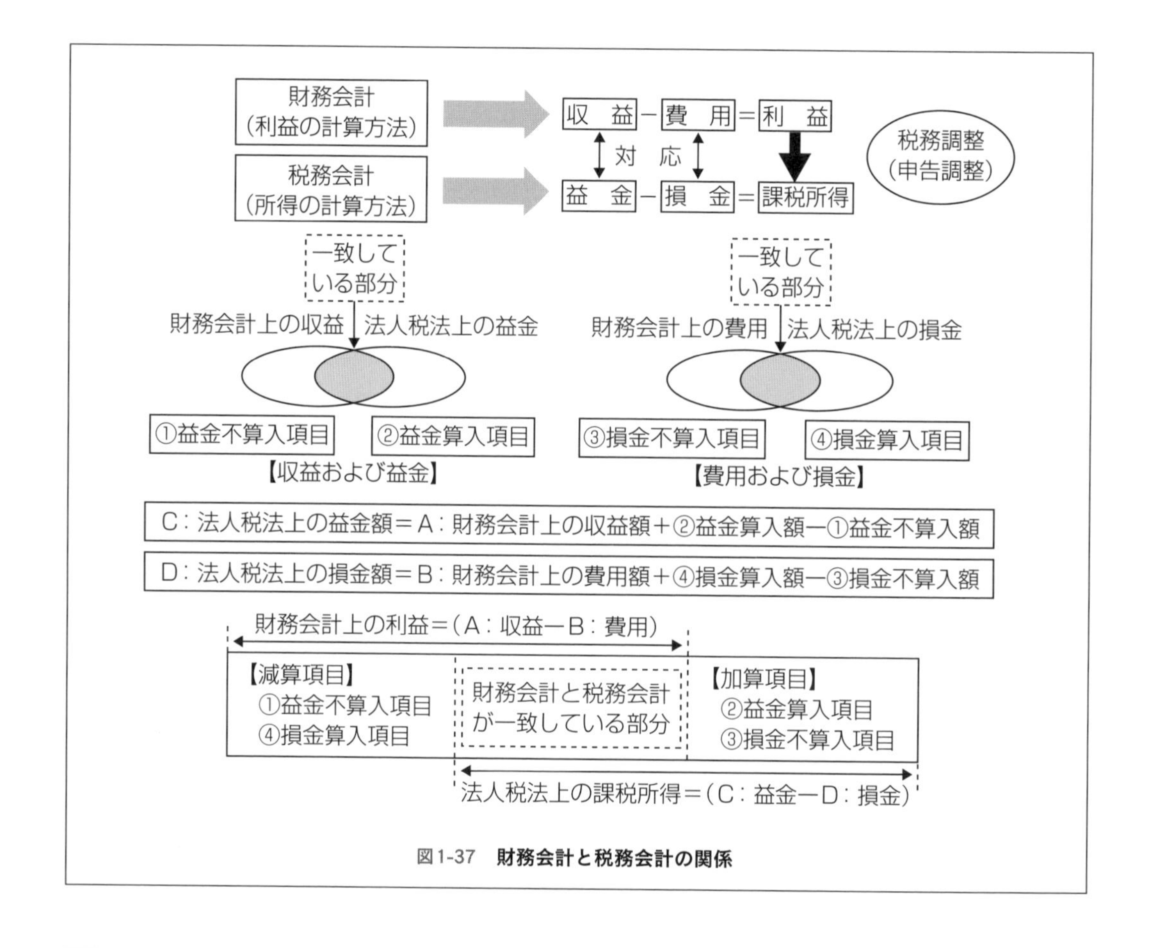

図1-37　財務会計と税務会計の関係

3　税務調整

このように、両者の目的が異なるため、財務会計上の利益を法人税法の目的に沿う形で修正を図る必要が生じる(税務調整)。そのため、法人税法では「別段の定め」(法人税法固有の調整項目)が設けられるとともに、関連する租税特別措置法が規定された。

換言すれば、「別段の定め」では、益金および損金の額自体については積極的に規定せず、益金と収益との差異部分および損金と費用の差異部分について規定している。「別段の定め」の具体的内容については、**表１−８**の通りである。

したがって、法人税法上の課税所得金額は、医療法人の理事会等において承認された財務会計上の決算利益を基礎とし(確定決算主義の採用：法人税法第74条)、これに法人税法の規定による一定の加算または減算の調整を行い、誘導的に算出することとしている。この税務調整は、具体的には、法人税申告書の別表四という計算書において行われる。

税務調整は、確定した決算において所定の経理処理をしていなければ認められない「決算調整」と、確定した決算においての経理処理を必要とせず、税務申告書で調整すればよい「申告調整」に大別される。

申告調整は、以下の方法で計算される。

①法人税申告書の別表四において、財務会計における損益計算書上の当期純利益に、「収益となるが、益金とならない項目(益金不算入項目)」を減算する

②①の金額に、「収益とならないが、益金となる項目(益金算入項目)」を加算する

③「費用とならないが、損金に算入される項目(損金算入項目)」を減算する

これによって、法人税法上の課税所得金額が計算される。以上を式で表すと、次のよう

表1-8　法人税等における益金および損金にかかる「別段の定め」の例示

①益金の額に関する規定（法人税法第 23 ～ 28 条）

・受取配当等の益金不算入（法人税法第 23 条）
・資産の評価益の益金不算入（法人税法第 25 条；例外規定：法人税法第 61 条の 3）
・法人税等の還付金の益金不算入（法人税法第 26 条）
・合併差金のうち被合併法人の利益積立金額からなる部分の益金不算入（法人税法第 27 条）

②損金の額に関する規定（法人税法第 29 ～ 61 条）

・棚卸資産の売上原価等の計算及びその評価の方法（法人税法第 29 条）
・有価証券の譲渡原価等の計算及びその評価の方法（法人税法第 30 条）
・減価償却資産の償却費の計算及びその償却の方法（法人税法第 31 条）
・繰延資産の償却費の計算及びその償却の方法（法人税法第 32 条）
・資産の評価損の損金不算入等（法人税法第 33 条；例外規定：法人税法第 61 条の 3）
・過大な役員報酬等の損金不算入（法人税法第 34 条）
・役員賞与等の損金不算入（法人税法第 35 条）
・過大な役員退職給与の損金不算入（法人税法第 36 条）
・寄附金の損金不算入（法人税法第 37 条）
・法人税等の損金不算入（法人税法第 38 条）
・法人税額から控除する所得税額の損金不算入（法人税法第 40 条）
・法人税額から控除する外国税額の損金不算入（法人税法第 41 条）
・圧縮記帳制度に基づいた圧縮額の損金算入（法人税法第 42 ～ 50 条）
・引当金の繰入額の損金算入（法人税法第 52 ～ 54 条）
・繰越欠損金の損金算入（法人税法第 57 ～ 59 条）

③収益及び費用の帰属年度の特例

・長期割賦販売等に係る収益及び費用の帰属事業年度（法人税法第 62 条）
・工事の請負に係る収益及び費用の帰属事業年度（法人税法第 63 条）

④政令委任によるもの

・資本的支出の損金不算入（法人税法施行令第 132 条）
・少額の減価償却資産等の取得費の損金算入（法人税法施行令第 133 条）
・リース取引に係る所得の計算（法人税法施行令第 136 の 3 条）　など

⑤租税特別措置法

・交際費等の損金不算入（租税特別措置法第 61 条の 4）　など

になる。

法人税法上の課税所得金額＝財務会計上の当期利益金額＋{(②益金算入額＋③損金不算入額)}
－{(①益金不算入額＋④損金算入額)}

4　医療法人と消費税

前述のように、病院などの医療施設等を運営(経営)する医療法人に対しては、消費税法上、株式会社など他の国内事業者と同様に、課税事業者としての納税義務が課せられている(消費税法５条など)。消費税が課税される取引には、併せて地方消費税も課税される。

(1)消費税の基本的仕組み

消費税は、物品やサービス(用役、役務)の消費に担税力(税金を負担できる能力)を認めて課税される租税である。ほぼすべての国内における商品の販売、サービスの提供及び保税地域から引き取られる外国貨物を課税対象とし、課税対象となる取引(課税取引)の段階ごとに現行10％(うち地方消費税分の税率2.2％)の標準税率(軽減税率[８％]の対象品目を除く：複数税率の採用)で課税される(なお、現行の消費税率は、2019[令和元]年10月１日より、以前の８％[うち地方消費税分の税率1.7％]から引き上げられている)。

消費税は、事業者に負担を求めるものではなく、課税分は事業者が販売する商品やサービスの価格に含まれて、次々と転嫁され、最終的に商品を消費し、またはサービスの提供を受ける消費者が負担することになる。生産、流通の各段階で二重、三重に税が課されることがないよう、課税対象となる売上(課税売上)に係る消費税額から課税仕入れ等に係る消費税額を控除し、税が累積しない仕組みとなっている。

図１－38では、消費税が課税される商品の流通を事例として、消費税の負担と納付の流れを示している。課税事業者である小売店では、まず商品販売のため、メーカー・卸売業者から消費税込の金額で商品仕入が行われる。本事例では、当該小売店がメーカー・卸売業者に支払う金額は、仕入商品の本体価格2,000円＋消費税200円＝2,200円(税込)となっている。

一方、当該小売店は、仕入れた商品を消費者へ販売する際に消費税込の金額を受け取ることになる。当該小売店が消費者から受け取る金額は、販売商品の本体価格3,000円＋消費税300円＝3,300円(税込)である。その後、当該小売店は、消費者から受け取った消費税(課税売上高に係る消費税)300円から、メーカーや卸売業者に支払った消費税(課税仕入高に係る消費税)200円を差し引き(仕入税額控除：ただし、課税売上割合が95％以上であることが必要となる[95％ルール])、その残額である100円を納付税額として税務署へ申告・納付することになる。

さらに、メーカー・卸売業者についても同様に、小売店から受け取った消費税(課税売

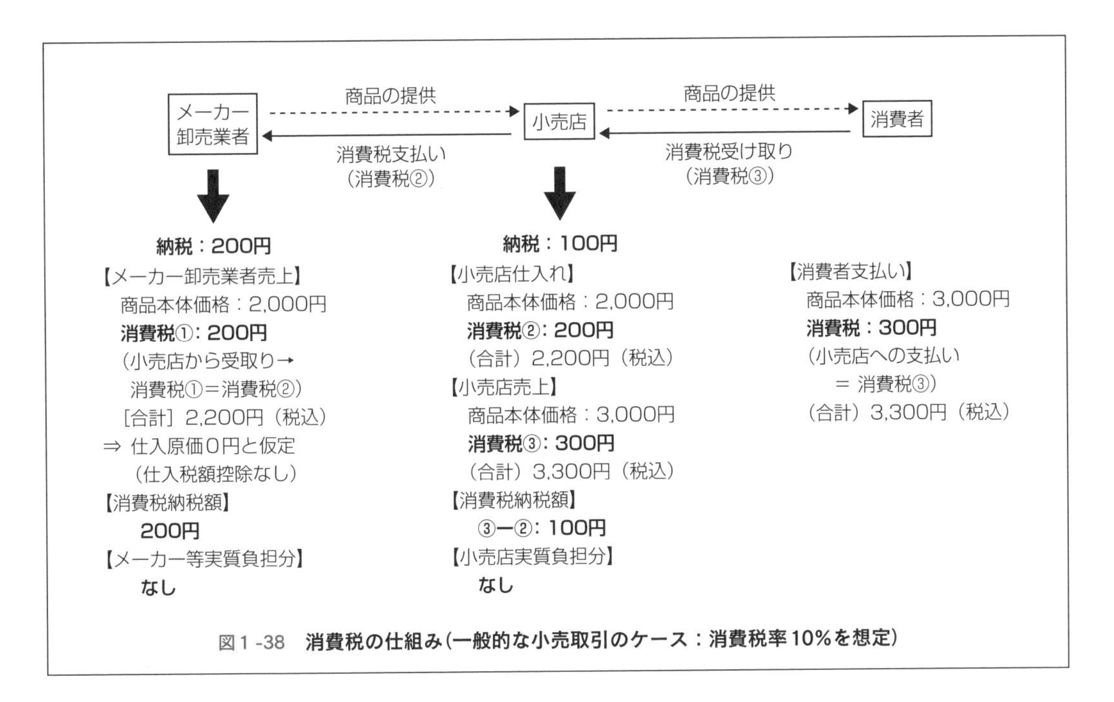

図1 -38　消費税の仕組み(一般的な小売取引のケース：消費税率10%を想定)

上高に係る消費税)200円(ここでは、仕入原価を0円とし、仕入先への消費税支払いが生じていないものと仮定しているため、仕入税額控除は発生しない)を納付税額として税務署へ申告・納付する。

すなわち、当該小売店がメーカー・卸売業者に支払った消費税と、小売店及びメーカー・卸売業者が納税した消費税の合計納税額300円は、消費者から受け取った消費税300円と同額であることから、課税事業者であるメーカー・卸売業者及び小売店には、実質的な消費税負担は発生しない(実質的には、各課税事業者は、全体として、一時的に消費者から消費税を預かり、あとで税務署に当該預かり消費税を納付していることになる)。

(2)社会保険診療における消費税の仕組み

以上のように、課税事業者が消費税を納付する義務は負うものの、消費税の実質的負担はなく、あくまで消費者が最終的に負担者となる点が消費税の特徴といえる。

商品の販売やサービスの提供の多くが課税取引となるため、原則として、課税事業者にとって消費税に係る実質的負担は生じないが、一部の取引については、課税対象になじまない、または社会政策的な配慮から課税することが適当でないとして「非課税取引」とされており、当該非課税取引については、課税事業者は、当該非課税取引に係る売上において、販売・サービス提供に係る取引相手から消費税を受け取ることはない。

非課税取引のために行った仕入については、当該仕入取引が課税仕入(事業のために他の者から資産の購入や賃借を行うこと、または役務の提供を受けること。なお、課税仕入の対象とならない取引については仕入税額控除が適用されない)であれば消費税を仕入先に支払うことになるが、この仕入時に支払った消費税は、非課税取引であるがゆえに仕入税額控除の適用対象にはならない。

したがって、事業者にとっては「持ち出し」となる。このような非課税取引を行うための仕入にかかる事業者の消費税負担のことを「控除対象外消費税」、あるいは「損税」と呼ぶ。公的医療保険によって賄われる社会保険医療については、消費税法上、非課税取引の1つとして位置づけられるが、これにより、社会保険医療に係るサービス提供を行う病院等の医療機関を運営する医療法人においても「控除対象外消費税」、すなわち「損税」が発生することになる。

図1－39では、社会保険診療における消費税課税に係る事例として、消費税の負担と納付の流れを示している。

まず、病院等の医療機関は、メーカーや卸売業者から社会保険診療に必要な医薬品等を仕入れることになる。その際、当該医療機関は、消費税込の金額で、卸売業者から当該医薬品等を購入する。当該医療機関が、当該卸売業者に支払う金額については、本事例では、仕入本体価格2,000円＋消費税200円＝2,200円（税込）となっている。

他方、社会保険診療は非課税取引であることから、医療機関が患者及び保険者から消費税を受け取ることはなく、医療機関がメーカーや卸売業者に支払った消費税200円は仕入税額控除を行うことができず、控除対象外消費税、すなわち「損税」となる。

そこで、社会保険診療における消費税の仕組み上、事業者が消費税に係る実質的負担を負うべきものではないという原則から、診療報酬や薬価等を設定する際には、上記のような控除対象外消費税を反映し、一部の診療報酬項目に点数を上乗せすることで、医療機関において仕入時に支払われた消費税相当額の補填を実施してきている。

しかし、診療報酬における個別項目ベースで補填されたため、診療報酬改定のたびに減点や消滅が生じるなど、補填不足が生じており、それが医療機関を運営（経営）する医療法人の財務状況を圧迫しているとの見方がある（医療経営における「損税」問題）。

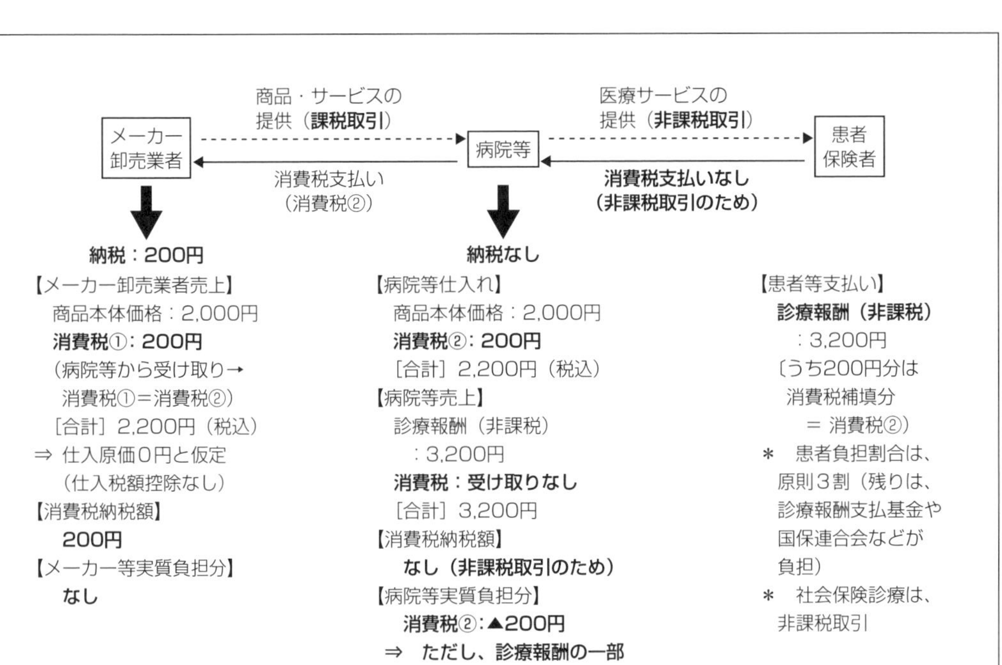

図1-39 **消費税の仕組み（社会保険診療におけるケース：消費税率10%を想定）**

10 会計監査

1 医療法人と会計監査

(1)会計監査とは

会計監査とは、病院等、経営組織の決算に関して、一定の独立性を有する監査人が、一般に公正妥当と認められる会計基準に準拠しつつ、その財政状態、経営成績、およびキャッシュ・フローの状況をすべての重要な点において適正に表示しているかどうかについて、監査人が自ら入手した監査証拠に基づいて確認することである。

会計監査には、公認会計士または監査法人(以下、公認会計士等という)によって行われる「外部監査(会計監査人監査)」と、監事(株式会社の場合、監査役)によって経営組織内部で行われる「内部監査」がある。

すなわち、経営組織外部の独立した第三者(公認会計士など)によって行われる監査が外部監査で、一方、経営組織内部の監査人(監査役や経理部門、社長室の内部監査課など)によって行われる監査が内部監査である。

一般には、経営組織内部で業務監査(経営組織の諸活動の遂行状況を検討・評価し、助言・勧告を行う監査業務)を行い、特に会計監査については外部監査によって行うことが多い。これに従い、ここでも外部監査を中心に述べる。

(2)医療法人の資金調達と外部監査

株式会社の場合、資本金5億円以上または負債合計金額が200億円以上の場合(大会社)は、投資家保護の観点から、外部監査を受ける義務が発生する(「法定監査」)。一方、医療法人の会計監査については、一部を除き、原則として任意で受けることになる(「任意監査」)。

ただし、社会医療法人については、社会医療法人債(公募債)の発行に際して、やはり投資家保護の観点から、決算書類について公認会計士または監査法人の監査が必要となっている(医療法第52条第1項第1号等)。

ここで社会医療法人とは、従来、地域医療の中核として、公益性の高い医療を展開する一方で赤字体質に苦しむ自治体病院に代わって、公益性の高い医療(救急医療、へき地医療など）を行いつつ、民間医療法人の効率性を活かす新たな医療法人の類型として創設されたものである。

社会医療法人では、公益性の高い事業を展開する性格上、場合によっては採算の合わない分野を取り扱うことになるため、社会福祉事業（第１種および第２種）および収益業務の展開が認められているのに加え、その資金調達に配慮し、「社会医療法人債（公募債）」が発行できるようになっている。

社会医療法人債と類似したものとして、社会医療法人でなくとも発行できる医療機関債が挙げられるが、両者は資金調達を行うという目的では一致するものの、厳密には、異なる性格を有しているということができる。

とりわけ大きな違いは、社会医療法人債が有価証券であり、広く資金調達を図るのに対し、医療機関債は、借入金としての性格に近く、少数の機関投資家から資金調達を行うという点である。

社会医療法人債は有価証券であるがゆえに、金融商品取引法、会社法、医療法等の厳しい開示規制を受けており、このため、公認会計士等による外部監査が特に必要となるのである。

ただし、医療機関債であっても、医療機関債を発行する医療法人のうち、医療機関債の発行により負債総額が100億円以上となる場合を含め負債総額が100億円以上である場合、または、それぞれ１回当たりの発行総額が１億円以上、もしくは購入人数が50人以上である場合には、公認会計士等による外部監査を受けるものとすることとされている。これらの場合のほかも、医療法人が医療機関債を発行する際は外部監査を受けることが望ましいとされている。

2 医療法人制度改革と会計監査

第５次医療法改正では、医療法人に対し、会計年度終了後の事業報告書等の作成、監事監査報告書の提出等が義務づけられた。その後、第７次医療法改正（2015［平成27］年９月公布、2016［平成28］年９月より段階的施行）での医療法人制度改革において、医療法人のガバナンスの強化とともに、医療法人による病院経営の透明性を確保する観点から、医療法人の外部会計監査については、負債額が50億円以上または収益額が70億円以上の医療法人（社会医療法人にあっては、負債額が20億円以上または収益額が10億円以上の社会医療法人、社会医療法人債を発行している社会医療法人）に義務づけられた（主に、大規模病院や複数の施設を展開している医療法人等が対象）。また、これら外部会計監査を義務づけられた医療法人は、貸借対照表・損益計算書をホームページ、官報または日刊新聞紙で公告しなければならなくなった。

このように、医療法人のガバナンスの強化および経営の透明性の確保の要請から、監事

（株式会社における監査役に相当）を中心とした経営チェック体制の構築が求められるとともに、医療法第51条を中心に、外部会計監査等にかかる規定が強化されている。

【医療法第５１条】

２　医療法人（その事業活動の規模その他の事情を勘案して厚生労働省令で定める基準に該当する者に限る。）は、厚生労働省令で定めるところにより、前項の貸借対照表及び損益計算書を作成しなければならない。

５　第二項の医療法人は、財産目録、貸借対照表及び損益計算書について、厚生労働省令で定めるところにより、公認会計士又は監査法人の監査を受けなければならない。

上記の条文における医療法人の財務諸表作成にかかる具体的な会計基準としては、前述のように、2014（平成26）年２月26日、四病院団体協議会によって「医療法人会計基準に関する検討報告書」が公表され、同年３月19日付医政発0319号第８号の厚生労働省通知において、上記の報告書に基づく医療法人会計基準は、医療法第50条の２に規定する「一般に公正妥当と認められる会計慣行」の１つとして認められることになった。これにより、わが国の医療法人において、当該医療法人会計基準による適用が義務づけられている。

3　監事監査と内部統制

（1）内部統制とは

外部監査は、経営者が構築した有効な内部統制システムを前提にして進められることが多い。

「内部統制」とは、法人が事業目的を達成するためには欠かせない仕組みであり、経営者には、内部統制を構築するとともに、その有効性と効率性を維持する責任があるといえる。そして、この内部統制が有効に機能しているかどうかを評価するプロセスが、冒頭で述べた内部監査であり、両者は密接な関わりがあるといえる。

内部統制とは、基本的に、①業務の有効性および効率性、②財務報告の信頼性、③事業活動にかかる法令等の遵守、④資産の保全という４つの目的が達成されているという合理的な保証を得るために、業務に組み込まれ、経営組織内のすべての職員等によって遂行されるプロセスをいう（企業会計審議会『財務報告に係る内部統制の評価及び監査の基準』2007［平成19］年２月15日公表）。

まず、①業務の有効性および効率性であるが、これは、事業活動の目的達成のため、業務の有効性および効率性を高めることをいう。また、②財務報告の信頼性とは、財務諸表および財務諸表に重要な影響を及ぼす可能性のある情報の信頼性を確保することをいい、

③事業活動にかかる法令等の遵守は、事業活動にかかる法令その他の規範の遵守を促進することをいう。最後に、④資産の保全とは、資産の取得、使用および処分が、正当な手続きおよび承認のもとに行われるよう、資産の保全を図ることをいう。

(2)内部統制の利点

近年、企業会計において粉飾決算が多発しており、これらを見ると、内部統制が有効に機能していなかった点がうかがえる。逆に、内部統制の充実は、個々の経営組織に対し、業務の適正化・効率化をもたらすとともに、外部の利害関係者からの視点において、当該組織に対する財務報告の信頼性を高めることになる。

したがって、適正な内部統制が構築されていれば、監査人は、会計監査のためにそれを利用することが可能となる。信頼性の高い内部統制に依拠できれば、監査の効率化を図ることが可能となるため、監査人による内部統制の有効性は重要といえる。

確認問題

病院会計準則について、次の選択肢のうち誤っているものを１つ選べ。

［選択肢］

①病院会計準則は、わが国の標準的な病院会計のルールといえる。

②現行の病院会計準則（2004年改正）は、医療法人を会計単位としている。

③現行の病院会計準則の財務諸表体系には、新たにキャッシュ・フロー計算書が導入されている。

④現行の病院会計準則における財務諸表体系は、貸借対照表、損益計算書、キャッシュ・フロー計算書、附属明細表の４つである。

⑤現行の病院会計準則の目的として、個々の病院の経営管理の改善や病院の会計情報の比較可能性を確保するための情報基盤の構築が期待されている。

確認問題

解答 1

②

①○：選択肢の通りである。

②×：現行の病院会計準則では、施設を会計単位とし、個々の病院等の財務諸表を作成するための会計基準として明確に位置づけられている。医療法人を単位とする会計基準には、別途、第7次医療法改正により、2017(平成29)年4月から導入された医療法人会計基準がある。

③○：選択肢の通りである。

④○：選択肢の通りである。

⑤○：選択肢の通りである。

問題2 医療法人会計基準について、次の選択肢のうち正しいものを１つ選べ。

［選択肢］

①決算に関する財務情報を示す書類の名称として「財務諸表」という用語を用いている。

②医療法人は、医療法人会計基準に従い、事業報告書を作成しなければならない。

③すべての医療法人は、医療法人会計基準に従い、キャッシュ・フロー計算書を作成しなければならない。

④病院会計準則と比較した場合、財産目録および純資産変動計算書の作成が財務諸表体系の特徴の１つとなっている。

⑤貸借対照表の「純資産の部」は、資産と負債の差額としての資本ではなく、単に病院が有する正味財産としての位置づけである「純資産額」と表示される。

解答 2

④

解説 2

①×：医療法人会計基準では、決算に関する財務情報を示す書類の名称として「財務諸表」という用語ではなく、「計算書類」という用語が使用されている。

②×：医療法人における事業報告書の作成については、医療法第51条1項で規定されているが、事業報告書それ自体は非会計情報であることから、医療法人会計基準の直接の対象とはされていない。

③×：社会医療法人債を発行する社会医療法人については、キャッシュ・フロー計算書を作成しなければばらないが、その他の医療法人については、キャッシュ・フロー計算書の作成義務はない。

④○：選択肢の通りである。

⑤×：設問は改正病院会計基準の説明である。医療法人会計基準における貸借対照表の「純資産の部」では、「出資金」「基金」「積立金」および「評価換算・差額等」に区分される。

第2章

管理会計と関連領域

管理会計の基礎知識

1　管理会計の意義と特徴

管理会計の目的とその情報特性

管理会計（management accounting）とは、経営組織内部の利害関係者（開設者、経営者、部門管理者等）に対し、経営計画（management planning）における戦略の策定やその実行にかかる経営上の意思決定（decision making）、および業績評価（performance evaluation）等によって組織のコントロール（統制）を行うのに有用な情報の提供を目的とする会計である。内部報告会計とも呼ばれる。

財務会計では、法規によって財務諸表等の報告書作成が強制され、その会計情報の内容について正確性、客観性、検証可能性が要請される。

これに対し、管理会計では、予算管理（budgeting）や原価計算（cost accounting）等にかかる内部報告書は、当該経営組織の必要に応じて任意に作成されるものであり、その会計情報の内容についても、財務会計のような正確性等も重要であるが、相対的に迅速性（timely）、有用性（useful）、目的適合性（relevance）のほうがより重視される（財務会計との比較や関係については、2ページ「1　会計の領域」参照）。

なぜならば、財務会計は、期間損益計算を行い、配当可能利益を算定するという主要な役割を担っているため、その会計情報は客観的かつ検証可能（このため、すでに確定した過去の情報を取り扱う）でなければならないのに対し、管理会計では、経営組織内の効率的な資源配分、およびそれを通じた業績の向上など、経営管理へ役立たせることに力点が置かれているからである（このため、過去情報だけでなく、見積もり等、未来予測にかかる将来情報も併せて取り扱う）。

管理会計における会計期間

管理会計では、その計算対象となる会計期間は、財務会計のように、安定して事業が継続されるという継続企業の概念を前提とした、一定の期間（1年、6か月［中間決算］ないし3か月［四半期決算］）に限定されず、事業への投資開始の時点から事業終了までの期間を前提に、必要に応じて自由に設定される。

管理会計における会計単位と測定尺度

管理会計においては、計算対象となる実体も、財務会計のような経営組織全体のみならず、個別の商品や製品(医療でいえば、個々の患者や疾病)、およびプロジェクト、ならびに事業部や部門、子会社などの責任区分(セグメント)なども対象となる。加えて、その測定尺度についても貨幣のみならず、物量(個数や重量など)などが用いられる。

例えば、主に医療法人を対象とした会計ルールである病院会計準則が、管理会計としての性格を有するといわれるが、これは、医療法人全体ではなく、管理会計での計算対象と同様に、その一部である病院等の施設(原則、単一施設)を計算対象としているからである。

2 管理会計の体系

管理会計の体系であるが、これについては、いくつかの体系があり、以下、主なものについて述べていくことにする。

管理会計は、ひと言でいえば、経営管理に役立つ会計であり、現代の管理会計は、組織の経営管理体制と密接に結びついている。

一般に、経営管理プロセスは、計画(plan)⇒実施(implement)⇒統制(control)(あるいは、計画[plan]⇒実行[do]⇒評価[check]⇒改善[action])、いわゆるPDCAサイクル)というマネジメント・サイクル(換言すれば、予算管理の全プロセス)を繰り返しながら、主に計画と統制という2つの基本的機能によって運営されている(図2－1)。

とりわけ、上記の経営管理プロセスにおける「計画」とは、いわゆる経営計画であるが、これは、経営理念や長期ビジョンを達成するために、当該経営組織が行うべき活動内容を明確化したものである。これによって、将来のための経営意思決定や経営資源の適正配分が可能となる(図2－2)。

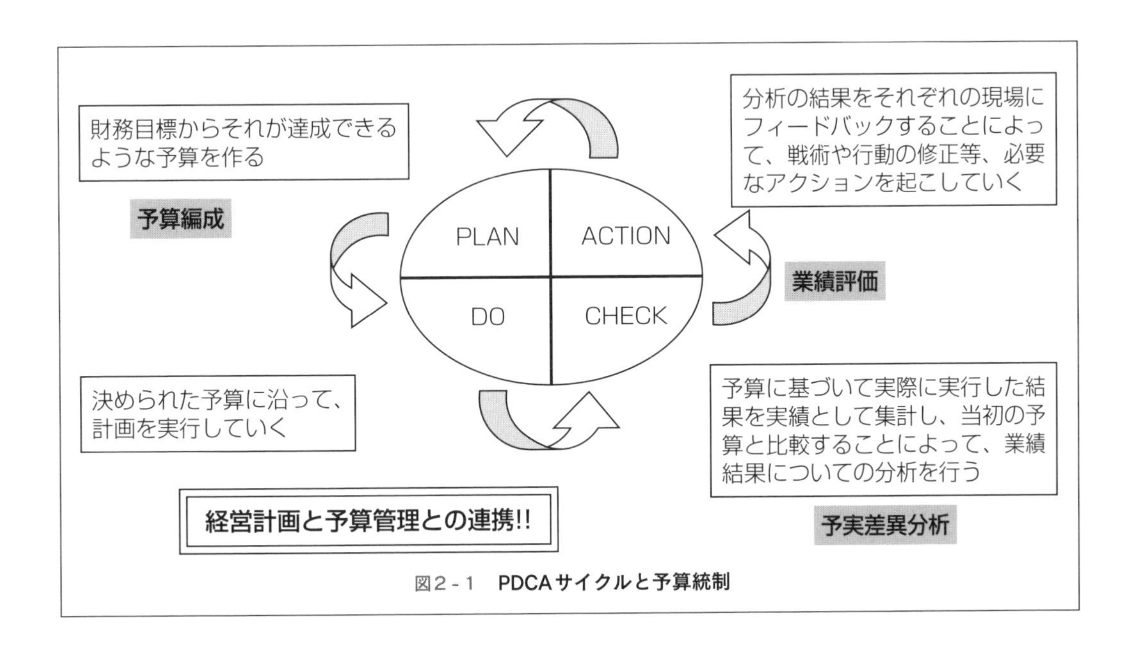

図2-1 PDCAサイクルと予算統制

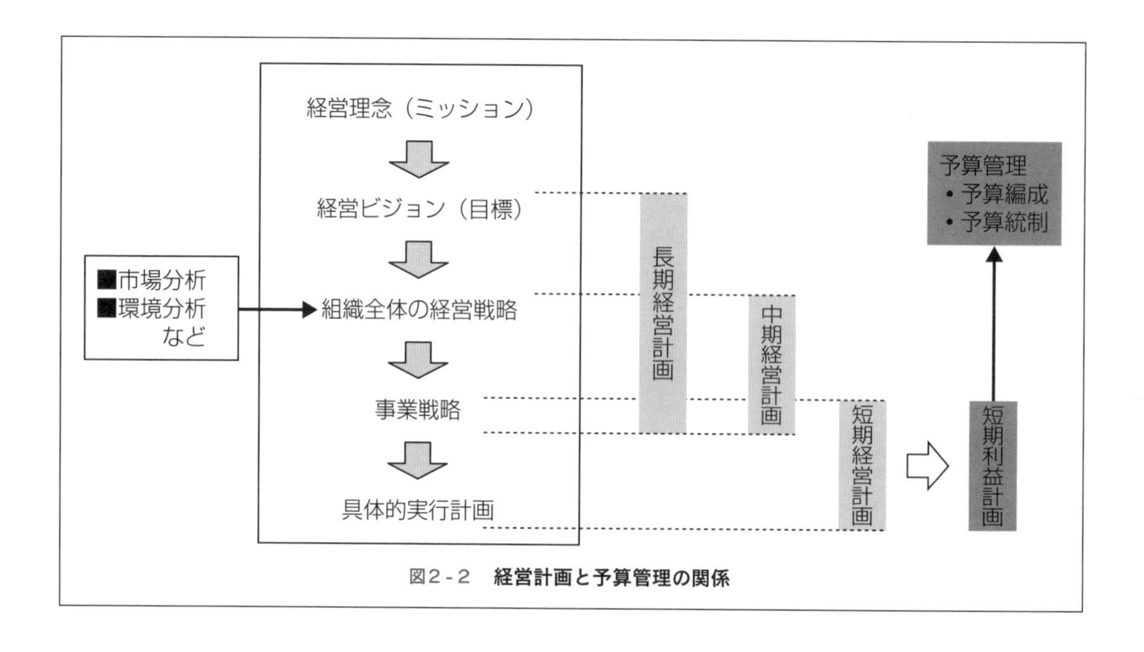

図2-2　経営計画と予算管理の関係

(1)（アメリカ会計学会による）経営管理機能を重視した管理会計体系

経営計画は、①プロジェクト計画（個別計画）と②期間計画に分けられるが、AAA（The American Accounting Association：アメリカ会計学会）は、1955（昭和30）年度原価概念および基準委員会で、さらに③統制を加えることによって、それらを管理会計の体系としている。

これには、1947（昭和22）年のゲッツ（B.E.Goetz）による計画会計と統制会計という管理会計体系が大きく影響している。そこでは、分権管理に基づく経営組織管理が強調される一方で、長期利益計画およびそれを踏まえた短期利益計画の精緻化が重視されている。

そして、管理会計を「経営計画ならびに統制を完遂するために設けられた標準、命令、記録ならびに報告のシステムである」と定義し、従来とは異なり、管理会計技法を経営組織の活動全般と明確に関連づけている点に大きな意義がある。

①プロジェクト計画（個別計画）

プロジェクト計画（project planning）は、個別計画ともいい、経営組織が検討すべき個々の将来の活動について、その採否を決定したり、あるいは、順序づけを決定するための意思決定プロセスである。

例えば、新たに病院を建て替えるか否か、あるいは、新しい医療機器を購入するか否かなどの投資意思決定がこれに該当する。

②期間計画

期間計画（period planning）とは、一定の期間（例えば、１年あるいは半年など）における当該経営組織の将来の総合的な活動内容を設定するための意思決定プロセスである。これには、経営組織全体を対象にしたものもあれば(総合計画あるいは全体計画)、当該組織内の一部門等を対象としたものもある(部門計画：例えば、病院であれば診療科)。

例えば、新病院を建設するか否かの決定は上記のプロジェクト計画にあたるが、建設後の病院運営において、年度予算を編成するための計画は期間計画に該当する。

③統制

統制(control)とは、経営計画に従って、限られた経営資源を効率よく組織内に配分することで最大の効果が得られるよう、経営組織の活動が適切に実施されるかどうかを監視することである。

例えば、予算管理における予算と実績の比較、あるいは、標準原価計算における標準原価と実際原価の比較による業績評価、およびそれを通じた修正行動のコントロールによって、予算管理や原価管理を実施することは統制機能に属する。

(2)(アンソニーによる)経営管理階層を重視した管理会計体系

この計画と統制からなる体系に関連して、アメリカの著名な会計学者であるアンソニー(Robert N. Anthony)は、1970(昭和45)年に、管理会計上、経営管理の局面を主に経営管理階層の視点から次の３つに分類している。すなわち、①戦略的計画、②マネジメント・コントロール、③オペレーショナル・コントロールである。

①戦略的計画

戦略的計画(strategic planning)とは、組織の目的、目的の変更、目的達成のために用いられる諸資源、および、これらの資源の取得・利用・処分に際して準拠すべき長期的方針を決定する意思決定プロセスをいう。

例えば、主要設備の取得や処分(例：病院の建て直し、高額な医療機器の導入)などの当該経営組織の基本構造に関する方針の決定など、経営計画のうち、３年から５年の期間を視野に入れた中長期経営計画がこれに該当する。経営管理レベルとしては、トップ・マネジメント(経営者や役員：経営組織全体の全般管理)が担当する。

②マネジメント・コントロール

マネジメント・コントロール(management control)とは、①戦略的計画の枠組み内において、経営管理者が、組織目的の達成のために組織全体の日常管理にかかる短期計画と統制(実施)を行うことで、資源を効果的かつ能率的に取得・利用することを確保するプロセスをいう。

例えば、目標利益などの利益計画等の実現・達成を目指し、予算制度を管理ツールとして行う予算編成や運転資本計画、ならびに経営成績の測定、評価および改善などはこれに該当する。経営管理層としては、主にトップ・マネジメントからミドル・マネジメント(中間管理職：担当部門の管理)の上層部(例：部長クラス)が関与する管理領域とみられる。

③オペレーショナル・コントロール

オペレーショナル・コントロール(operational control)とは、特定の課業(task)または取引が効果的かつ能率的に遂行されることを確保するプロセスをいう。②マネジメント・コントロールと比べ、計画よりは統制(ここでいう統制とは、現場における日常業務の実施)の側面に焦点がおかれている。

例えば、病院でいえば、診療計画の作成や在庫管理の他、医師、看護師や他の病院職員等の作業能率の測定、評価およびその改善などがこれに該当し、経営管理レベルとしては、ミドル・マネジメントの下層部(例：課長クラス)からロワー・マネジメント(係長・グループリーダーなど：現場の管理)が関与する管理領域とみられる。

したがって、組織の経営管理機能を上記のアンソニーのように区分する場合、プロジェクト計画(個別計画)、期間計画および統制の機能のうち、期間計画と統制は、実務上、密接に結びついていることから、両者に対応するものがマネジメント・コントロールおよびオペレーショナル・コントロールであるといえる。経営意思決定を内容とするプロジェクト計画については、戦略的計画に対応するものといえる。

なお、オペレーショナル・コントロールは、マネジメント・コントロールに包含されており、いわばその下位概念であるともいえる。

(3)(ベイヤーによる)意思決定機能を重視した管理会計体系

ところで、発表年が前後するが、前述のアンソニーによる管理会計体系が発表される以前の1963(昭和38)年に、ベイヤー(R. Beyer)は、ゲッツの思考を継承しつつ、会計の体系を「財産保全会計」「意思決定会計」「業績評価会計」の３つに区分している。

このうち、管理会計に該当するのが、①業績評価会計(業績管理会計)と②意思決定会計であり、特に経営管理者の意思決定機能を重視する点にその特徴がみられる。

この分類による体系は、わが国の管理会計にも大きな影響を与えており、現在では、管理会計体系を取り上げる際に、このような見方をするのが一般的となっている(ちなみに、ここでいう財産保全会計とは、財務会計に相当するものである)。

したがって、本テキストでもこのような見方に従い、以下、管理会計を業績評価会計と意思決定会計の２つの切り口から分類することを前提としていく。

①業績評価会計

業績評価会計(performance accounting)とは、経営組織の管理者が、それぞれの事業や部門等、各職能に応じて責任と権限を付与された組織単位である責任センターにかかる業績評価を行うのに有用な管理会計情報を提供するための会計である。

またそれは、経営管理者が、当初設定した計画通りに事業等が進んでいるかをチェックし、その結果を評価するための管理ツールになりうるものである。

他の管理会計体系との関係をみれば、前出のAAAの管理会計体系における期間計画および統制と結びつくとともに、アンソニーの体系におけるマネジメント・コントロールおよびオペレーショナル・コントロールとも結びつくことになる。業績評価を効果的に行うため、統制ないしマネジメント・コントロールの仕組みが必要となることがその理由である。

したがって、業績評価会計では、主にミドル・マネジメント以下の経営管理層に重点がおかれることになる。短期経営計画、すなわち短期利益計画に基づく利益管理や、予算編成および予算統制、原価管理などの領域がその対象となる。

②意思決定会計

意思決定会計(decision accounting)とは、経営組織における管理者の意思決定に有用な管理会計情報を提供するための会計である。経営管理者が、当該組織の経営上の諸問題を発見し、解決するための管理ツールとなる。

これは、他の管理会計体系との関係でいえば、前出のAAAの管理会計体系におけるプロジェクト計画(個別計画)と結びつく会計であり、アンソニーの体系における戦略的計画とも結びつくものである。

具体的な内容としては、例えば製造業であれば、製品別価格決定、自製か外注かの決定、在庫政策、代替的生産方法の選択などが該当する。あるいは、医療であれば、前出の病院の建て直しや高額な医療機器の購入など、経営組織の業績に長期間にわたって大きな影響を及ぼすような設備投資等が該当することになる。

したがって、意思決定会計では、相対的にトップ・マネジメントに重点がおかれることになるが、意思決定を行うのはトップ・マネジメントだけではない。

トップ・マネジメントは、経営組織全体にかかわる意思決定を行うが、ミドル・マネジメントは、自らが担当する部門に関する意思決定を行い、ロワー・マネジメント(場合によっては、一般職員等も含む)は、自らが担当する業務の中で意思決定を行っている。

このような意思決定階層について、アメリカの経営学者であるアンゾフ(H. I. Ansoff)は、経営組織における意思決定を、1)戦略的意思決定、2)管理的意思決定、3)日常業務的意思決定の3つに大きく区分している。

1)戦略的意思決定

経営者の選定、事業領域の選定等、主にトップ・マネジメントが行うものであり、組織の合併や新規事業の開始など、経営組織全体に大規模な影響を及ぼす重要な問題が対象となる。これらの問題は非定型なものであり、成功するにせよ失敗するにせよ、当該意思決定が組織に対し長期にわたってハイリスク・ハイリターンをもたらすという特徴を有する。

2)管理的意思決定

年度予算の策定等、主にミドル・マネジメントが行う意思決定であり、戦略的意思決定、すなわち、トップ・マネジメントが設定した組織全体の基本的方針を受けて、自らが管理を担当する部門において、それを実現させるために行う戦術レベルの意思決定である。管理的意思決定の影響は、単年度に限られ、かつ、その規模も単一の部門等に限定されるものである。

3)日常業務的意思決定

現場での改善活動等、主に、ロワー・マネジメント(場合によっては、一般職員等を含む)が行う日常業務に関する意思決定であり、管理的意思決定よりさらにその影響の規模は小さく、部門における特定部署に限られたごく狭い範囲限定されるものである。

以上の3つの区分の関係について、戦略的意思決定は、経営の基本構造に変革をもたらす意思決定であり、その効果が長期にわたるため、例えば設備投資にかかる経済性計算を実行する際には、貨幣の時間価値を考慮する必要がある。

これに対し、管理的意思決定および日常業務的意思決定は、戦略的意思決定と比較して、両者とも経営構造の変革を伴わないものである。管理会計上は、この点を重視して、一般に、意思決定会計においては、経営意思決定を「戦略的意思決定」と「業務的意思決定」の2つに分類するが、本テキストもこれに従うものとする。

3　経営組織と責任センター

経営組織は、規模が拡大するに従って、経営管理上の権限と責任は、多くの経営管理者に委譲され、当該管理者は、それらの権限に基づいてさまざまな意思決定を行い、その職務を遂行する。

そして、経営組織の管理構造は、トップ・マネジメント、ミドル・マネジメント、ロワー・マネジメントから構成されており、各階層における管理責任者の業績を明らかにする。すなわち、それぞれの管理可能下にある業績の結果(実績)を計画値(予算)と対比し、その差異に関する財務データを提供するための責任センターが設定される。

責任センターとは、業績評価を行うために事業に対する原価や利益に責任をもつ組織内の管理責任単位をいう。経営組織の目標を効果的に達成するため、会計データと経営組織における管理上の責任者を結び付け、経営管理者の業績を明らかにする責任会計制度において設定される(図2－3)。

責任センターは、その担当する業務内容によって、部門別に設定されたり、あるいは、地域別に設定されたりと組織によってさまざまであるが、一般には、(1)原価センター、(2)利益センター、(3)投資センターの3つに分類される。

予算制度を中核とする業績評価システムは、責任会計制度に基づいており、次の責任センターにおいて、管理可能なコストと管理不能なコストを識別し、管理可能下にある業績結果（実績）を計画値（予算）と対比して測定を行う。

（1）原価センター（cost center：コスト・センター）
⇒「**原価**」で評価
（2）利益センター（profit center：プロフィット・センター）
⇒「**利益**」で評価
利益＝収益－費用（原価）
（3）投資センター（investment center：インベストメント・センター）
⇒「**投資利益率**」（return on investment：ROI）で評価
投資利益率＝利益÷投資額

図2-3　**責任会計制度**

(1)原価センター

原価センター(cost center：コスト・センター)とは、経営管理者が、自己の管理下にある部門等で発生した原価についてのみ責任を負う責任センターである。

原価センターでは、利益責任を問われることはなく、投入される経営資源をいかに効率的に利用して最大の成果を上げるかが求められている。これは、職能別組織における各職能の管理単位の1つに対応するものといえる。

職能別組織(functional organization)とは、各職能区分に応じて経営管理上の権限や責任を下部委譲する経営組織をいう。それぞれの職能にかかる各管理単位には個別の原価責任や収益責任が課せられている(利益責任までは負わない)。診療部門、看護部門、事務部門といった多くの専門職種に応じて部門の区別がなされている病院などは、典型的な職能別組織といえる(図２－４)。

また、職能別組織は、病院を例にとれば、医師、看護師など医療行為に直接携わる職能を部門化したライン部門と、人事、経理、総務などの業務を担当する事務部門など、本来的な診療活動を行う部門を支援するスタッフ部門から構成されている。これらの部門のうち、法人本部、スタッフ部門などは、典型的な原価センターである。

ところで、病院の非営利の側面を強調した場合、診療部門は原価センターと位置づけることもできるが、この場合、当該部門はできるだけ低コストで診療活動をする必要はあるが、診療の結果である利益に対する責任を問われることはない。病院にとって、営利企業のように利益を最大化することが組織の目的ではなく、前述のように、組織内の限られた経営資源を効率的に利用し、質の高い医療水準を維持するとともに、当該組織の存続を図っていくことが経営目的であるからである。

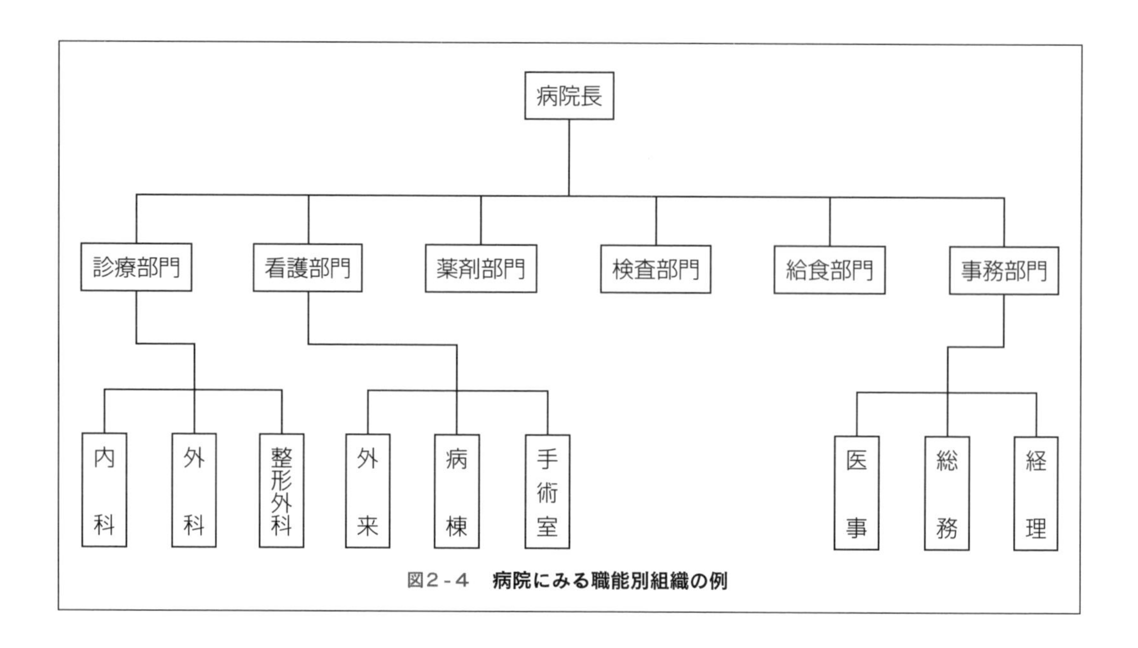

図2-4　病院にみる職能別組織の例

そして、原価の管理可能性に基づいて、責任センターに集計される原価データは、管理可能費（責任センターの管理者が、その費用発生について重要な影響を及ぼすことができる費目）と管理不能費（責任センターの管理者が、その費用発生について重要な影響を及ぼすことができない費目）に分けられるが、原価センターの管理者が追うべき原価は、自己の管理下にある管理可能費についてのみ責任を負うべきである。

ただし、ある責任センターにとっては管理不能であっても、その上位にある責任センターにとっては管理可能である場合もあるため、この点、留意すべきである。

（2）利益センター

利益センター（profit center：プロフィット・センター）とは、経営管理者が、自己の管理下にある部門等で発生した原価についてのみならず、収益についても責任を負う責任センターをいい、その業績は、当該収益とこれに対応する原価との差額である利益によって評価されることになる。通常は、事業部制を採用する場合の各事業部がこれに該当する（図2－5）。

例えば、複数の病院や診療所（クリニック）、介護老人保健施設を複合的に開設・運営している医療法人において、各施設が独立採算的に経営を行っている場合は事業部制組織（divisionalized organization）に該当する。この場合、各施設は事業部制における事業部として位置づけられ、本部機能については各施設とは別に法人本部が統括することになる。

そして、病院長等の施設長は、当該施設における全般的な管理責任を負っているため、目標収益の達成を求められるだけでなく、診療活動を低コストで行うことで原価の低減を図り、その結果として算出される利益に対して総合的な責任を問われることになる。

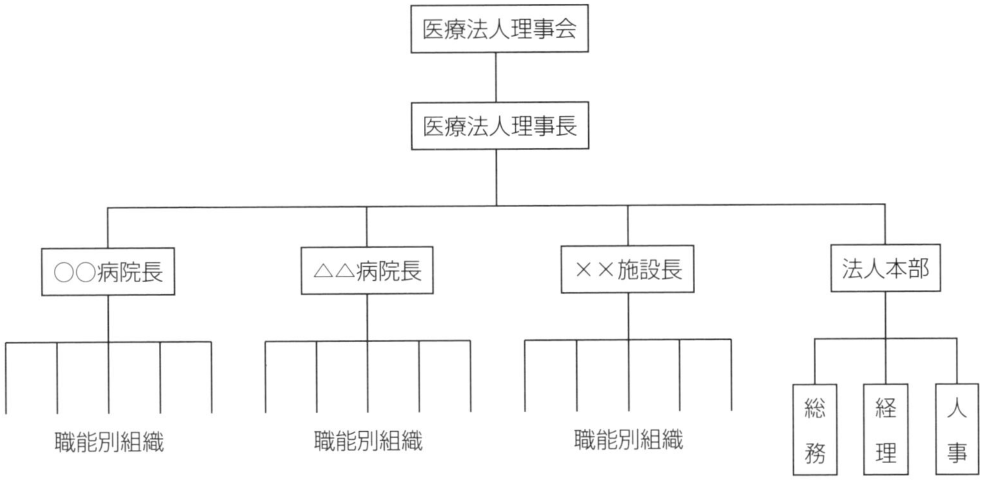

図2-5　**病院にみる事業部制組織の例**

収益－費用(原価)＝利益

事業部制組織も職能別組織も、権限や責任の下部組織への委譲という点では同じであるが、職能別組織との本質的な違いは、利益責任まで下部に委譲する点にある。

ただし、事業部制組織においては、利益責任を問われる各事業部内の下部組織は職能別に組織されていることが多く、組織全体としてみれば、形式的には折衷的な管理体制になっているといえよう。

例えば、病院の診療部門を利益センターとして位置づける場合では、本来的には職能別組織である当該組織を、利益管理のために管理可能な事業部という形で便宜的に細分化する訳であるが、その実は、職能制組織であることから、事業部内の下部組織についても職能別組織となる。

また、前途のように、診療部門を原価センターではなく、利益センターとして設定することについては、一般に、病院は非営利組織として位置づけられるが、実際は、組織を存続させ、質の高い医療水準を維持・向上させていくためには、一定程度の利益確保が必要となることから、実務上、診療部門を利益センターとして位置づけるのが普通である。

ただし、わが国における病院等の場合、営利企業と違い、医業収益の大部分を占める社会保険診療報酬は、公定価格として「売価」がすでに定められているため、短期利益計画における目標利益を達成するためには、原価計算に基づく原価の効率性を追求する必要があり、この点、病院等の場合、原価センターとしての性格も併せ持っているといえる。

(3)投資センター

投資センター(investment center：インベストメント・センター)とは、経営管理者が、自己の管理下にある部門等で発生した収益や原価についてのみならず、設備投資等、当該管理者が投資の決定権を有することから、投資額についても責任を負う責任センターであり、その業績は、一般的には、投下資本利益率(return on investment：ROI)によって評価されることになる。

投下資本利益率＝(税引後利益÷投下資本額)×100

ただし、投下資本利益率以外にも、残余利益(residual income：RI、利子控除前管理可能利益から加重平均資本コストを差し引いたあとに残る利益)や経済的付加価値(economic value added：EVA、税引後営業利益から加重平均資本コストを差し引いたあとに残る利益)などによって評価される場合もある。

なお、病院等の場合は、営利組織と違い、採算性のみで投資プロジェクトの判断がなされるわけでなく、病棟の建て替えやサテライトクリニックの開設等が医業活動を継続していくうえで必要であれば、たとえ当該プロジェクト自体が採算ベースにのらなかったとしても実行されることになる。この点で、非営利組織である病院等は、営利組織とは投資意思決定の思考の枠組みが本質的に異なっているといえる。

したがって、病院等の非営利組織が投資のプロジェクト計画を判断する際には、採算性を重視するのではなく、キャッシュ・フロー・ベースで無理のない資金運用が可能であるかどうかという点が重要になる。

4　利益管理

利益管理と短期利益計画との関係

利益管理(profit management)とは、経営組織の存続に必要な短期利益計画における利益の計画値を目標として、前出のマネジメント・サイクル(いわゆるPDCAサイクル)を前提に、目標利益の達成のために組織の経営活動の統制を図ることをいう(図２－６)。

短期利益計画とは、一般に利益計画や事業計画と呼ばれるものであり、戦略的な中・長期経営計画を受けて策定される、経営組織全体の総合的な期間計画である。

この短期利益計画以外にも、利益計画には、期間の長短から、中期経営計画に対応する中期利益計画、長期経営計画に対応する長期利益計画がある。

これらの利益計画は、相互に密接に関係しており、一般に、短期利益計画は、中期利益計画の初年度を基礎にして設定されるが、長期利益計画が設定されている場合は、同様に、長期利益計画の初年度を基礎に設定される。

しかし、この場合、いずれも短期利益計画は、ローリング方式(rolling stone method：ころがし方式)で設定される。すなわち、毎年、次年度を中・長期利益計画の初年度とする方式を繰り返す方法である。

利益計画の設定プロセスについては、厳密には経営組織ごとに異なるが、一般的には、

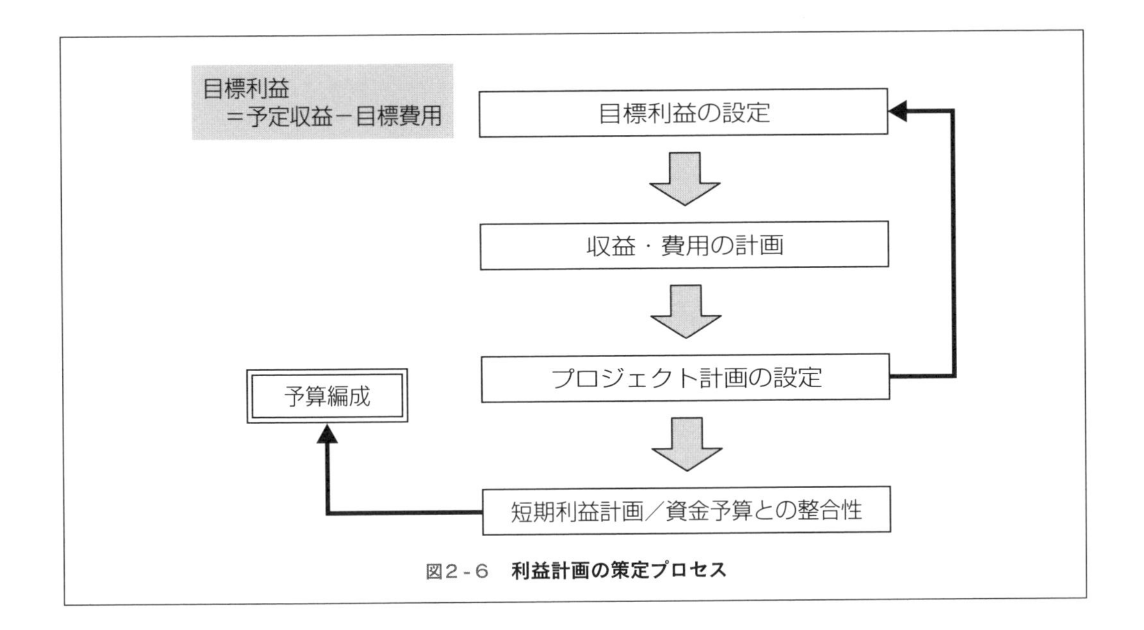

図2-6　利益計画の策定プロセス

トップ・マネジメントが、戦略的な中期経営計画の一部として、あるいは、それとは別に、次のようなステップを踏んで設定される。

①トップ・マネジメントで目標利益を設定する。

②目標利益との関係から、その算定基礎となる収益・費用計画を設定する。

③上記の期間計画とは別に、各種のプロジェクト計画が検討・策定される。この段階で、必要により目標利益を再検討する。

④さらに、資金計画との整合性をとりながら、総合的な短期利益計画を設定する。

特に、②においては、収益と費用がどれくらいになるかを予測する必要があり、収益および費用の発生に影響を与える要因を分析しなければならない。収益の大きさに影響を与える要因を「レベニュー・ドライバー(revenue driver)」といい、費用の大きさに影響を与える要因を「コスト・ドライバー(cost driver)」という。

ただし、上記の総合的な短期利益計画を設定されたあと、予算編成方針に基づいて、各部門の予算が編成されるが、この部門予算と短期利益計画の擦り合わせの過程で、当初の目標利益が実現困難なものであることが判明すれば、全体の予算編成の段階で、短期利益計画の修正が提案されることになる。

その意味で、予算管理についても、利益管理とは密接な関係にあるといえる。

(1)固変分解

短期利益計画を立案する際には費用を変動費と固定費に分解する固変分解が必要である。変動費(variable cost:VC)とは、営業量(経営組織の活動量:売上高、販売数量、生産数量、操業時間など)の増減に比例して、その発生額が増減する費用をいう(例:直接材料費)。これに対して、固定費(fixed cost：FC)とは、営業量との増減とは無関係に、一定期間変化せず同額が発生する費用をいう(例：機械設備の減価償却費)。

以上の関係について、費用総額をy、単位当たり変動費(または変動費率)をa、固定費額をb、営業量をxとするならば、y=ax＋bと表せる。

さらに、営業量がゼロであっても、一定の基本料金が発生し、かつ営業量の増加に比例して料金が発生する費用を準変動費という(例：電話料金)。また、営業量が一定の範囲内であれば固定的に費用が発生し、営業量が当該範囲を超えると、一定の範囲内でそれまで以上に費用が急激に増加し、再び固定化するような動きを繰り返していく費用を準固定費という(例：タクシー料金)。

そして、この営業量の増減に伴う費用(原価)が変化していく動きをコスト・ビヘイビア(cost behavior：原価態様)という。変動費、準変動費、固定費、準固定費のコスト・ビヘイビアを占めすと、図2－7～10のようになる。

固変分解の方法には、勘定科目精査法、高低点法、スキャッター・グラフ法(散布図表法)、最小二乗法、IE法などがあり、これらは単独ではなく複数を組み合わせて用いられる。この固変分解の目的は、前述のy=ax＋bの式におけるaとb、すなわち、単位当たり変動費(または変動費率)と固定費額を求めることにある。

(2)損益分岐点分析(CVP分析)

短期利益計画の立案のためには、原価・営業量・利益(cost-volume-profit)の関係の分析が必要となる。この分析のことを一般に、損益分岐点分析(break-even analysis)、あるいはCVP分析(cost-volume-profit analysis)という(なお、損益分岐点分析については、174ページ「④損益分岐点分析」を併せて参照)。損益分岐点(break-even point：BEP)とは、収益および費用が同額で、利益がゼロとなる営業量(売上高あるいは販売数量)水準である。その際の売上高を損益分岐点売上高、販売数量を損益分岐点販売数量という。

この損益分岐点分析では、前述のように、総費用を変動費と固定費に分解して短期利益計画を立案するが、とりわけ固定費をいかに回収するかという視点が重視される。経営組織による事業経営では、有形固定資産の減価償却費や地代などによる固定費の発生が、上記の短期利益計画の数値に大きな影響を与えるからである。

原価・営業量・利益の関係を図に示したものを損益分岐図表(break-even chart)、あるいはCVP図表(cost-volume-profit chart)という(利益図表と呼ぶ場合もある)。損益分岐図表(CVP図表)を作成することで、短期利益計画をより精緻なものにすることができる。

図2－11は、横軸に営業量を、縦軸に収益・費用をとっている。総費用は、変動費と固定費からなる。ここで営業量を売上高(予想売上高)とおくと、売上高＝収益となるから、原点から45度の勾配を持つ線として売上高線を引くことができる。次に、縦軸の固定費総額はFで一定であるから、点Fから横軸に平行な線を引けば固定費線となる。営業量の

増加に対応する固定費線上の各点に、それに対応する変動費を上乗せした合計を表す各点をつなげ、それを点Fと結ぶと、総費用線を結ぶことができる。総費用線は、変動費と固定費を合計することによって描かれたものである。そして、売上高線と総費用線の交点が、損益分岐点である。損益分岐点は利益ゼロの営業量を示す点であるから、損益分岐点よりも営業量が大きければ利益が計上され、逆に少なければ損失が計上される。

(3)限界利益と貢献利益

続いて、限界利益概念を用いて損益分岐点分析(CVP分析)を考える。限界利益とは、売上高から変動費を差し引いたものである。この概念は、直接原価計算(direct costing)に基づく損益計算において一般的に用いられている(なお、限界利益および限界利益率については、175ページ「⑤限界利益、限界利益率」を併せて参照)。

直接原価計算は、総費用を変動費(直接原価:direct costs)と固定費(期間原価:period costs)に分解し、売上高から変動費を差し引いて限界利益を算出し、限界利益から固定費を差し引いて営業利益を求めるというものである。後述する「原価計算基準」では、製品原価計算の際に、実際原価計算と標準原価計算を全部原価計算(全部の製造原価[変動製造原価+固定製造原価]を製品原価とし、販売費および一般管理費は期間原価とする原価計算手法:操業度の変動によって製品原価が変化するという特徴がある)によって行うとされていることから、財務諸表の作成目的において全部原価計算が前提となっており、直接原価計算については、外部報告目的のためにその利用が認められていないように見られる(なお、全部原価計算および直接原価計算に係る損益計算書については、表2－1～2を参照)。

しかし、管理会計上、内部管理目的において、事業部門等の業績評価を行う際には、直接原価計算を採用するほうが望ましい(直接原価計算では、変動製造原価だけを製品原価とし、固定製造原価は販売費及び一般管理費とともに期間原価として処理する。これにより、操業度の変動による単位当たり固定費の変動を回避することができ、製品の損益計算を合理的に行うことを可能にするため、短期利益計画の作成上、望ましいといえる)。

限界利益＝売上高－変動費

売上高から変動費を差し引くことにより算出された限界利益から、固定費の回収と利益(営業利益)の獲得を、短期利益計画上、検討することになる。限界利益を用いた損益分岐点分析(CVP分析)を行うことにより、固定費がどの程度回収されるのかが示され、限界利益が固定費を上回っていれば利益(営業利益)が発生することがわかる。利益(営業利益)がゼロの場合、限界利益＝固定費となる。

また、限界利益を貢献利益(contribution margin)と呼ぶ見方もある。しかし、厳密には、貢献利益は下記の式で表され、各責任単位が管理可能な直接固定費を控除したあとの限界利益は共通固定費を回収し利益(営業利益)の獲得に貢献するという意味を持つ。

貢献利益＝限界利益－管理可能直接固定費

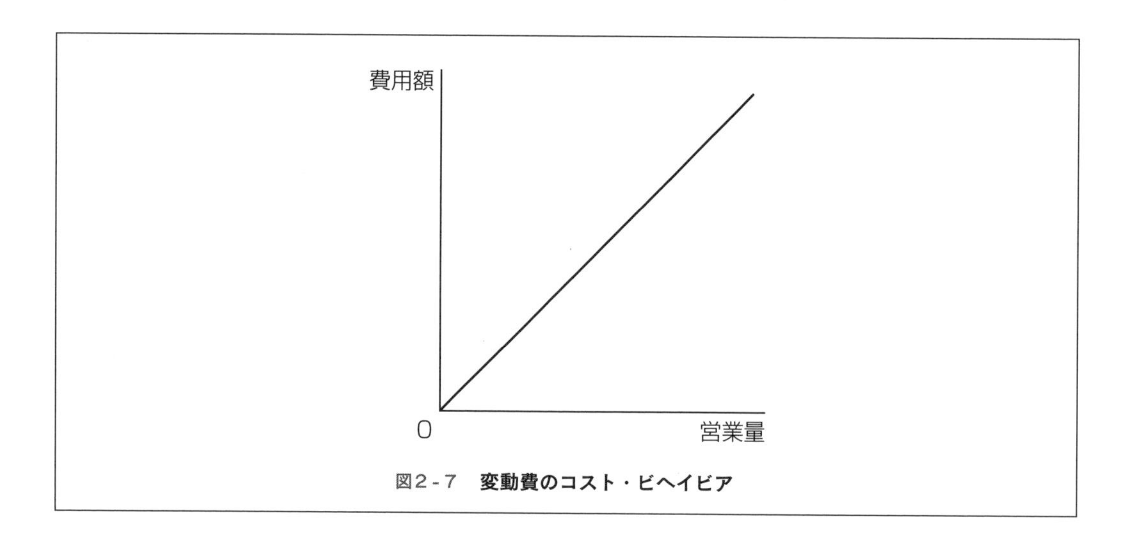

図2-7　**変動費のコスト・ビヘイビア**

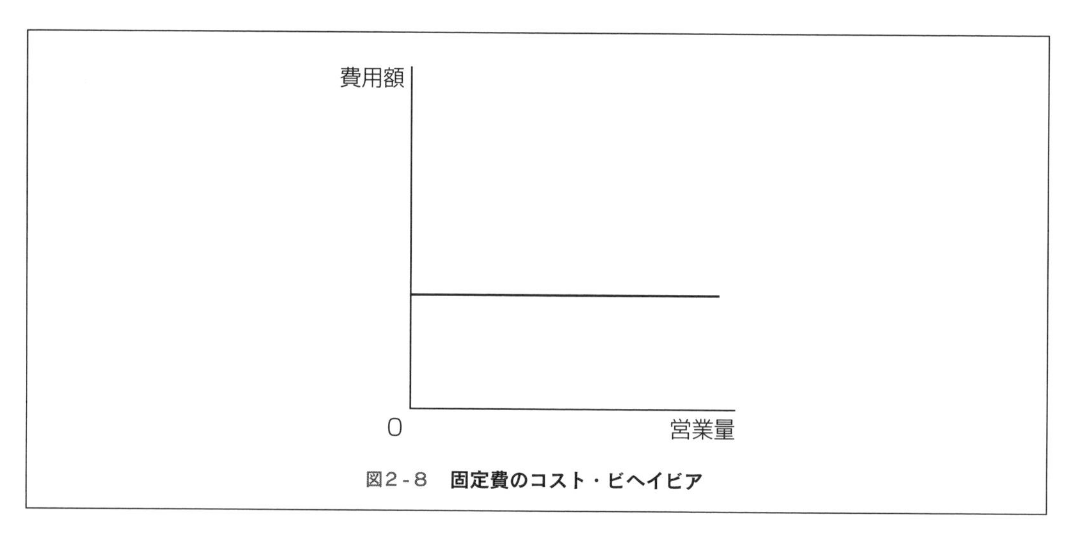

図2-8　**固定費のコスト・ビヘイビア**

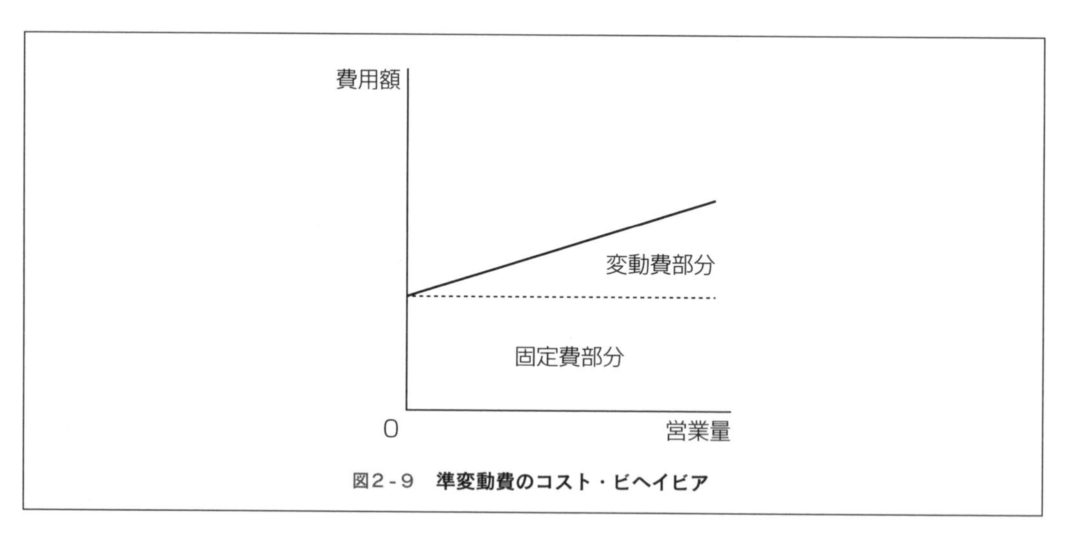

図2-9　**準変動費のコスト・ビヘイビア**

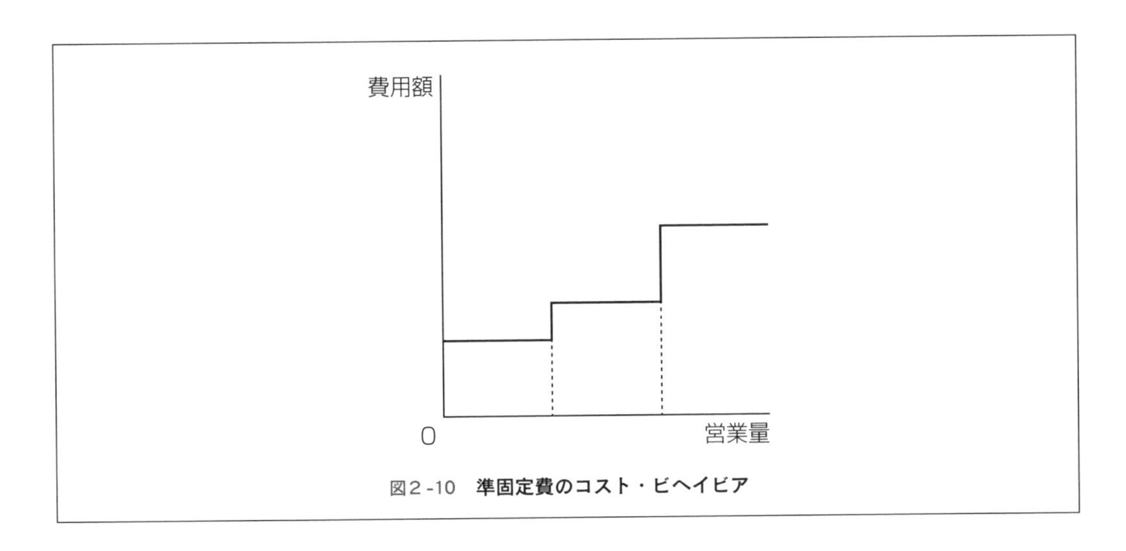

図2-10　**準固定費のコスト・ビヘイビア**

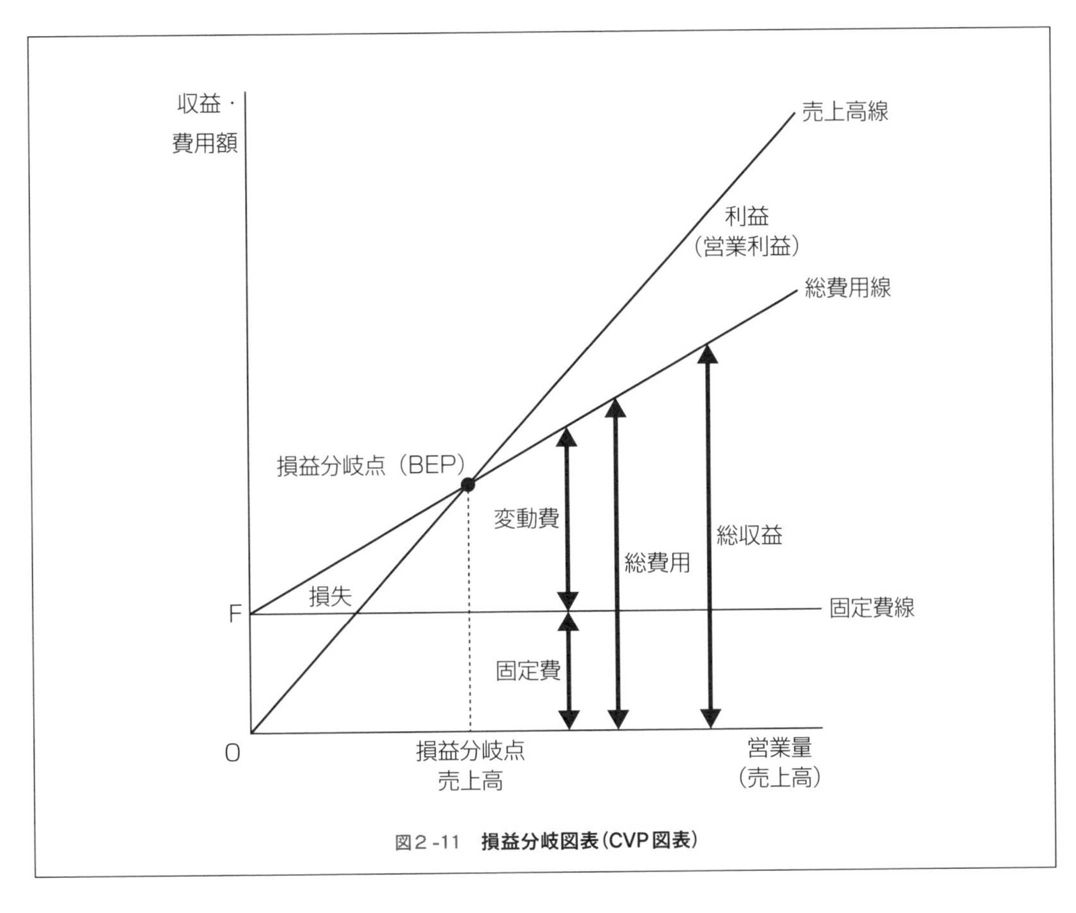

図2-11　**損益分岐図表（CVP図表）**

表2-1　全部原価計算における損益計算書のイメージ

（単位：億円）

売上高	1,000
売上原価	600
売上総利益	400
販売費及び一般管理費	200
営業利益	200

表2-2　直接原価計算における損益計算書のイメージ

（単位：億円）

売上高	1,000
変動費	500
限界利益	500
固定費	300
営業利益	200

管理可能な直接固定費のみ控除するのは、業績管理上、管理不能な共通固定費まで費用に参入することは適切といえないからである。

(4)安全余裕率

損益分岐点分析(CVP分析)における営業量として売上高(予想売上高)が設定された場合、損益分岐点が売上高からどれだけ乖離しているか、すなわち、売上高を損益分岐点がどれだけ上回っているかを示す指標を安全余裕率という。安全余裕率の数値が大きければ大きいほど収益性が良好であるといえる。

安全余裕率(%)＝(売上高－損益分岐点売上高)／売上高×100
＝1－(損益分岐点売上高／売上高)×100

この安全余裕率と併せて用いられるのが、損益分岐点比率という指標である。損益分岐点比率は、損益分岐点売上高と売上高(予想売上高)との比率である。

損益分岐点比率(%)＝(損益分岐点売上高／売上高)×100

上記の式を見てもわかるように、安全余裕率と損益分岐点比率は、両者を足し合わせると100%になるという関係がある。

安全余裕率(%)＋損益分岐点比率(%)＝100%

5 予算管理

予算管理(budgeting)とは、短期利益計画で設定された目標利益の実現・達成を目指し、日常の経営活動によって生じるであろう予測財務データをもとに、各業務分野の諸活動を調整し、それを貨幣的に表示した予算制度を管理ツールとして、組織全体の経営活動を計画・調整・統制していく総合的管理手法である。

すなわち、経営組織の活動に必要な経営資源の投入にかかる予算における計画値と、業績評価の対象となる実績値を事後的に比較分析し、もし差異が発生していれば、必要に応じて是正措置をとるというものである。

予算管理は、予算編成と予算統制からなっており、とりわけ前者については、短期利益計画がトップダウン形式で設定されるのに対して、ボトムアップ形式で部門予算を積み上げる形で編成されることが多い(図２－12～13)。

一般に、予算制度には(１)計画機能、(２)調整機能、(３)統制機能という３つの経営管理機能があるといわれる。

(1)計画機能

計画機能とは､短期利益計画における目標利益を次年度の行動計画の中に明確に設定し、部門等の管理者の責任を公式に明らかにすることであり、予算において最も重要な機能である。

具体的な予算の策定方法であるが、まずトップ・マネジメントを中心に利益計画を設定したあとに予算編成方針を決定し、それを基礎に各部門において、部門管理者を中心に現場階層も参加する形で自部門の予算を編成していく。

その際、上記の利益計画の内容や項目と部門予算のそれらが一致するよう、この部門予算と上記の利益計画との擦り合わせ、すなわちトップダウン方式とボトムアップ方式の調和化を行い、両者の比較において、当初の利益計画が実現困難と判断されれば、この段階で利益計画の内容が修正されることになる。その意味で、計画機能と調整機能は、密接に結びついており一体化しているともいえる。

(2)調整機能

調整機能とは、効率的に組織の目標を達成するため、個々の部門管理者の目標が組織全体の目標と整合性を持つよう、組織の部分的活動ではなく、当該組織の活動全体について経営資源の最適化を図るべく、各部門間や各職位間の調整を行う機能をいう。

このため、一般的に、予算は経営組織の構造や機能と密接に関係して体系化されており、組織全体を対象に編成された総合予算と、それを組織内の各部門に具体的に展開した部門予算で構成され、それら２つが有機的に結びついている(図２－14)。

予算編成とは、設定された利益計画に基づいて予算を編成するプロセスをいい、具体的には、次のプロセスを経て実行される。

① 予算編成方針の決定・示達
② 各部門予算の編成
③ 組織全体予算の編成、部門間調整、決定

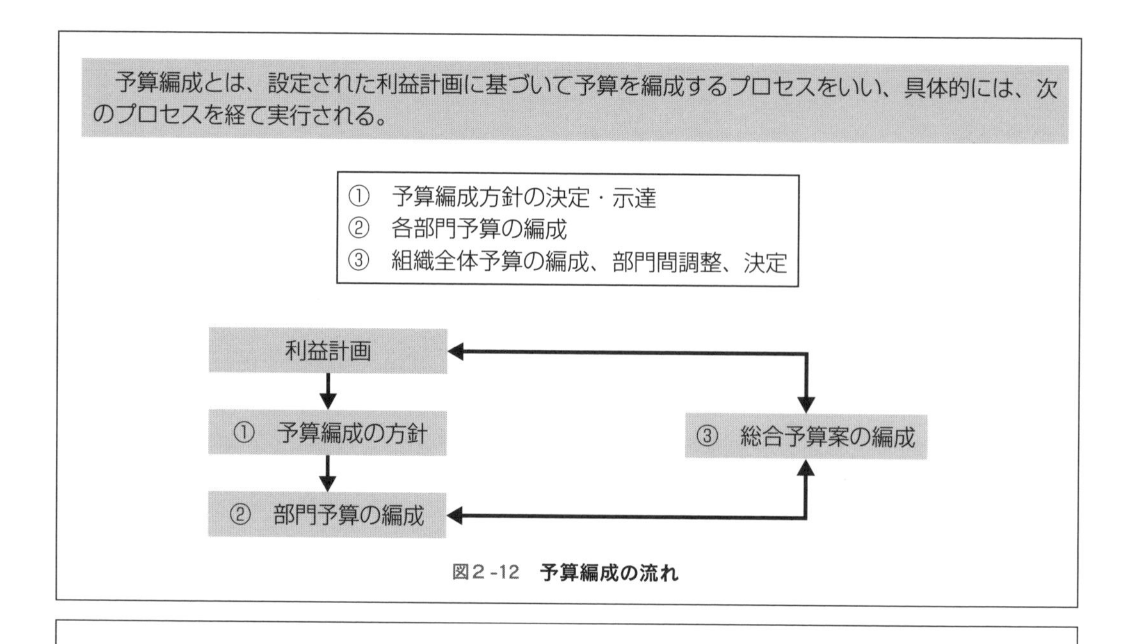

図2-12　**予算編成の流れ**

①予算の内容が中期経営計画と合理的に結びついていること。
②予算の内容が組織全体、部門のみならず担当者レベルの具体的行動計画に結びついていること。
③すべての予算費目について、金額算定の根拠を示す客観的基礎資料が存在すること。
④前期に発生した問題点や課題のための解決策が、適切に次期予算に反映されていること。
⑤各部門の予算は実情に応じ、公正に評価されること。
⑥予算達成に対する職員のやる気を促すための報償制度があること。
⑦部門間の利害調整を適切に行うこと。
⑧月次発生主義に基づく厳格な実績管理が行われていること。

図2-13　**予算編成のポイント**

総合予算については、年1回または半年に1回編成される①経常予算と、組織経営の基本構造にかかる重要な意思決定にかかわる②資本予算からなる。

①経常予算

経常予算は、1)損益予算(operating budgeting)、2)資金予算(cash budget)から構成されている。損益予算は、業務予算ともいい、例えば病院であれば、損益予算は医業収益から医業費用を控除した結果である損益の予算となる。

1)損益予算

損益予算とは、短期利益計画を実行計画として予算化したものであり、大きく分けて

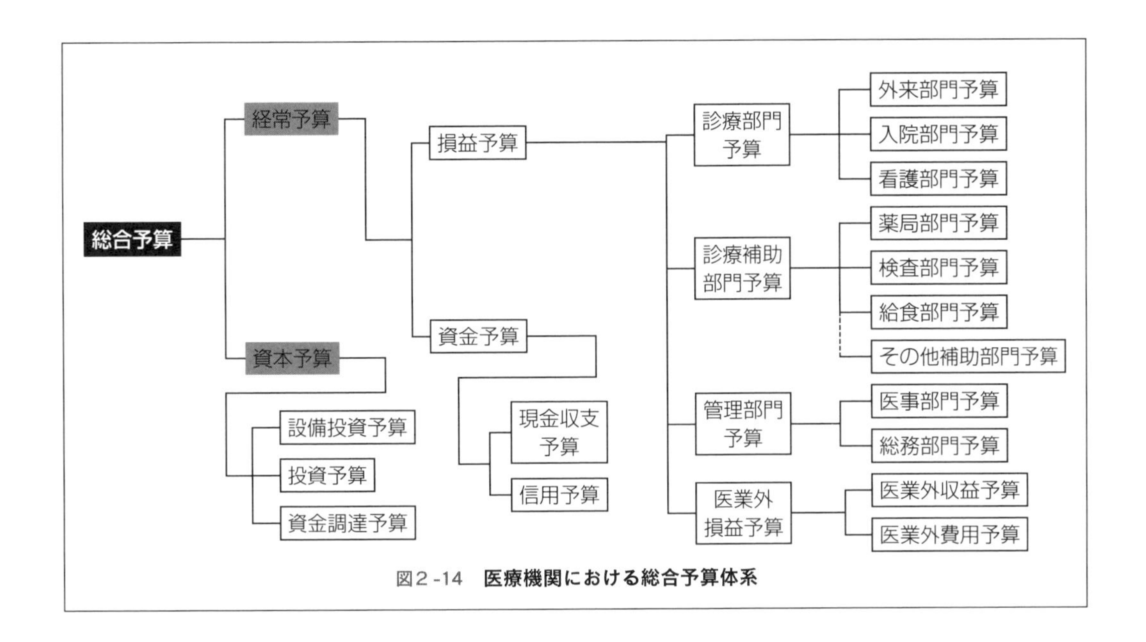

図2-14 医療機関における総合予算体系

「収益予算」と「費用予算」からなる。

2)資金予算

一方、資金予算は、財務予算ともいい、損益予算を実現・達成するための資金の調達源泉とその運用形態を示した予算である。現金収支予算など、とりわけ日常業務にかかる短期の運転資金の効率化を意図するものである。

②資本予算

経常予算とともに総合予算を構成する資本予算(capital budget)は、戦略的意思決定が必要となるような固定資産の取得にかかる長期資金の調達源泉とその運用形態を示した予算であり、設備投資予算や投融資予算などがある。

部門予算は、経営組織の部門ごとに策定されるが、重要な点は、部門予算責任センターの計画値として機能するということである。

責任センターは、ミドル・マネジメントないしロワー・マネジメントの業績を明らかにするものであり、それぞれの管理可能下にある業績の結果(実績)を計画値(予算)と対比し、その差異に関する財務データが、過去のデータとして次年度以降の部門予算の編成の際に有効活用されることになる。

(3)統制機能

統制機能とは、事前に科学的に設定された予算上の計画値を、事後的に実績値と比較分析を行うことで業績評価を行い、それに基づくインセンティブを与えることで次期以降の活動への動機づけを行う機能をいう(図2－15)。

とりわけ、上記の予算管理における業績評価について、予算上の計画値と実績を比較検討することを「予算差異分析」といい、計画値と実績値の差である予算差異が、どのような原因で生じたのかを分析・検討し、その結果を管理者に情報提供することによって、日常の経営活動を効果的かつ能率的に統制していくものである。

この予算差異分析は、目標利益達成のための利益管理に役立つのみならず、業績評価を前提とした動機づけの管理にも資するものといえる。

特に期中においては、利益管理上、当初策定した予算が予定通りに進行しているかどうかを把握し、もし予算との差異が発生していれば、目標達成のための迅速な修正行動をとる必要があり、そのために年度予算は月次予算として展開される必要がある。

しかし、当初、予算編成の時点で設定していた経営環境にかかる前提条件が不変であれば、当初設定した予算がそのまま当該年度に適用されることになるが（これを「基本予算」という）、現実には、当初設定した前提条件は変化していくのが通常である。

したがって、基本予算は経営環境の変化に応じて修正していく必要があるが、この修正後の予算を「実行予算」といい、四半期または月次ベースでローリング方式によって調整を図っていくことになる。

6　原価管理（コスト・マネジメント）

（1）伝統的原価管理の概要

すでに管理会計の体系のところで見たように、（アメリカ会計学会による）経営管理機能を重視した管理会計体系では、とりわけ計画機能と統制機能が重視されており、経営計画のうち、特に短期利益計画については、予算管理技法を用いて統制を行い、当該計画の達

予算統制とは、予算編成活動によって決定された経営活動の金額的目標たる予算の実現を図るために行う実行管理プロセスをいい、具体的には、次のプロセスを経て予算の実現を図る。

①具体的行動施策の提示
②個別経営活動のコントロール
③実績の測定と予算との比較
④予算・実績差異の分析
⑤業績の評価、対応策の策定
⑥予算の修正
⑦修正アクションの実行

図2-15　予算統制（コントロール）

成が図られる。

この場合、予算管理上、経営組織の管理者は、収益や費用に加え、それらに関連する製造原価や製品原価などを予測する必要があるが、それとともに、原価をいくらにするかという計画機能に加え、事前に設定された予定の原価をいかに達成するかという統制機能を発揮することが求められる。すなわち、原価管理(cost management)である。

原価管理とは、通産省(現・経済産業省)の産業構造審議会答申「コスト・マネジメント——原価引下げの新理念とその方法——」(1967[昭和42]年)によれば、「利益管理の一環として、企業の安定的発展に必要な原価引下げの目標を明らかにするとともに、その実施のための計画を設定し、これが実現を図る一切の管理活動」をいう(図2－16)。

まず、ここで重要なのは、「利益管理の一環として」原価の引き下げが行われるという点である。原価の削減は、利益を生み出すために行われ、原価管理が利益管理の一環として実施されることが理解できる。

そして、原価引き下げは、単なる削減ではなく、品質や機能を落とさないよう組織的に計画・管理する必要がある。そのため、原価管理では、原価計画(原価低減または原価改善)と原価統制(cost control：原価維持)が実施されることになる。

また、大蔵省(現・財務省)の企業会計審議会中間報告「原価計算基準」(1962[昭和37]年)によれば、「原価の標準を設定してこれを指示し、原価の実際の発生額を計算記録し、これを標準と比較して、その差異の原因を分析し、これに関する資料を経営管理者に報告し、原価能率を増進する措置を講ずること」をいう(図2－17)。

具体的には、①原価標準(cost standard)の設定→②実際原価(actual cost)と標準原価(standard cost)の比較→③原価差異の分析→④改善措置の実施→①に戻る(以下、繰り返し)という流れである(図2－18～19)。

①原価標準の設定

原価管理の出発点として、「原価標準」を設定する。原価標準とは、例えばサービス業でいえば、1単位当たりのサービスの提供等に必要な原価といえる。原価標準に対し、ある期間における実際生産量を乗じると、当該期間における標準原価を計算することが可能となる。

②実際原価と標準原価の比較

経営活動の結果として、原価の実際発生額すなわち実際原価を集計し、能率測定の尺度である標準原価(許容される原価の上限と下限との間の平均)と比較する。この比較により、当初の原価目標が達成できているかどうか、あるいは、原価の引き下げ目標が達成できているかどうかを把握することができる。

③原価差異の分析

原価の実際発生額と標準原価との差異は原価差異と呼ばれる。発生した「原価差異」については、詳細な分析が加えられ、その結果は各経営管理層における管理者にフィードバッ

原価とは、製品の製造やサービスの提供について、消費された材料などを金額で表示したものである。

⬇

原価計算基準では、次のように表現されている。すなわち、原価とは「経営における一定の給付にかかわらせて、把握された財貨または用役の消費を、貨幣価値的に表したものである。」〔原価計算基準第1章3原価の本質〕

原価の要件
- ■経済価値の消費であること
- ■経営給付（製品やサービスなど）に転嫁される価値であること
- ■経営目的に関連したもの
- ■正常なもの

⬇

上記の4つの要件を満たさないものは、「非原価項目」として原価を構成しない。

図2-16　**原価とは何か？**

1962（昭和37）年11月8日に、政府の諮問機関である企業会計審議会から、制度化された原価計算の実践規範の中間報告として公表されたもの。

（内容）
- 第1章　原価計算の目的と原価計算の一般的基準
- 第2章　実際原価の計算
  - 第1節　製造原価要素の分類基準
  - 第2節　原価の費目別計算
  - 第3節　原価の部門別計算
  - 第4節　原価の製品別計算
  - 第5節　販売費および一般管理費の計算
- 第3章　標準原価の計算
- 第4章　原価差異の算定及び分析
- 第5章　原価差異の会計処理

図2-17　**原価計算基準（企業会計）**

クされる。

④改善措置の実施

原価差異の分析結果を受けて、一定のサービス等にかかる質の水準を保つという前提のうえで原価を引き下げるため、必要な原価改善策が講じられる。

この「原価計算基準」における原価管理は、後述する標準原価計算における一連の作業プロセスそのものであり（標準原価管理）、標準原価による原価維持のための統制に主眼がお

標準原価とは、科学的手法で設定した達成目標となるべき規範的原価である。具体的には、材料や労働時間などの消費量について、科学的あるいは統計的な調査を行い、能率的な状態での消費量を求め、それに通常の状態で予想される価格を乗じて計算を行う。

⬇ 以下の３つの費用の合計

■標準直接材料費の設定：標準直接材料費＝標準消費量×標準価格
■標準直接労務費の設定：標準直接労務費＝標準直接作業時間×標準賃率
■標準製造間接費の設定：標準製造間接費＝部門別予定配賦率×許容標準配賦基準数値
＊部門別予定配賦率＝部門別製造間接費予定額÷部門別予定配賦基準数値

図2-18　**標準原価とは何か？**

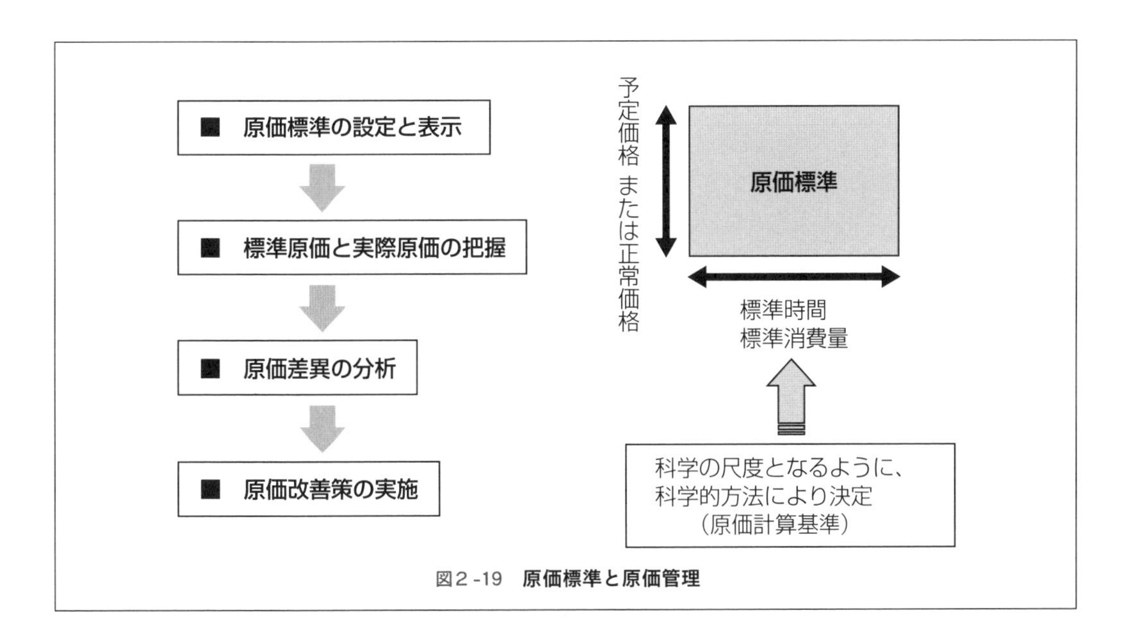

図2-19　**原価標準と原価管理**

かれているが、現在では、目標利益を確保するために目標原価を管理するというように、上記の答申「コスト・マネジメント」における利益管理の視点が重要になってきている。そのためには、実際原価と標準原価を比較して、両者の差異（原価差異）を管理者にフィードバックすることが必要となるが、この一連の作業こそが、原価統制（cost control：原価維持）であるといえる。

(2)原価計画と原価統制

原価管理は、上記の答申「コスト・マネジメント」によれば、①原価計画(cost planning)、すなわち原価低減(cost reduction)または原価改善、②原価統制(cost control：原価維持)から構成される(なお、原価管理にかかる具体的な方法については、136ページ第2節「病院経営における原価計算」参照)。したがって、原価管理における原価計画(原価低減または原価改善)や原価統制(cost control：原価維持)の関係を体系化し図示すれば、図2－20のようになる。

①原価計画(原価低減または原価改善)

原価計画(原価低減または原価改善)とは、経営組織の安定的発展のために、目標の1つとして位置づけられる長期的利益の増大のための原価引き下げを目指し、現在の製品・サービスの生産方法や顧客への提供方法の内容を見直して原価低減を図ることである。特に新製品の開発時に行われる原価計画は、後述する「原価企画」として近年注目されているが、既存製品の生産に関して継続的に行われる通常の原価計画については、原価低減または原価改善と位置づけられている。前者は、新製品の原価について、目標利益の達成に向けて長期(新製品開発期間)にわたって作り込み、後者は、既存製品の原価について、短期的(主に1年)に削減するよう計画する。

原価計画の具体的実施方法としては、製品・サービス別に、あるいは費用項目別に原価の内容に応じて原価低減を図っていくことになるが、最近は、原価企画、活動基準原価計算(Activity Based Costing：ABC)、品質原価計算などが新たな原価管理手法として注目を集めている。

原価計画では、経営組織を取り巻く外部環境の改善(例：規制緩和、税制の整備)、経営組織内部における基本構造の改善(例：主要業務のための設備・機器等の整備、情報システムの整備、人的組織の改革)、および業務計画(例：予算管理)の適切な執行を通じての原価引き下げが図りうる。

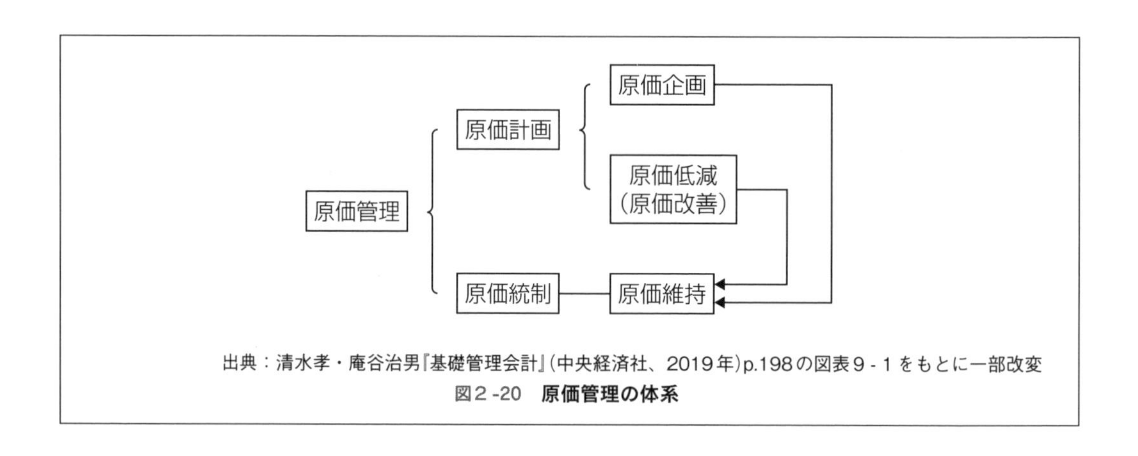

出典：清水孝・庵谷治男『基礎管理会計』(中央経済社、2019年)p.198の図表9-1をもとに一部改変

図2-20　**原価管理の体系**

②原価統制（cost control:原価維持）

原価統制（cost control：原価維持）とは、経営活動によって発生する原価について、原価計算期間（1か月）において原価管理上の目標原価（主に標準原価を指標とする）を達成すべく、限られた経営資源が効率的に利用されるよう各階層の管理者に指示・伝達し、原価効率を増進するための対策措置を講じることをいう。すなわち、ここでいう原価統制とは、標準原価管理を指している。

新製品については、上記①原価計画における原価企画を受けて、原価企画で設定された目標原価を原価標準とし、これを超過しないよう実際原価との比較を行い管理する。また、既存製品については、同じく①原価計画における原価低減（または原価改善）を受けて、原価低減の目標として設定された原価を原価標準とし、これを超過しないよう実際原価との比較を行い管理する。

原価統制は、伝統的な原価管理手法であり、標準原価計算、予算管理、直接原価計算が該当する。

(3)原価企画

原価企画の意義

原価企画（target costing）とは、わが国で生成され発展してきた新製品の開発にかかる総合的マネジメント手法であり、原価発生の源流、すなわち製品の企画・開発・設計段階にさかのぼって、技術、生産、販売、購買、経理などの関係各部署が協力しつつ、原価低減や品質管理、利益管理を図る活動である。1960年代より、トヨタ自動車および同グループによって導入され、原価企画による戦略的な原価管理は、わが国の加工組立型産業を中心に、製造業において広く実施されている。

わが国は、自動車産業等を中心とする製造業の製品を海外に輸出することによって外貨を獲得してきているが、為替の変動リスク等を考慮すれば、可能な限り製品の原価低減を図り、その販売価格を引き下げる必要がある。しかし、新製品にかかる製造段階における原価の発生要因の多くは、その前段階である企画・開発・設計段階において決定されており、製造段階においては、もはや大幅な原価低減は見込めないのが通常である。それゆえ、

製造業における原価管理ツールとして、製造段階で適用される標準原価計算の重要性を低下させるという問題が生じていた。このため、製造段階より前の企画・開発・設計段階での原価低減活動が重要になることから（源流管理）、生産の上流である当該段階において、目標利益を得るために、最初に原価と品質を計画的に作り込んでしまおうという原価企画（原価の作り込み）が、新たな戦略的原価管理ツールとして導入された。

したがって、この原価企画は、中長期経営計画と連動する形で、経営組織が設定した経営戦略を実行し、当初に設定した目標利益を達成することを目的として、全社的利益管理活動の一環として実施されるものといえる。すなわち、新製品の企画・開発・設計段階に

おいて、顧客の品質要求を満たす製品企画を行い、経営計画で必要とされる目標利益を達成できるよう、当該新製品の目標原価を決定し、顧客ニーズに合った品質や納期の条件を満たすような形で製品設計を行っていく全社的活動である。

原価企画の実施プロセス

原価企画の実施プロセスについて、製造業を例にとれば、およそ以下のような過程で実施されていく。

①新製品の企画・開発・設計構想および予定(目標)販売価格の決定

最初のフェーズでは、まず新製品の企画・開発・設計構想および予想販売価格が決定される。特に予定(目標)販売価格の決定については、原価企画において、単に実際原価に目標利益を加算する形で販売価格を決定するのではなく、市場(マーケット)や他社の動向等の状況から、顧客に受け入れられるであろう水準での予定(目標)販売価格が決定される(図2－21)。

②製品1単位当たりの目標利益の設定

企業の中長期経営計画における新規プロジェクトとして、当該新製品の開発を位置づけ、当該中長期経営計画において、同業他社の動向や顧客ニーズの変化、今後の経済の情勢などを前提に、販売市場において予測される販売数量に基づき、予定販売価格が決定され、これに基づいて全体の目標利益および製品1単位当たりの目標利益が決定される。

③許容原価の算定

予定販売価格から、製品1単位当たりの目標利益を差し引いて許容原価を算出する(控除法)。許容原価とは、製品販売における競争市場の状態を前提として導出された理想的原価であり、これ以下の原価でないと目標利益を達成できないという厳しく挑戦的な水準の原価である。

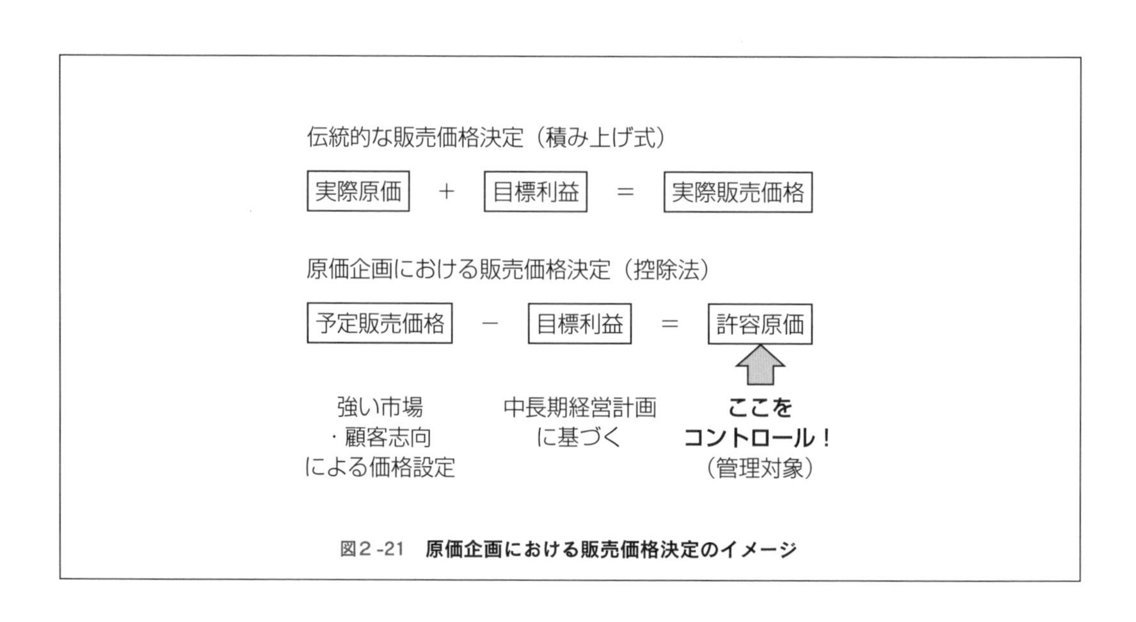

図2-21　**原価企画における販売価格決定のイメージ**

④見積原価の算定

しかし、上記の控除法で設定された許容原価を目標原価とした場合、仮に当該製品市場の状況から、当初の製品にかかる企画・開発・設計構想に留まらず、機能の追加や性能の向上が必要となったり、あるいは、さらなる販売価格の引き下げが求められるようなことがあれば、中長期経営計画上の目標利益を引き下げることは例外的であることから、この場合、許容原価は達成不可能な目標原価になってしまう。

そこで、現実には、現行の製品にかかる現状の製造原価を基礎としつつ、新製品において付加される新たな機能追加等による原価の増分や、新たな生産設備等による原価の低減分を技術者の見積もりによって加減し、各部品別・機能別に積み上げる形で目標原価を見積もっていくことになる(加算法)。これを見積原価(あるいは成行原価)という。

当該許容原価と当該見積原価の間において、後者が前者を下回っていれば問題ないが、通常、上回ることが多く、その際は、目標原価の設定のため、両原価の金額調整を図ることになる。この両原価の差額を埋めるプロセスこそが原価低減のための活動プロセスである。それは、原価企画にかかる活動での最大の目標(改善目標)となる。

⑤目標原価の決定

前述のように、上記の許容原価と見積原価の間の差額を埋めるべく、見積原価を基礎に改善目標を念頭に置き、さまざまな全社的管理活動を実施しながら、両原価の間に位置する水準に目標原価を設定していく。すなわち、加算法で算出された目標原価(見積原価)を、可能な限り控除法により算出された目標原価(許容原価)に近づけていくことになる。

⑥目標原価の細分割付

このようにして決定された目標原価は、その後、当該製品を構成する機能や部品ごとにそれぞれ細分化されるとともに、業績評価上、それぞれの開発を行う担当部門や担当技術者の責任に関連づけられることになる。

⑦目標原価の実現

新製品の開発段階に入ったあとも、設計部門を中心に、技術、生産、販売、購買、経理などの関係各部署が一致協力しつつ、全社的管理活動として目標原価の実現に向けて取り組んでいく。

(4)活動基準原価計算(Activity Based Costing：ABC)

伝統的原価計算における製造間接費配賦の問題点

伝統的な原価計算である部門別個別原価計算(製造間接費の部門別計算の実施を前提とする)では、少品種大量生産を前提とし、製造間接費(間接材料費、間接労務費、間接経費)については、主に直接作業時間や機械運転時間、生産量などの操業度に関連する基準を用い、原価計算対象に対し製造間接費を部門別(製造部門、補助部門など)に配賦していた。

その計算方法として、上記の伝統的原価計算が、財務諸表作成のための製品原価の算定に重きを置いたことから、当該原価計算では、製造間接費について３段階により配賦計算が実施される（図２－22）。第１段階では、部門個別費については各部門に対し直接に賦課する一方、部門共通費については、配賦基準によって製造部門と補助部門に配賦する（部門共通費の配賦）。第２段階では、第１段階で補助部門費に配賦された製造間接費は、製造部門に配賦される（補助部門費の配賦）。第３段階では、製造部門に集計された製造間接費は、直接作業時間や機械運転時間などの操業度に関連する配賦基準を用い、各製品に配賦を行う（製品への配賦）。

しかし、現代において、消費者のニーズが多様化し、多品種少量生産体制が進んでいる製造環境下では、操業度が高い少品種大量生産品が必ずしも多額の製造間接費を発生させているとはいえず、むしろ操業度が低くても、細かな顧客のニーズに応えるに手数がかかる多品種少量生産品のほうこそが、多額の製造間接費を発生させていることが明らかとなってきた。すなわち、多品種少量生産品の場合、製造製品の切り替えのための段取り時間が発生するなど、実際には直接作業時間や機械運転時間などでは測定できない、当該時間ロスにかかる費用が生じているからである。

また、製造工場において、多品種少量生産を前提とした高額なロボット・システムなどを導入していれば、さらに製造間接費の割合が高くなることから、例えば、赤字製品の生産中止の判断を誤るなど正しい意思決定のために、少品種大量生産時代に比べ、より適切な製造間接費の配賦が求められることになる。

しかるに、前述の伝統的原価計算では、操業度に関連する基準を用いて製造間接費を配賦していたため、操業度の高い少品種大量生産品に製造間接費を多く負担させ、一方、操業度の小さい多品種少量生産品にはあまり配賦されないことになり、正しい原価管理、ひいては利益管理ができないという状況に陥っていた。

そこで、ハーバード大学経営大学院のロバート・S・キャプラン（Robert S. Kaplan）教授とクレアモント大学経営大学院のロビン・クーパー（Robin Cooper）教授によって、上

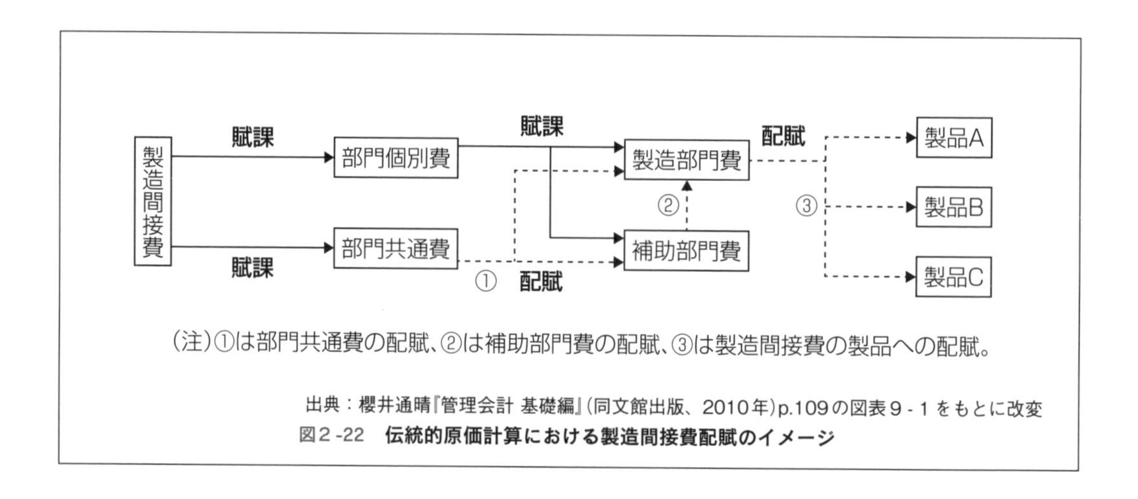

出典：櫻井通晴『管理会計 基礎編』（同文館出版、2010年）p.109の図表９-１をもとに改変

図２-22　**伝統的原価計算における製造間接費配賦のイメージ**

記の伝統的原価計算が持つ欠点を克服すべく、1988(昭和63)年に活動基準原価計算(ABC)が提唱された。

活動基準原価計算(ABC)の意義と計算方法

活動基準原価計算(ABC)とは、特に製造間接費(間接材料費、間接労務費、間接経費)について、原価計算対象(cost object:原価計算の計算対象のこと)となる製品やサービスなどが消費する「活動」に関連させて原価を集計しようとする原価計算の手法である。

ここで「活動」(activity)を定義すれば、製品やサービスを製造(あるいは販売など)するなどの際に、当該機能を遂行するのに必要な個別の行為をいい、企業においてはさまざまな「活動」が行われている。具体的にいえば、工場部門では、材料購買、切断、組立、機械加工、段取りなどが、あるいは営業部門では、受注処理、見積書の作成などが「活動」にあたる。さらに、組立活動を挙げるとすれば、当該活動については、人的作業と機械による作業という形でもっと詳細に「活動」が細分化されることが望ましい。

つまり、活動基準原価計算(ABC)では、基本的な計算方法にかかる考え方として、これらの「活動」は、あらゆる経営資源を消費することになることから、原価は資源の消費(犠牲)であり、製品やサービスが「活動」を通じて経営資源を消費すると考える。

したがって、「活動」は、製品と経営資源の消費を媒介するものとして位置づけられるとともに、当該「活動」を媒介にして原価を原価計算対象に集計することになる。すなわち、この「活動」が原価集計の単位となり、個々の「活動」が消費するさまざまな経営資源の利用量を基準として(これを「資源ドライバー」あるいは「資源作用因」という)、当該経営資源の消費額が「活動」に集計されていく(この集計額を「コスト・プール」という)。いわば、このコスト・プールは、製造間接費の計算を行う際に、製品・サービスなど最終的な原価計算対象に至るまでの過程において、中間的に集計する原価計算対象といえる。

その後、個々の原価計算対象が消費するさまざまな「活動」の量(これを「活動ドライバー」あるいは「活動作用因」という)を基準として、さまざまな「活動」に中間的に集計された費用額が、特定の製品など、個々の原価計算対象に最終的に割り当てられることになる(製品への配賦)。

上記の資源ドライバーおよび活動ドライバーについては、両者を総称して「コスト・ドライバー」と呼ばれている。

このように、活動基準原価計算(ABC)では、製造間接費が「活動」を中間的に経由して、製品など最終的な原価計算対象に配賦されるという、2段階にわたって配賦計算が行われる(図2－23を参照)。これにより、前述の伝統的原価計算における問題点を克服することが可能になる。

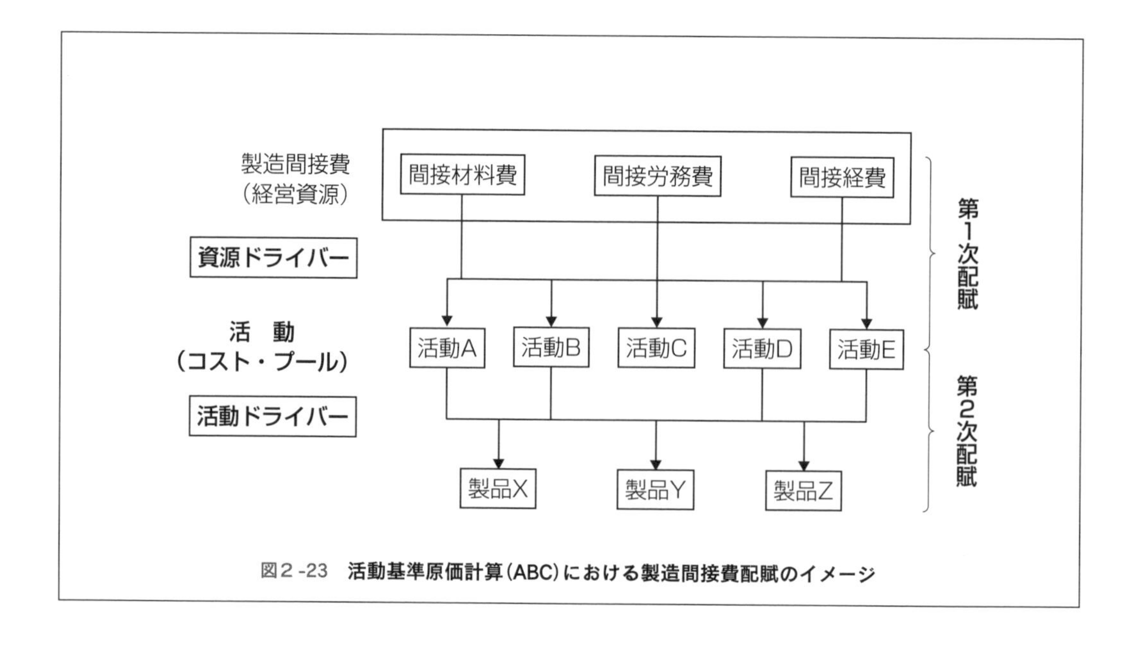

図2-23　活動基準原価計算（ABC）における製造間接費配賦のイメージ

7　キャッシュ・フロー管理

（1）キャッシュ・フロー管理とは

通常、管理会計は業績評価のために発生主義会計による費用および収益、すなわち損益に基づいて組織の活動評価を行っている。これについて、キャッシュ・フロー管理とは、経営上の意思決定や経営戦略へ活用するために、管理会計上、経営組織の一定期間の活動の結果として増減するキャッシュ・フローを評価指標として経営管理を行うことをいう。

（2）発生主義とキャッシュ・フロー管理の重要性

発生主義とは、現金の収支にかかわらず、収益または費用の発生という経済的事実に基づいて認識する基準のことである。このようにして認識した収益および費用によって損益を求める会計方法を発生主義会計という。

例えば、社会保険を取り扱う保険医療機関では、原則として、診療サービスを提供した時点で医業収益を計上することになるが、実際に、その社会保険診療報酬が現金として保険医療機関に入金されるのは、診療サービスを提供した月から2か月経過後となる。

すなわち、発生主義では、財貨の引き渡しやサービスの提供という経済的事実の発生に基づいて収益計上を行っており、キャッシュ・フローの動きとは特に関係がない。

このように、収益計上時点と入金時点のタイムラグが生じるため、発生主義に基づく損益計算書で計算される期間損益計算上の利益があるからといって、それがそのまま経営組織の手元資金に余裕があることを意味するわけではない。

したがって、損益計算書上で利益が計上できるよう利益管理を行うことは当然重要であるが、「勘定あって、銭足らず」(勘定のうえで利益が計上されているが、実際にキャッシュが不足していること)の状態によって「黒字倒産」(損益計算書上は利益が発生しているが、運転資金不足によって倒産すること)が起きることがないよう、キャッシュ・フローの管理、すなわち資金繰りについても十分注意を払うべきといえる。

(3)キャッシュ・フロー計算書とフリー・キャッシュ・フロー

近年、経営組織における計画・管理・評価のシステムを支援する基本情報として、キャッシュ・フローの重要性が認識されるようになっており、これを受けてキャッシュ・フロー計算書が基本財務表の1つとして導入された。

キャッシュ・フロー計算書を利用した業績評価を行う場合、重要な指標となるのがフリー・キャッシュ・フロー(free cash flow)である(キャッシュ・フロー計算書の詳細については、47ページ第1章第4節「キャッシュ・フロー計算書」参照)。

フリー・キャッシュ・フローとは、経営管理者がその使途を自由に決められるキャッシュ・フローのことであり、本来の事業活動で得た業務活動によるキャッシュ・フロー(なお、企業の場合は営業活動によるキャッシュ・フローという)から、現状の活動能力を維持するために必要となる投資活動によるキャッシュ・フローを差し引いて算定できる。

フリー・キャッシュ・フロー
＝業務活動によるキャッシュ・フロー － 投資活動によるキャッシュ・フロー

フリー・キャッシュ・フローが大きければ、新規に借り入れを行わなくとも十分な手元資金があるということになる。金融機関からの融資も厳しくなっている昨今、フリー・キャッシュ・フローは業績評価において重要な意味を持つ。

病院会計のルールである病院会計準則が改定され、新たに第3の財務表としてキャッシュ・フロー計算書が導入されたことを契機にして、医療機関ではキャッシュ・フローについて関心の高まりをみせた。

とりわけ医療機関においては近年、患者のニーズを的確につかみ医療機能の向上や患者アメニティの増進を図り、よりよい医療を目指して他の医療機関との競争に勝ち残るために多くの設備投資を必要とすることから、財務の安定性を図るとともにキャッシュ・フローの流れを把握・管理することがますます重要になってきている(図2－24)。

8 設備投資の経済性計算

設備投資の経済性計算とは、複数の投資代替案から選択を行う際に、設備に対する資本支出の意思決定に必要な計量的情報を経営管理者に提供するものである。管理会計上、戦略的意思決定にかかる経済性評価方法の1つである。これには、大きく分けて「貨幣の時

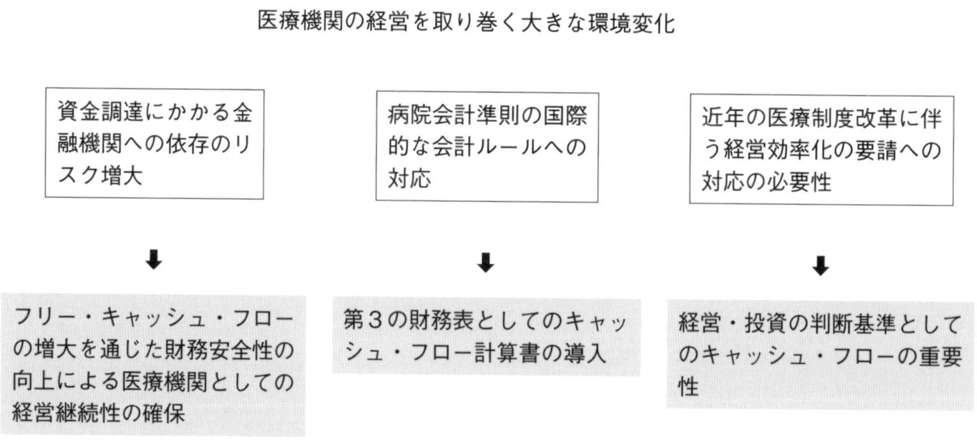

医療機関の経営を取り巻く大きな環境変化

資金調達にかかる金融機関への依存のリスク増大	病院会計準則の国際的な会計ルールへの対応	近年の医療制度改革に伴う経営効率化の要請への対応の必要性
⬇	⬇	⬇
フリー・キャッシュ・フローの増大を通じた財務安全性の向上による医療機関としての経営継続性の確保	第3の財務表としてのキャッシュ・フロー計算書の導入	経営・投資の判断基準としてのキャッシュ・フローの重要性

図2-24　**キャッシュ・フロー管理の重要性**

間価値を考慮する方法」と「貨幣の時間価値を考慮しない方法」がある。

設備投資は、経営の基本構造に変化を及ぼすと同時に長期間にわたって業績に大きな影響を与えるため、設備投資の意思決定のための計算を合理的に行うには、投資のための現金支出額および当該投資にかかる現金回収額について、キャッシュ・フローベースで評価を行うとともに、「貨幣の時間価値」を考慮することが望ましい。時間の経過によって、貨幣価値が変化していくからである。

(1)貨幣の時間価値(time value of money)

貨幣の時間価値(time value of money)とは、例えば、現在の10,000円と2年後の10,000円が同じ10,000円でも価値が異なるように、現在の貨幣価値に利息分を加えたものが将来の貨幣価値であり、金利を通じて、現在価値や将来価値という形で貨幣価値を時間と対応させてとらえていく考え方である(図2－25～26)。

単利計算

上記の10,000円を例とした場合、仮に年利5％で2年間運用するとすれば、1年間で元本に対し5％の利息500円が得られることとなり、単利で2年間運用した場合、単純に1年目の500円と2年目の500円を合計することになるので、元本の10,000円に2年分の運用利息1,000円を加算した11,000円が2年間の元利合計となる。

10,000円×(1＋0.05＋0.05)＝11,000円

複利計算

しかし、通常、運用期間の途中で得られる利息収入は元本とともに再投資に回されることから、複利計算で運用を行った場合（1年後の元利合計を2年目に運用する元本とし運

A_0の現金を金融機関に預金することによって、1年後に受け取れる元本と利息の合計をA_1預金の利率をrとすると、次の関係が成立する。

$$A_1 = A_0 \times (1 + r)$$

⇒A_1：投資額A_0における1年後の将来価値（Future Value）
⇒A_0：1年後のA1の現在価値（Present Value）
⇒r ：割引率（discount rate）

一般に、毎年r_n(年率)の利払いがあるn年物の債券にCF_0を投資する場合(1年複利による投資)のn年後の将来価値CF_nは、下記の式で表される。

$$CF_n = CF_0 \times (1 + r_n)^n$$

したがって、n年後のキャッシュ・フローCF_nの現在価値$PV(CF_n)$ は、n年もののキャッシュ・フローの割引率をr_nとすると、下記となる。

$$PV(CFn) = \frac{CFn}{(1 + r_n)^n}。$$

⬇

キャッシュ・フローの割引を行ってプロジェクト評価を行う方法をDCF（discounted cash flow）法という。

図2-25 **貨幣の時間価値**

用を行う)、1年後の元利合計は単利の場合と同じであるが、2年目の運用元本は1年後の元利合計である10,500円となり、2年後に得られる利息は、元本である10,500円の5％の525円ということになる。

したがって、複利で運用すれば、1年後に得られた利息500円と2年後に得られた利息525円の合計1,025円の利息が得られることになり、2年後の元利合計は11,025円ということになる(表2－3)。

$$10{,}000\text{円} \times (1 + 0.05)^2 = 11{,}025\text{円}$$

このような投資(資金運用)の結果を貨幣の時間価値という観点から捉えると、5％の単利計算を前提とした場合、現在の10,000円(現在価値)の2年後の将来価値は11,000円であるということができる。

また、貨幣の時間価値である現在価値(将来受け取る貨幣額の現在における価値)と将来価値の関係を結びつけるのが金利であるが、一般に、現在価値のほうが将来価値よりも小さく、当該金利が将来価値を現在価値に引き直す働きをしていることから(この働きのことを「割引」という)、当該金利を割引率(discount rate)という。

現在価値と将来価値との関係については、一般に、現在価値をPv、将来価値をFv、利子率をr、投資期間の年数をnとすると、現在価値を従属変数として、次の式を導出する

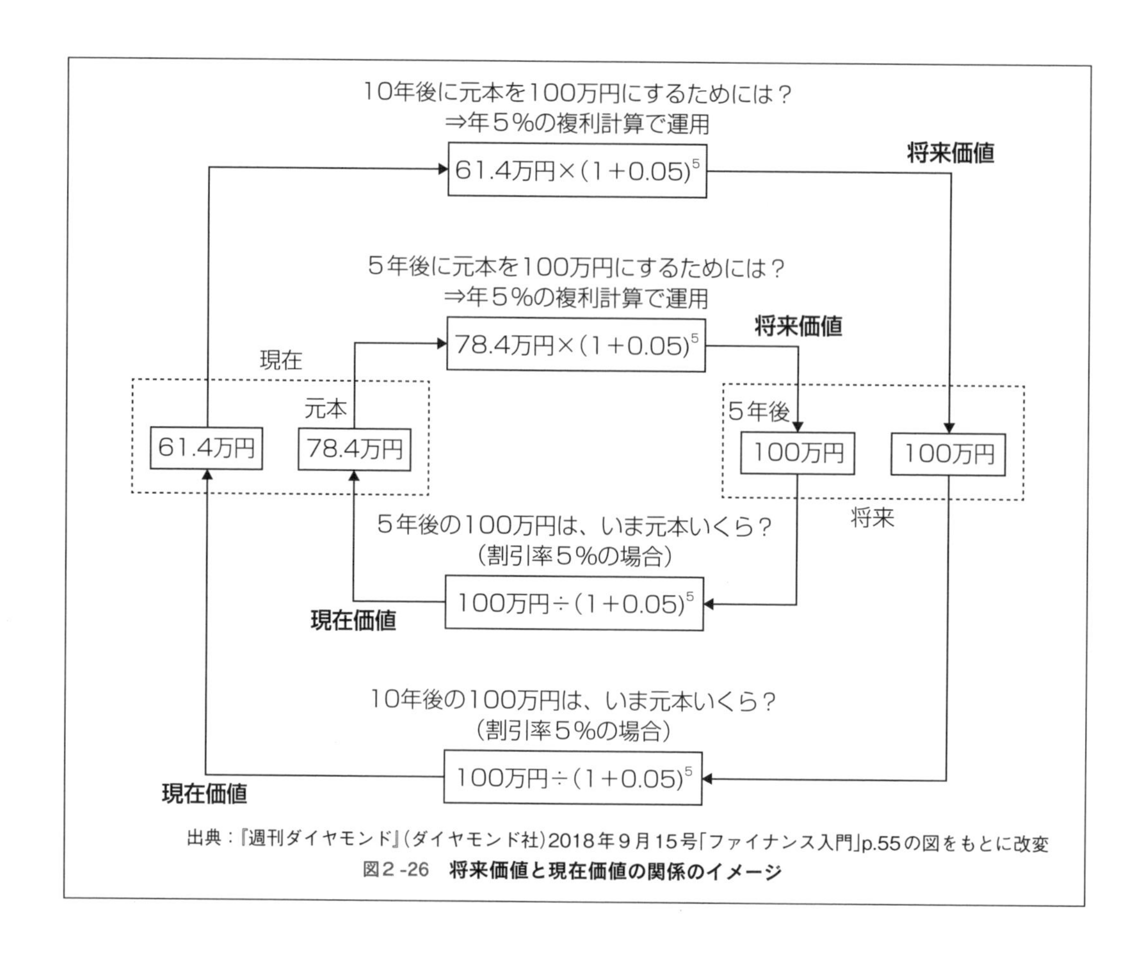

出典：『週刊ダイヤモンド』(ダイヤモンド社)2018年９月15号「ファイナンス入門」p.55の図をもとに改変

図２-26　将来価値と現在価値の関係のイメージ

表２-３　**複利計算による元利合計金額の変化**

（単位：円）

期間	資金運用残高	受取利息	元利合計
現在	10,000	0	10,000
１年後	10,000	10,000 × 0.05 = 500	10,500
２年後	10,500	10,500 × 0.05 = 525	11,025
３年後	11,025	11,025 × 0.05 = 551	11,576

（注）小数点以下は四捨五入

ことができる。

$$Pv = Fv \times 1/(1+r)^n$$

すなわち、「現在価値＝将来価値×複利現価係数」となる。上式のrについては、実務上、複利現価表から得ることができる。また、毎年度、同一の正味キャッシュ・フローの流入額があると仮定した場合、各年度の複利現価表の累計額である現在価値については、これも実務上、年金現価表から得ることができる。

例えば、仮に利子率が10%として、これを割引率として用いた場合、5年間、毎年10,000円ずつ受け取る貨幣額の現在価値を計算すれば、1年目の複利現価は9,091円、2年目の複利現価は8,264円となり、5年間の現在価値の合計額については37,907円になる(表2－4)。

(2)資本コスト

前述の割引率は、いわば資本(自己資本、他人資本)の調達レート、すなわち資本の利用から生じる価値犠牲である資本コストとしてとらえることもできる。

設備投資にかかる投資意思決定では、投資から得られる際の利益率を判断する際のハードル・レート(切捨率)としての役割を果たしており、当該利益率がハードル・レートとなる資本コストの利率より大きいか否かによって、投資プロジェクトの採否が決定されることになる。

なぜならば、通常、設備投資を行うためには借り入れ等の資金調達を行うが、これには資本コストが伴うことから、調達した資金を投資するには、少なくとも資本コスト分だけでも利益を挙げなければならないからである。その意味で、資本コストは、最低必要利益率であるともいえる。

加重平均資本コスト

資本コストは、一般的には、負債(他人資本)と資本(自己資本)の調達レートの加重平均をとるが(図2－27)、これを加重平均資本コスト(weighted average cost of capital：WACC)という。加重平均資本コストは、当該企業の総資本(自己資本+他人資本)を構成する資本の調達源泉ごとにかかる資本コストを、その各資本の調達源泉の金額について、それらが総資本全体に占める割合によってウェイトづけして示される。通常、後述する正味現在価値法(NPV法)や内部利益率法(IRR法)の計算において割引率として用いられる資本コストにかかる利率については、この加重平均資本コストが採用される。

WACC＝D/(D+E)×I(1－t)＋E/(D+E)×Re

D：長期有利子負債の時価

表2-4　現在価値の計算例(10,000円を利子率10%で割り引く場合)

投資期間	正味キャッシュ・フロー		現価係数		現在価値
1年目	10,000円	×	1/(1+0.1)	=	9,091円
2年目	10,000円	×	1/(1+0.1)2	=	8,264円
3年目	10,000円	×	1/(1+0.1)3	=	7,513円
4年目	10,000円	×	1/(1+0.1)4	=	6,830円
5年目	10,000円	×	1/(1+0.1)5	=	6,209円
合計					37,907円

出典：櫻井通晴(2010)p.180の表14-1をもとに改変

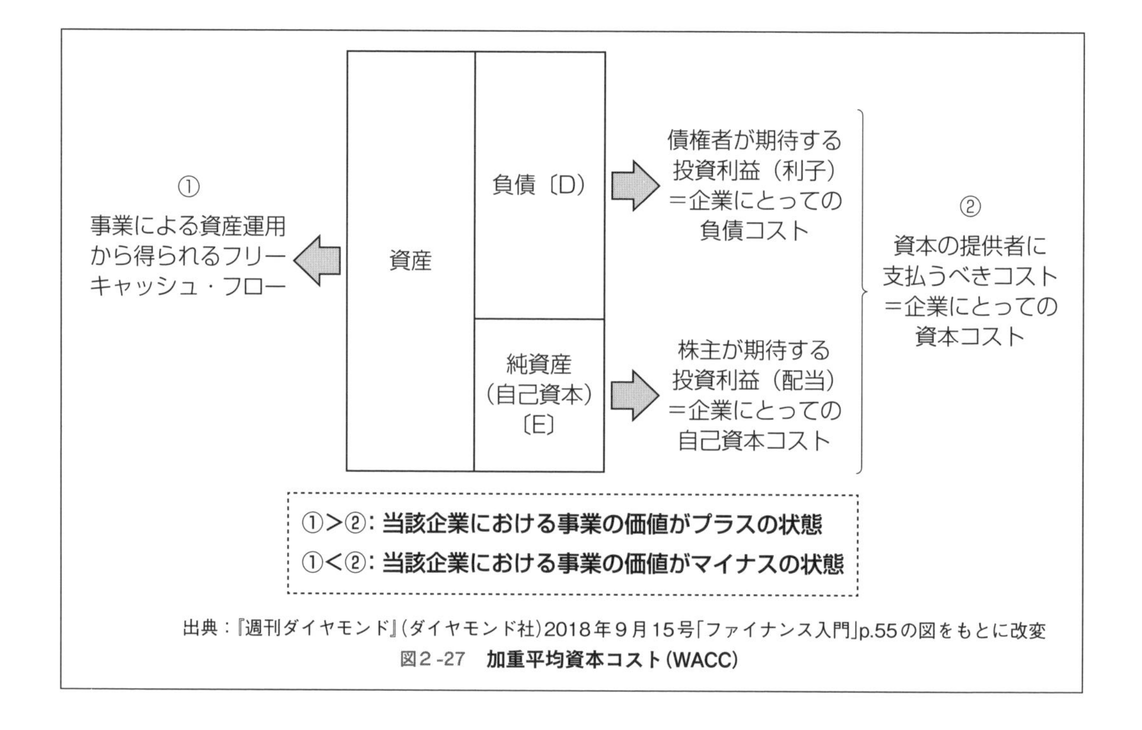

出典：『週刊ダイヤモンド』（ダイヤモンド社）2018年9月15号「ファイナンス入門」p.55の図をもとに改変

図2-27　**加重平均資本コスト（WACC）**

E：自己資本の時価

I：負債コスト（利子率）

t：法人税率

Re：自己資本コスト

ここで留意すべき点は、加重平均に用いる負債や資本は時価ベースの数字を用いることと、有利子負債については、設備投資のために調達した長期資金だけを取り扱い、運転資金用の短期資金を含まないことである。ただし、有利子負債のように、時価と財務諸表上の簿価で大きな差がない場合は、そのまま簿価を使用する場合もある。

負債コスト

また、負債コストとは借入金による利息であるが、これは次の式から求めることができる。

負債コストI＝支払金利額

＝支払利息÷（期首長期有利子負債―期末長期有利子負債）

ただし、負債には節税効果があるため、負債コストは実行税率の分だけ割り引かれる。これがWACCの式に出てくるI(1－t)である。

(3)貨幣の時間価値を考慮しない方法

貨幣の時間価値を考慮しない方法としては、①回収期間法、②投下資本利益率法がある。

①回収期間法（単純回収期間法）

回収期間法(あるいは単純回収期間法：payback method)とは、当初の投資額をどの程度の期間で回収できるかを示す評価方法であり、複数の投資代替案が存在する場合、回収期間(年数)が短いほど望ましい投資代替案であるといえる。また、回収期間の計算の際に用いられているのは会計上の利益ではなく、キャッシュ・フローであることに留意すべきである。

なお、下記の式における毎年度のキャッシュ・フローについては、非現金支出費用(実際には現金支出されないが、発生主義会計上、費用として計上されるもの)を減価償却費のみと仮定すれば、「毎年度のキャッシュ・フロー＝毎年度の税引後当期純利益＋年平均減価償却費」となる。

回収期間＝投資額÷投資額を回収するまでの毎年度のキャッシュ・フロー

例えば、回収期間を７年と社内設定している企業があり、当該企業において1,500億円の投資プロジェクト計画を立案され、6年間にわたって毎年度300億円の正味キャッシュ・フローが見込まれているとする。この場合、回収期間は、1,500億円÷300億円/年＝５年となるが、社内規定の７年以内での回収が見込まれることから、当該投資プロジェクト案は採用されることになる。

このように、回収期間法は、計算が簡易であり利用しやすい側面があるだけでなく、発生主義的な収益・費用概念ではなくキャッシュ・フロー概念を用いて計算を行うため、計算の恣意性を除くことが可能になり、当該企業が資金繰りを行ううえで安全性が担保されやすい、という利点がある。

その一方で、後述する貨幣の時間価値や資本コストを考慮しておらず、さらに回収期間以降のキャッシュ・フローを考慮に入れていないという欠点がある。

ただし、一般的に、収益性の高い投資プロジェクトは回収期間も短いことから、特に、投資リスクが高く資金回収が最優先されるような状況では、回収期間法が採用されることが多い。これは、わが国では企業を中心に、銀行借り入れによる資金調達に依存し設備投資を行うことが多かったため、主に、収益性よりも相対的に資金の流動性や財務の安全性に重点を置く金融機関の与信基準に合致させた方法といえる。

回収期間が短いということは、収益性を考えるうえで有利な状況にあることは確かであり、わが国における投資評価方法として、回収期間法が採用されてきた理由はそこにあるといえよう。

最近では、回収期間法について、後述する貨幣の時間価値の概念を取り入れ、将来の正味キャッシュ・フローを割り引いた形で計算(割引回収期間法)を行っている企業も少なくない。

②投下資本利益率法

投下資本利益率法(return on investment：ROI)とは、前出の投資センター(97ページ参照)のところで述べたように、プロジェクトの収益性や投資効率を評価するための方法で、投下した資本がどれだけの利益を生んでいるか測定するものである。会計上の利益と投資額を比較して、投下資本利益率(ROI)を計算し、一定基準以上の投下資本利益率であれば、当該投資プロジェクト案に対し投資を行うという投資評価方法である。

投下資本利益率＝(税引後利益÷投下資本額)×100

投下資本利益率法については、先ほどの回収期間法と同様、貨幣の時間価値を考慮しておらず、多年度にわたって設備資産を利用する場合に生じる資本コストを計算上含んでいない、という欠点を有している。

また、キャッシュ・フローではなく、減価償却費を控除したあとの会計上の利益を基準に投資プロジェクトを評価しているため、投資から得た純粋なリターンによって判断していない、という欠点も有するが、計算が簡便であるため使いやすいという利点があるのが特徴である。

(4)貨幣の時間価値を考慮する方法

貨幣の時間価値を考慮する方法としては、①正味現在価値法(NPV法)、②内部利益率法がある。

①正味現在価値法(NPV法)

正味現在価値(net present value：NPV)法とは、前述の現在価値の考え方を応用したもので、投資プロジェクトの案件の採否を判断するための手法である。現価法とも呼ばれる。DCF(discount cash flow：割引キャッシュ・フロー)法を用いた正味現在価値法によって、当該投資プロジェクトにかかるキャッシュ・フローの流出入額を資本コストの利率(割引率、切捨率、棄却率、ハードル・レートないしは最低資本利益率ともいう)で割り引いた正味現在価値がゼロより大きいか、言い換えれば、設備投資額よりも当該設備投資から得られる正味キャッシュ・フローの現在価値の合計額が大きいかどうかといった設備投資の収益性にかかる判断を事前に行うことを目的とする。

すなわち、正味現在価値法では、将来の投資プロジェクトによって生み出される正味キャッシュ・フローを予測し、現在価値に引き直すといくら得られるのかについて把握したうえで、それと投資額との差額がプラスであれば当該投資プロジェクトは採用され、マイナスの場合は不採用となる。

正味現在価値 ＝ キャッシュ・フローの現在価値合計―設備投資額

・正味現在価値＞0　⇒　プロジェクト採用

・正味現在価値＜0　⇒　プロジェクト不採用

キャッシュ・フローを用いていることから、会計処理上の判断に左右されることなく投資価値の判断ができること、正味現在価値を用いるため貨幣の時間価値概念が織り込まれていることなどが特徴である。

例えば、ある会社が機械を100万円で購入するとして、その機械を用いた事業(投資プロジェクト）から向こう５年間で毎年21万円の利益（CFと同額と仮定）が見込まれる場合、仮に割引率を５％として、当該機械を購入すべきであろうか（つまり、この投資プロジェクトを選択すべきか）。５年間の利益（CF）の合計額としては、21万円×５年＝105万円となり、当初の支出額100万円を５万円ほど上回り、一見、投資対象として適切のように見える。

しかし、正味現在価値法を用いて検討した場合、図２－28にあるように、割引率５％で上記の105万円を現在価値に引き直せば、５年間の利益（CF）の合計額は、90.9万円となり、当初の投資額にも満たない結果となることから、当該機械の購入は投資対象として不適切と判断されることになる。

したがって、この場合、当初投資額の100万円は、他の投資プロジェクトに投資したほうがよいということになる。

正味現在価値法は、貨幣の時価価値概念が織り込まれていることから、理論的には最も妥当な方法とされている。しかし、実際には、長期的な設備投資におけるキャッシュ・フローの金額の推定や割引率の推定が難しいという難点も抱えている。

また、正味現在価値は、絶対額であることから、投資額の異なる複数の投資プロジェクト案から選択するような場合には、設備投資額に対する投資効率がわからないという欠点

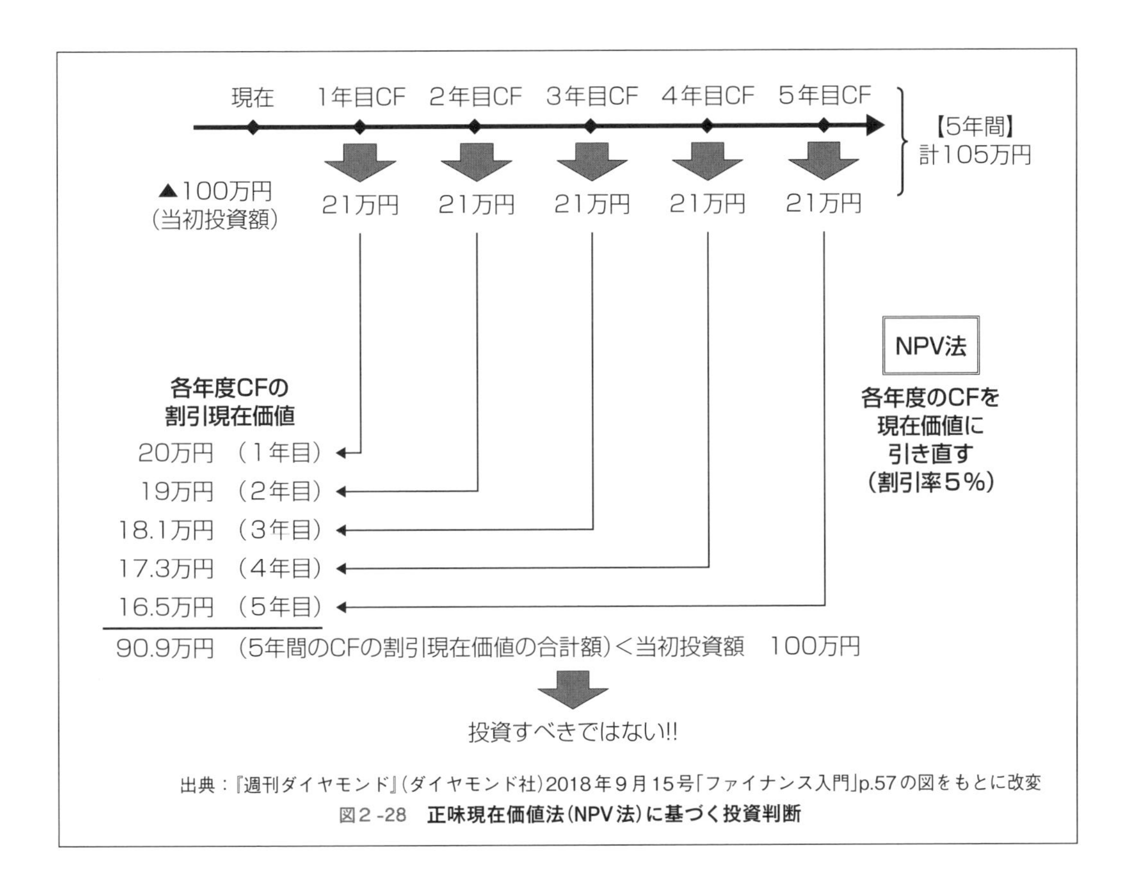

出典：『週刊ダイヤモンド』（ダイヤモンド社）2018年９月15号「ファイナンス入門」p.57の図をもとに改変

図２-28　**正味現在価値法（NPV法）に基づく投資判断**

を有している。

このような場合は、設備投資額を分母とし、当該設備投資が生み出すキャッシュ・フローの現在価値を分子とする比率による指標を用いるべきである。これを「現在価値指数(present value index)法（あるいは収益性指数法)」といい、指数が100％を割るような投資プロジェクト案は、資本コストが利益率を超過することから望ましくないと判断されることになる。

現在価値指数＝(キャッシュ・フローの現在価値合計÷設備投資額)×100

なお、正味現在価値法には、現在価値に割り引く資本コストの決定が難しいことに加えて、後述する内部利益率法と同じく、経済学でいう完全市場を前提にしているといった批判がある。しかし、その一方で、正味現在価値法は、DCF法の考え方を共通的に有する利点に加え、内部利益率法のような試行錯誤的で面倒な計算手続を必要としない。また、内部利益率法と違い、資本コストの利率で再投資される仮定で計算されるため、相互排他的代替案の区別ができるという利点もある。このように、後述する有力な投資評価方法である内部利益率法と比較しても、理論的には最も優れている投資評価方法であるといえよう。

②内部利益率法

内部利益率(internal rate of return：IRR)法とは、基本的には、DCF法を用いた正味現在価値法と考え方は同じものであり(図2－29)、投資プロジェクトにおける設備投資の正味現在価値がゼロになる、すなわちキャッシュ・インフローの現在価値と設備投資のキャッシュ・アウトフローを等しくするような割引率(内部利益率)を試行錯誤でみつけ、これが資本コストよりも大きければ当該投資プロジェクトを採用するというものである。なお、内部利益率法による計算については、予想される各年度の正味キャッシュ・フローの金額が等しい場合と、そうでない場合とで異なってくる。

また、内部利益率法と正味現在価値法の関係であるが、前述のように、内部利益率法は、基本的には、正味現在価値法と同じ考え方によるものの、現在価値の絶対額を問題とせず、比率のみで判断するところが大きく違うところである。具体的には、投資プロジェクトにおいて、正味キャッシュ・フローの現在価値がゼロになる割引率である内部利益率が、投資判断の基準となるハードル・レート(切捨率)を上回っていれば、当該投資プロジェクトは、投資すべきと判断されることになる。

ただし、内部利益率法には、①内部利益率で再投資されるという前提で計算が行われるため、相互排他的投資の正しい順位付けができない、②利益率がマイナスで表されることがある、③２つ以上の利益率が算出されることがある、④投資規模を考慮に含められない、など欠点があると指摘されている。

一般的に、資金の制約が少なく、単独の投資プロジェクトを評価する場合には、現在価値の絶対額を評価できる正味現在価値法が用いられる。一方、限られた資金を複数の投資

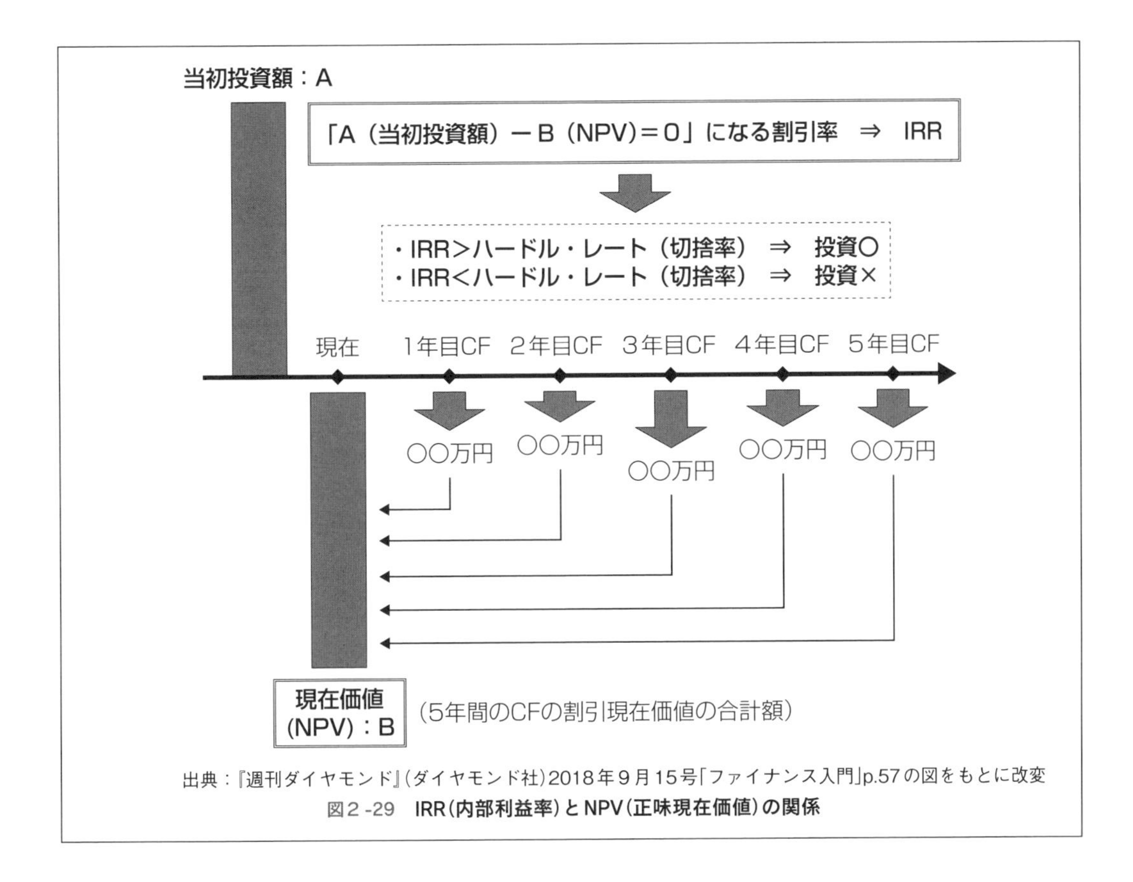

出典：『週刊ダイヤモンド』（ダイヤモンド社）2018年9月15号「ファイナンス入門」p.57の図をもとに改変

図2-29　IRR（内部利益率）とNPV（正味現在価値）の関係

プロジェクトに分配することを検討する場合には、効率性を評価できる内部利益率法で判断される。内部利益率法は、正味現在価値法と並んで有力な投資評価方法の1つであるということができよう。

9　バランスト・スコアカード(Balanced Scorecard：BSC)

(1)バランスト・スコアカードとは

バランスト・スコアカード(Balanced Scorecard：BSC)とは、「財務の視点」(過去情報)、「顧客(医療の場合、患者)の視点」(外部関係情報)、「業務プロセスの視点」(内部関係情報)、「学習と成長の視点」(将来情報)といった4つの総合的な視点から(図2－30)、経営組織のビジョンや戦略を具体的なアクションへと落とし込むための戦略マネジメント・システムである(図2－31)。戦略マップを用いて効果的に計画・管理し、戦略の立案と実行を支援する。

バランスト・スコアカードは、それだけでなく、報酬に連動させた業績評価システムとして、さらには業務活動の質向上に資するなど、多面的な目的にも役立てることが可能で

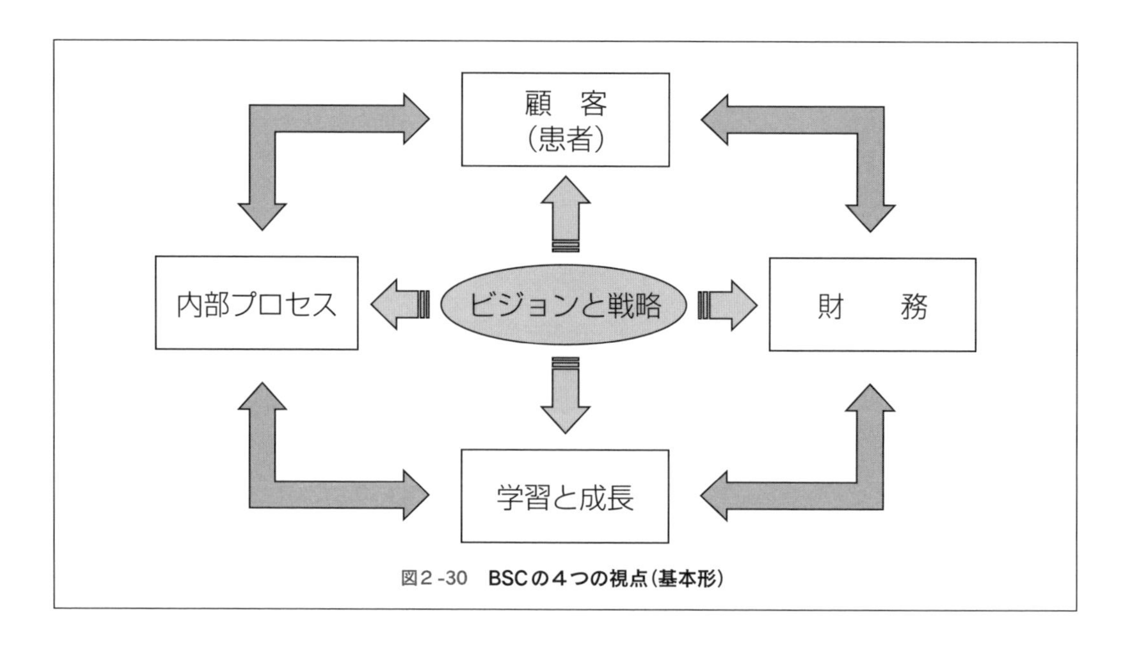

図2-30　BSCの4つの視点（基本形）

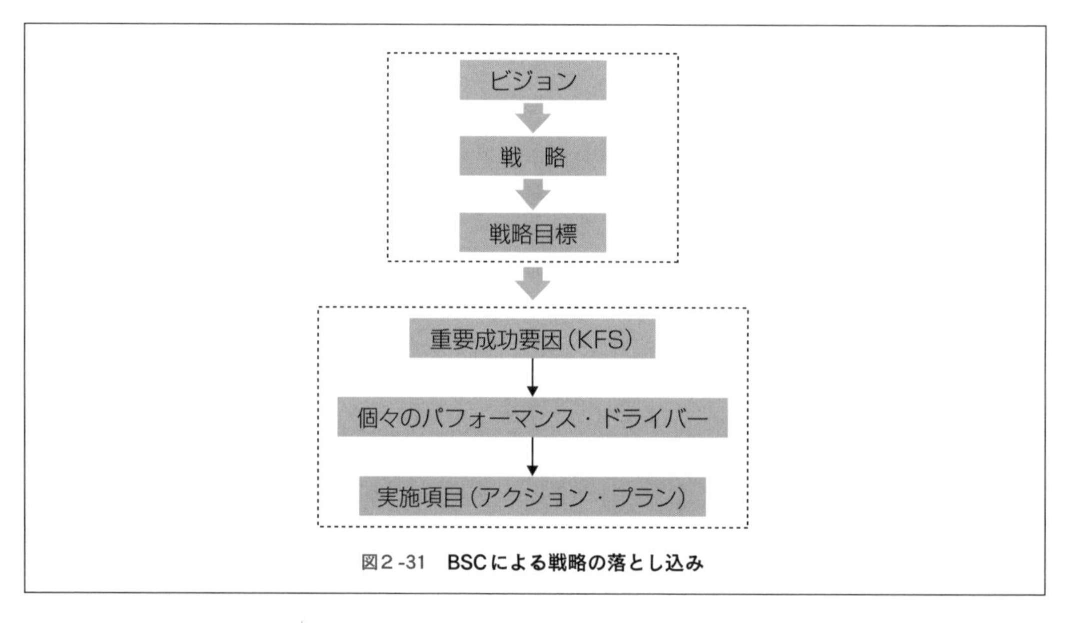

図2-31　BSCによる戦略の落とし込み

ある。

（2）一般的なバランスト・スコアカード運用の流れ

一般的には、バランスト・スコアカードを通じて、当該組織の戦略を次のような流れで、現場の業務（部門単位や個人単位）まで反映させる。それによって、トップ・マネジメントは、視覚的にとらえやすく総合的・客観的に目標達成までの道筋を管理することが可能となり、職員も日常業務が組織目標に対してどのように影響するのかについて意識することができる。

①戦略目標の設定

②戦略マップの作成

③重要成功要因(critical success factor：CSF)の設定

④2つの業績評価指標、すなわち、パフォーマンス・ドライバー(performance drivers)であるKPI(key performance indicators：重要業績評価指標)などの先行指標、および成果指標(outcome measures：ないし遅行指標)の設定

⑤ターゲット(数値目標)の設定

⑥アクション・プラン(initiative：実施項目)の策定

このバランスト・スコアカードは、ハーバード大学のロバート・S・キャプラン(Robert S. Kaplan)教授と経営コンサルタントのデビット・P・ノートン(David P. Norton)博士が、1992(平成4)年に関連論文をハーバード・ビジネス・レビュー(Harvard Business Review)誌に発表したことで知られるようになった。

(3)バランスト・スコアカードの4つの視点

ここで前述の4つの視点の詳細について述べる。これらは相互に関連しており、それぞれについて戦略目標、重要成功要因などが設定されている(図2－32)。以下、4つの視点の詳細について述べる。

①財務の視点

財務の視点とは、財務業績の結果を示すものであり、財務業績向上を目指して、債権者等、経営組織の利害関係者(ステークホルダー)に対し、何をなすべきかという見方である。

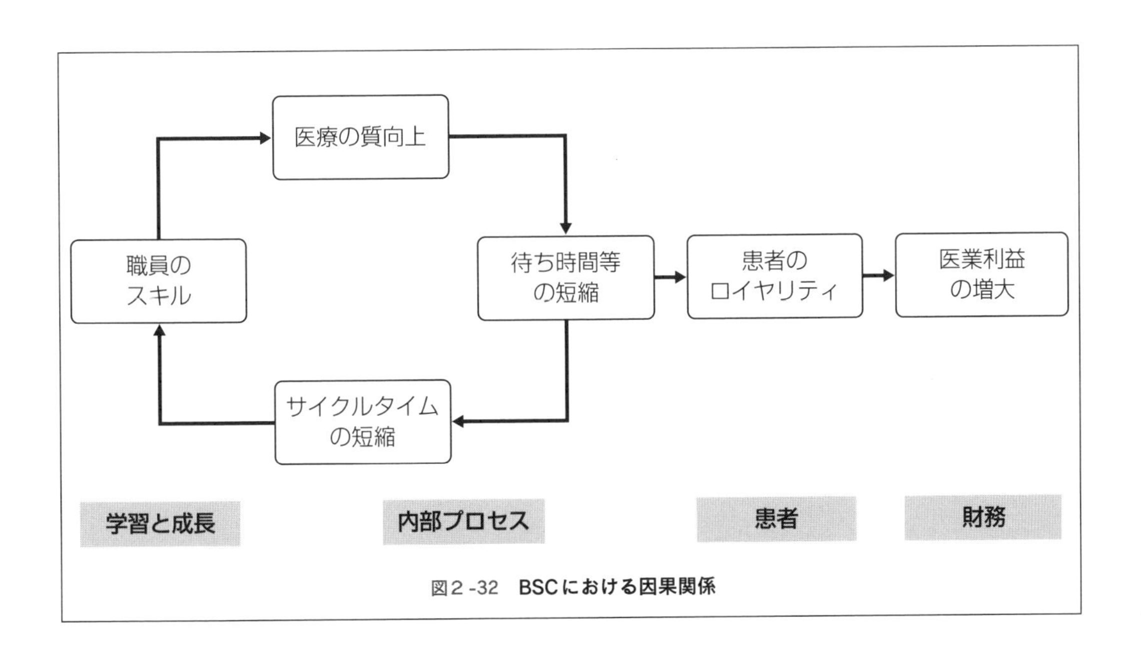

図2-32　BSCにおける因果関係

具体的な成果指標としては、病院等であれば、医業収益、当期純利益やネット・キャッシュ・フローの金額などが挙げられる。

②顧客の視点

顧客の視点とは、経営組織のビジョンや戦略を達成するために、顧客に対して何をなすべきかという見方であり、いかにして顧客を満足させるかということが目標となる。病院等の場合、現場では患者の視点と読み替えることが多い。

具体的な成果指標としては、病院等であれば、患者満足度、外来患者における新患比率などが挙げられる。

③業務プロセスの視点

業務プロセスの視点とは、経営組織の利害関係者（ステークホルダー）を満足させるために、当該組織が運営上、どのような優れた業務プロセスを構築しうるかという見方である。とりわけ業務プロセスでは、時間や品質など、財務的な評価指標以外の非財務的な属性の評価が問題となる。

具体的な成果指標としては、病院等であれば、医療の質の評価にかかる指標（clinical indicator：クリニカル・インディケーター）が中心となるとみられ、病床利用率、平均在院日数、死亡退院率、手術部位感染率、インシデント・アクシデントレポートの届出数などが挙げられる。

④学習と成長の視点

学習と成長の視点とは、経営組織の戦略を達成するために、いかに個々の職員のスキルを高め、組織的な学習環境が維持されうるかという見方である。

具体的な成果指標としては、職員研修の時間、資格の取得数、ITリテラシーのレベルなどが挙げられ、人材への投資などといった中長期的に業績がよい方向に影響することが期待される指標といえる。

(4)戦略マップ

戦略マップとは、経営組織のビジョンや戦略を達成するための一種のシナリオであり、それについて因果関係を示しつつ論理的に記述した包括的な枠組みである。

具体的には、戦略マップにおいて、SWOT分析（自らの組織の内外の事業環境を把握し、その「強み」「弱み」「機会」「脅威」を分析する作業）を通じて得られた経営組織全体の戦略目標と、前出のバランスト・スコアカードの４つの視点（財務、顧客、業務プロセス、学習と成長）ごとの課題とアクション・プラン、個別目標の関係が図式化されているといえる（図２－33）。

さらにいえば、戦略マップは、階層状に配した４つの視点を示す領域に、各視点において取り組むべき課題、達成すべき目標をおいて、互いに影響や関係のあるものを矢印で結びつけたものであり、個別目標間の因果関係を可視化することによって、複雑な戦略の全

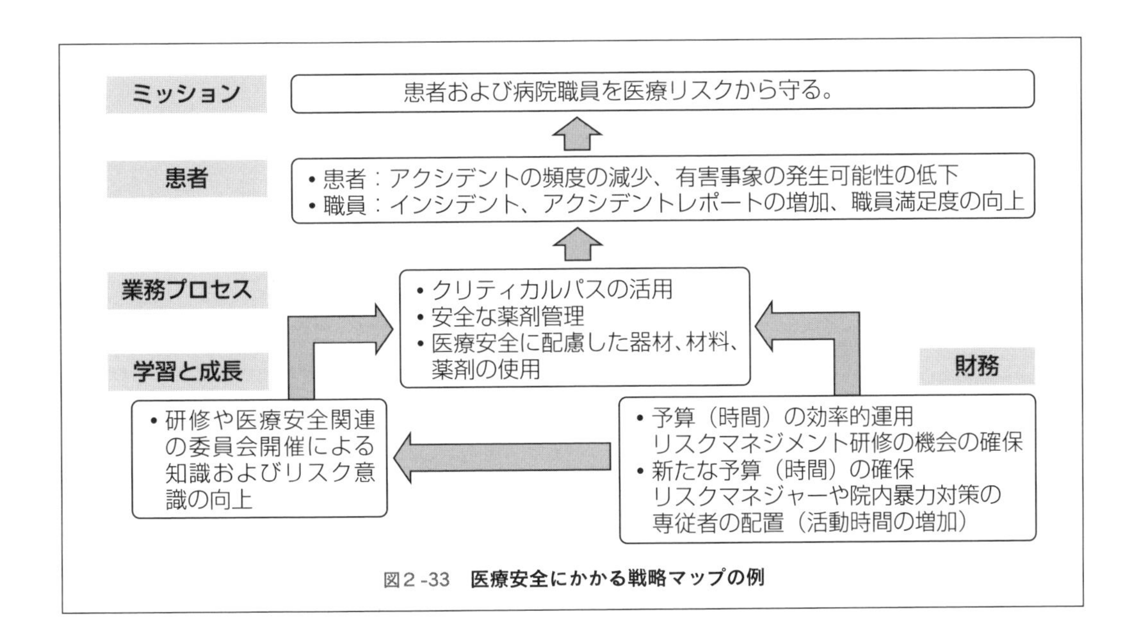

図2-33 **医療安全にかかる戦略マップの例**

体像を把握することが可能になる。

したがって、戦略マップは、経営管理者にとって、戦略の実現に向けての問題点の洗い出しやその対策などを行うのに、また現場で働く職員にとって、自らの従事している業務の位置づけや期待されている成果が、組織の戦略実現にどのように資するかが明らかになるため、モチベーションの向上につながる点が非常に有効といえる。

(5)重要成功要因と2つの業績評価指標

重要成功要因とは

重要成功要因(critical success factor：CSF)とは、当初の戦略を実行する際に、その目的を達成するために決定的な影響を与える要因であり、事業の成否に重要な意味を有する、経営管理上の重点項目といえる。KSF(key success factor)、KFS(key factor for success)ともいう。

例えば、営利組織であれば、財務の視点が最も重要な視点となることから、通常、売上高、売上高利益率などの収益性にかかる評価指標が重要成功要因として挙げられる。他にも、業務プロセスの視点では生産性にかかる評価指標、学習と成長の視点では人材開発にかかる指標などが挙げられる。

4つの視点ごとに、最初に設定された戦略目標に沿って重要成功要因が設定され、さらに、それを達成するための個々の具体的な業績評価指標が設定される。

2つの業績評価指標

この業績評価指標は、業績の変動に先行して動く指標である「先行指標」と、その結果として表れた成果を表現する「成果指標(遅行指標)」に分けられる(図2－34)。

視点	戦略目標	成果指標		先行指標		アクションプラン
		目標値	実績値	目標値	実績値	
財務						
顧客						
業務プロセス						
学習と成長						

図2-34　BSCの業績評価モデルの例

このうち先行指標は、バランスト･スコアカードにおいて、パフォーマンス･ドライバーと呼ばれるが、重要成功要因を具現化するパフォーマンス・ドライバーの指標として一般的に採用されているのがKPI(重要業績評価指標)である。

また、バランスト・スコアカードにおける業績評価指標は、一般的な財務的評価指標のみならず、非財務的な評価指標についても重視する点に特徴がある。

先行指標と成果指標の関係について、営利組織を例にとると、財務の視点であれば、年間売上高は成果指標であるのに対し、月間売上高は先行指標となる。また、顧客の視点であれば、顧客維持率が成果指標であるのに対し、ブランド・イメージ指標は先行指標となる。

(6)ターゲット(数値目標)とアクション・プラン(実施項目)

先ほど述べたように、重要成功要因を達成するためには、個々の業績評価指標が設定される。これを受けて具体的なターゲット(target：数値目標)が設定され、さらにその実現に必要なアクション・プラン(initiative：実施項目)が設定される。なお、これらは先ほどの重要成功要因の設定や業績評価指標の設定と併せて行われる。

ターゲットは、経営組織のビジョンや戦略を実現するための具体的な数値目標となるため、中長期を見据えた意欲的な数値目標を設定するとともに、さらに、その実現に必要なアクション・プランを設定する。

また、このアクション・プランについては、年度予算計画や中長期経営計画と紐づけられるべきものといえる。

(7)バランスト・スコアカードによる業績評価および経営の質向上への役立ち

バランスト・スコアカードは、戦略経営を行うためのマネジメント・システムである。この仕組みを通じて、財務的数値に表れる業績だけでなく、財務以外の組織内の経営状況や業務の質レベルから、総合的に組織を評価しバランスのとれた業績評価を行うことが可能になる。

すなわち、従来の経営管理体制が予算に代表される財務的な業績指標に偏った管理を行っていたのに対し、非財務的な業績指標を併用することによって、従来の財務を中心とした評価の限界を打破すべく、広い範囲でのバランスのとれた評価基準を策定する。そこから、例えば、高い顧客満足度(医療の場合、患者満足度)とリピート率、職員のやる気やスキルの高さなど、評価の難しい無形資産の価値を客観的・定量的な目標として明らかにすることで、戦略を遂行して戦略目標を達成するために不可欠な活動にかかる具体的計画を組織の全構成員に示すことを可能にするという特徴を持つ。

このように、バランスト・スコアカードは、総合的な視点から可視化できる定量的な基準によって公正に業績を評価しうるとともに、財務的評価に偏らないため、病院等であれば、医療安全管理活動など業務の質向上のための投資も十分行いうる可能性を有するものであろう。

2 病院経営における原価計算

1 病院経営における原価計算実施の意義

(1)医療制度改革と経営管理ツールとしての原価計算の重要性

近年、病院経営を取り巻く内外の環境が大きく変化しつつある。すなわち、医療技術の進歩や少子高齢化による超高齢化社会の到来、疾病構造の変化、医療保険財政の悪化、医療分野における規制緩和等である。

とりわけ、右肩上がりの経済成長という経営環境が終焉を向かえ、政府が医療費抑制の方向を打ち出す中で、病院経営においては、出来高払いという診療報酬体系を前提にした量的拡大指向の経営から、定額払い制での診療報酬体系を前提とした収益性重視指向の経営へと、その経営管理思考の転換が求められてきた。

そのため、例えば、どの診療科や診療行為が病院の収益性向上に貢献し、また不採算の状態にあるのか、もし不採算ならば、他と比較してどこか無駄が発生していないかということについて、客観的な数値によって的確に捉える必要があり、企業会計の分野で長年用いられてきた原価計算という手法を病院会計に適用し、原価(コスト)管理を適切に行っていくことが病院経営上、より重要となっている。

(2)診療報酬体系におけるDPCに基づく包括評価の適用拡大

このような定額払い制での診療報酬体系の考え方を一部具現化したものが、政府の閣議決定に基づき、2003(平成15)年4月より全国82の特定機能病院等を中心として導入されたDPC(Diagnosis Procedure Combination：診断群分類)に基づく包括評価(支払い)方式である。当該制度は、診断群分類に基づく1日当たりの定額報酬算定制度を意味することから、一般に、DPC／PDPS(Per-Diem Payment System)と呼ばれる。

DPCは、わが国で開発されたもので、これに基づく包括評価は、匿名化されたカルテ情報、診療報酬点数表における出来高点数等の詳細データの収集・分析から得られた情報によって、病院ごとに良質で効率的な医療を提供することを目的としている。

包括評価の基本原則として、適切な包括評価とするため、評価の対象は、バラつきが比較的少なく、臨床的にも同質性(類似性・代替性)のある診療行為または患者群としている。

その前提として、まず①「平均的な医療資源投入量を包括的に評価した定額報酬（点数）を設定」し、②「包括評価（定額点数）の水準は出来高報酬の点数算定データに基づいて算出」されている。

上記の制度導入後、DPC／PDPSの対象病院は段階的に拡大され、厚生労働省によれば、2018（平成30）年4月1日時点で、1,730病院、約49万床となり、急性期一般入院基本料等に該当する病床（2016［平成28］年7月時点で7対1または10対1入院基本料を届け出た病床）の約83％を占めているとされる。

DPCによる包括評価について、詳細な議論は別として、基本的な仕組みを述べれば次の通りである（図2－35）。

まず入院期間Ⅰであるが、これは「25パーセンタイル値」に相当する。この入院期間Ⅰは、例えば、DPC適用の入院患者が100名いた場合、在院日数の短いほうから数えて25番目の入院患者の入院日数に相当する。次に入院期間Ⅱであるが、これは各DPCにおける「平均在院日数」に相当する。そして、入院期間Ⅲ以降については、例外的に入院が長期化する患者への対応の必要性から、各DPCにおいて「平均在院日数＋2×標準偏差以上の30の整数倍を超えた日数」である。このように、入院初期を重点的に評価するため、在院日数に応じた3段階の定額報酬を設定している。点数設定については、実際の医療資源の投入量に応じた評価とするため、4種類の設定パターン、すなわち、A：一般的な診断群分類（1,941分類）、B：入院初期の医療資源投入量の多い診断群分類（267分類）、C：入院初

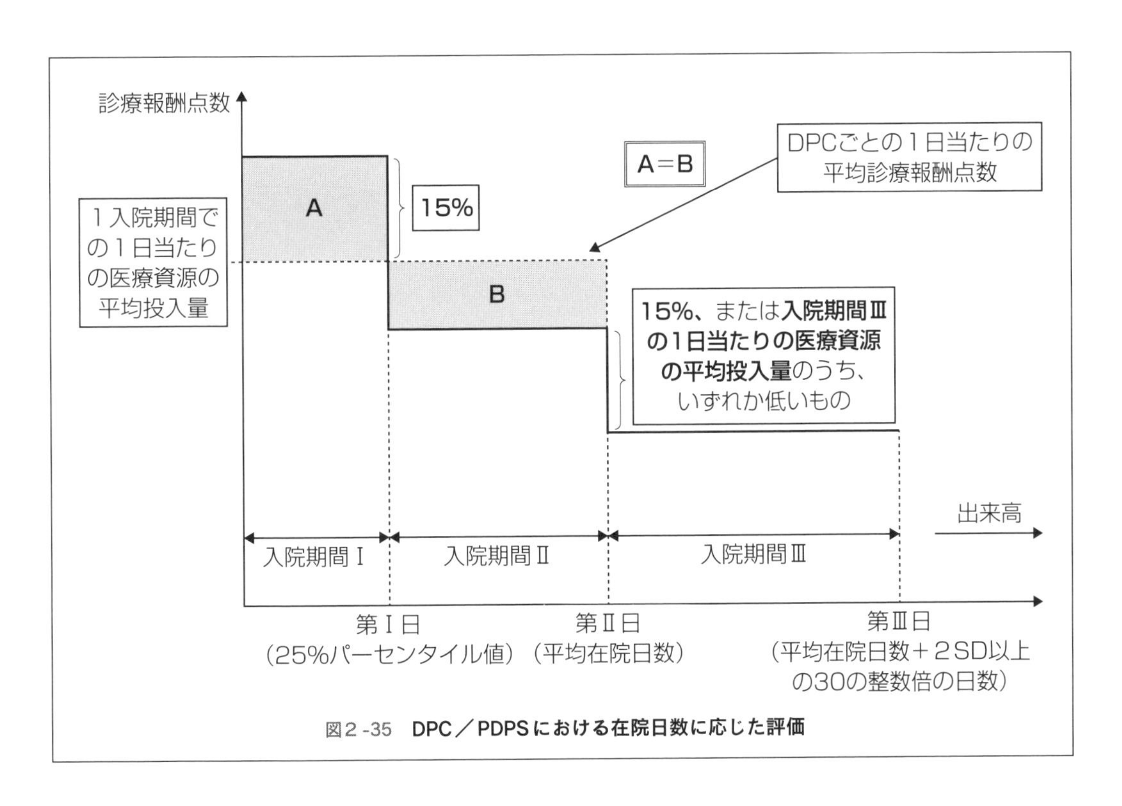

図2-35　DPC／PDPSにおける在院日数に応じた評価

期の医療資源投入量の多い診断群分類（195分類）、D：高額薬剤や手術等に係る診断群分類（59分類）、の４つのパターンで対応している。

上記３つの入院期間については、次のような価格設定が行われる。すなわち、まずDPCごとに平均在院日数における１日当たりの平均点数が求められる。これを基本として、入院期間Ⅰまでの15％加算額が決定され、さらに図中のAとBの面積が等しくなるように、入院期間Ⅱまでの１日当たりの点数が決定される。入院期間Ⅲ以降は、出来高算定となる。これが包括評価の基本形である。

また、DPCに基づく包括評価にかかる算定方法については、下記の通り、診断群分類ごとに設定された包括点数を基本として計算された式であるが、特に包括評価部分の入院費については、入院患者を傷病名、診療行為、重症度によって分類し、DPCごとに１日当たり点数（現行、１点＝10円）を定め、その点数に医療機関ごとの調整係数と入院日数を乗じ、それに入院料、検査料、画像診断料、投薬料、注射料、処置料（1,000点以上のものを除く）を加算して算出を行う。

なお、入院にかかる内視鏡検査料、処置料（1,000点以上のもの）、手術・麻酔料については、入院費用であっても、包括評価部分に含まれず出来高払いとなる。

包括評価による診療報酬額＝包括評価部分（ホスピタル・フィー的要素）
＋出来高評価部分（ドクター・フィー的要素）
＋入院時食事療養費

※包括評価部分の点数＝DPCごとの１日当たり点数
×医療機関別係数（基礎係数［医療機関群］＋機能評価係数Ⅰ＋機能評価係数Ⅱ）
×在院日数

2018（平成30）年度診療報酬改定より、従来あった暫定調整係数を機能評価係数Ⅱにすべて置き換えたことから（暫定調整係数は廃止）、2020（令和２）年度現在、包括評価部分のうち医療機関別係数については、基本的に、基礎係数（医療機関群）、機能評価係数Ⅰ、機能評価係数Ⅱの３項目から構成されている（ただし、2020［令和２］年度診療報酬改定では、当該改定年度の１年間のみに限り、激変緩和係数が項目として追加されている）。

基礎係数（医療期間群）は、医療機関の基本的な診療機能を評価する係数である。施設の特性を反映させるため、DPC対象病院については、①DPC病院Ⅰ群（大学病院本院）、②DPC病院Ⅱ群（大学病院本院に準じる病院）、③DPC病院Ⅲ群（Ⅰ群・Ⅱ群以外の病院）の３つの医療機関群に分類し、医療機関群ごとに設定されている。

機能評価係数Ⅰは、病院の人員配置や施設全体として有する体制などストラクチャー（構造的因子）を評価する係数で、入院基本料等加算などの医科点数表の出来高点数を係数化したものである。医療機関の医療活動に対する取り組み方で係数に差がつくことになる。

1）病院の体制の評価

A200 総合入院体制加算、A204 地域医療支援病院入院診療加算、A204－2 臨床研修病院入院診療加算、A207 診療録管理体制加算、A207－2 医師事務作業補助体制加算、A234 医療安全対策加算、A234－2 感染防止対策加算、A244 病棟薬剤業務実施加算、A245 データ提出加算など。

2）看護配置の評価

A207－3 急性期看護補助体制加算、A207－4 看護職員夜間配置加算、A214 看護補助加算など。

3）地域特性の評価

A218 地域加算、A218－2 離島加算など。

機能評価係数Ⅱは、医療機関が担うべき役割や機能を評価する係数で、DPC対象病院に対するインセンティブとしての係数である。現行は、6つの係数（保険診療係数、効率性係数、複雑性係数、カバー率係数、救急医療係数、地域医療係数）から構成されている。

これに対し、出来高払い方式の算定方法は、1つひとつの診療内容を積み上げて入院費を計算する方式である。

以上のように、わが国の場合、診断群分類ごとに疾病1件当たりで包括支払いを行うアメリカのDRG／PPS方式（Diagnosis Related Groups／Prospective Payment System：診断群別包括支払い方式）と異なり、包括評価の対象となるのは、入院基本料、検査、画像診断、投薬、注射、1,000点未満の処置などのホスピタル・フィー的な医療行為で、医学管理、手術、麻酔、放射線治療、内視鏡的検査、リハビリテーション等のドクター・フィー的医療行為は出来高払い方式で算定される。1日当たりの点数は、在院日数に応じて3段階に設定され、在院日数が短いほど点数が高くなる仕組みになっている。

（3）DPCに基づく包括評価導入に伴う原価管理の必要性

ところで、アメリカでは、1983（昭和58）年に成立したメディケア包括支払法によって、医療費適正化のため、65歳以上の入院患者を対象とした医療保険制度（メディケア・パートA）が、初めてDRG／PPS方式を入院医療費の支払い方式として採用した。

これによって、アメリカの病院経営管理の中心思考が「いかに患者を集め、診療報酬の請求漏れをなくすか」というマーケティング中心の経営管理思考から、「いかに一定のコストで質の高い医療を提供するか」という原価管理中心の経営管理思考へとシフトしたと指摘される。すなわち、会計上「収益ー費用＝利益」となるため、多くの病院の収益構造の中心を占める診療報酬が定額化されれば、病院の損益構造上、一定の利益を確保していくために費用を一定額以下に抑制していく必要が当然生じるからである。

わが国の病院経営は、従来の出来高払い制のもとで、医師が実施した診療行為にかかった費用については、保険診療を中心とした診療報酬によって十分に回収可能であったため、レセプト請求等にかかる収益面での管理と比べて、費用面での管理を適切に実施していた病院は極めて少なかったというのが実情であろう(図2－36)。

しかし、今後、DPCに基づく包括評価が拡大していき、最終的に急性期入院医療において全面的に導入されるようなことになれば、アメリカで生じた動きと同様に、出来高払い制を前提とした医業収益偏重型重視思考に基づく経営体制から、原価管理重視思考に基づく経営体制への転換が求められることになる(図2－37)。

したがって、今後は、わが国の病院経営においても、ますます原価管理の必要性が高まるものとみられ、病院の経営管理者は、企業で実施されているのと同様、原価計算という経営管理ツールを活用しながら、それによって得られた原価データをもとに、病院経営の舵取りを行っていくことが求められることになろう。

2　病院会計における原価計算の位置づけ

原価計算とは

では、病院の原価管理に役立つ原価計算とは、具体的にどのようなものか。それについて言及する前に、まず原価計算の枠組みについて整理しておくことにする。

まず原価計算について定義しておくと、原価計算とは、経営活動によって生産される財・サービスに転嫁された価値の消費である原価について、その原価の流れを当該財・サービスにかかわらせて把握し、記録・集計するプロセスであるといえよう。

原価の分類

ここで原価について説明するが、一般的な製造業を例にとると、原価を職能別に分類すれば、製造原価、販売費、一般管理費となり、さらに製造原価を形態別に分類すれば、材料費、労務費、経費となる(図2－38～39)。

この形態別分類を製品・サービスとの関連でさらに分類すれば(これを「製品との関連による分類」という)、製造直接費(直接材料費、直接労務費、直接経費)、製造間接費(間接材料費、間接労務費、間接経費)のように細分される。

製造直接費は、例えば、自動車1台当たり4本のタイヤが必要になるが、それを組みつける工賃が1本につきいくらと決まっている場合、これらは自動車の製造直接費になる。

一方、製造間接費は、例えば、事業全体とかかわってくる管理職である工場長や守衛の給与費、工場建物の減価償却費は、総額では明らかになるが、自動車1台当たりにいくらかかるかは明確ではない。この場合、それらの費用は製造間接費となる。

原価計算の役割

一般に、原価計算は多くの目的のために実施されるが、それらは大きく分けて次の2つの役割にまとめられる。すなわち、(1)「財務会計としての原価計算」と(2)「管理会計と

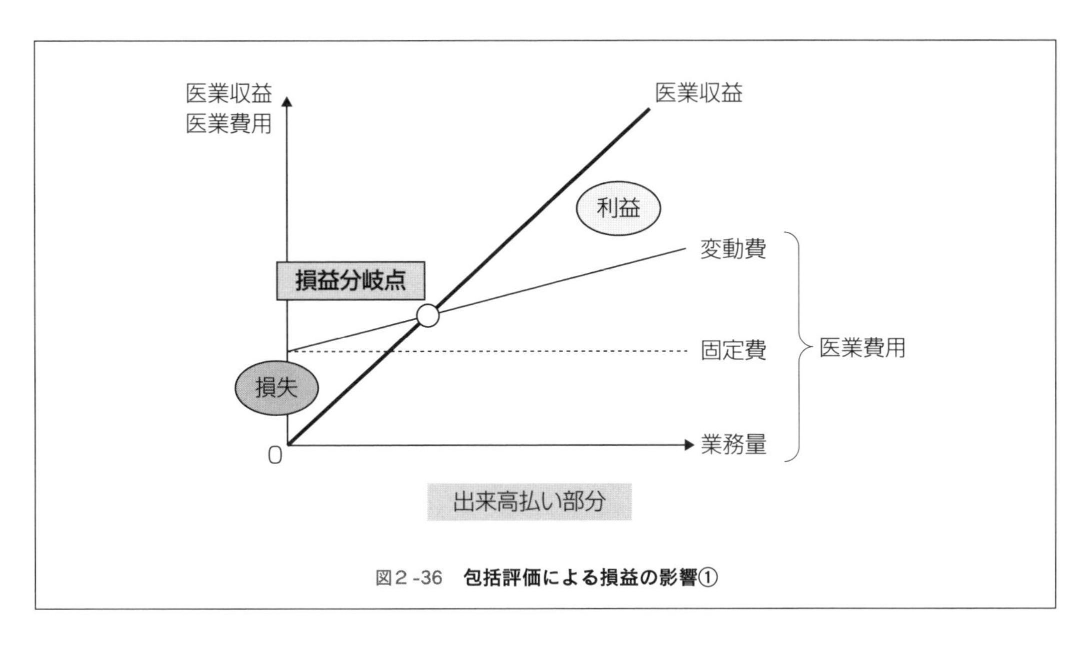

図2-36　**包括評価による損益の影響①**

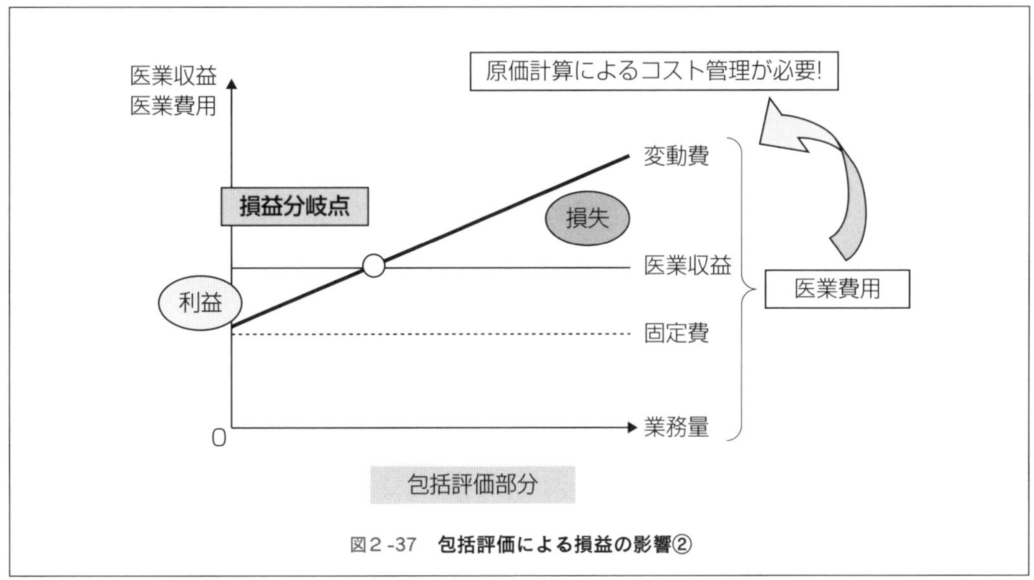

図2-37　**包括評価による損益の影響②**

しての原価計算」の２つである。

(1)財務会計としての原価計算

まず財務会計とは、一般に、複式簿記計算システムを通じて経営組織の資本および損益を正確に測定するとともに、損益計算書、貸借対照表およびキャッシュ・フロー計算書を用いてその経営成績(ただし、病院会計の場合、施設会計としての性格を考慮し、経営成績ではなく運営状況と表現される)、財政状態およびキャッシュ・フローの状況を明らか

「製品・サービスとの関連による分類」について、製造・サービス原価はさらに次のように細分される。

【製造業の例】
■製造直接費…製品・サービス1単位当たりの消費額が直接的に計算できる原価
■製造間接費…製品・サービス1単位当たりの消費額が直接的に計算できない原価

	製造直接費	製造間接費
材料費	直接材料費	間接材料費
労務費	直接労務費	間接労務費
経費	直接経費	間接経費

図2-38　**原価要素の基礎的分類①**

形態別分類
■材料費…物品を消費したことによって発生した原価
■労務費…労働力を消費することによって発生した原価
■経　費…材料費および労務費以外の原価財を消費することによって発生した原価

製品・サービスとの関連による分類
■直接費…一定単位の製品・サービスの生成に関して、その発生が直接的に認識される原価
■間接費…一定単位の製品・サービスの生成に関して、その発生が直接的に認識されない原価

図2-39　**原価要素の基礎的分類②**

にする（詳しくは第1章参照）。そして、それを当該経営組織の外部利害関係者（債権者、税務当局など）に報告することを目的とする会計をいう。

そして一般に、財務会計としての原価計算は、上記の財務諸表を作成する際に原価計算が提供する原価データが必要となるため（例えば、製造業でいえば損益計算書の売上原価の算定、および貸借対照表の棚卸資産としての製品・半製品・仕掛品の原価算定の際に必要となる）、上記の財務会計機構と結びつき、財務諸表作成を主目的として、常時継続的に行われる制度（原価計算制度）としての原価計算を指す（図２－40）。

(2)管理会計としての原価計算

次に管理会計であるが、これは前述のように、経営組織の経営管理者のために、経営管

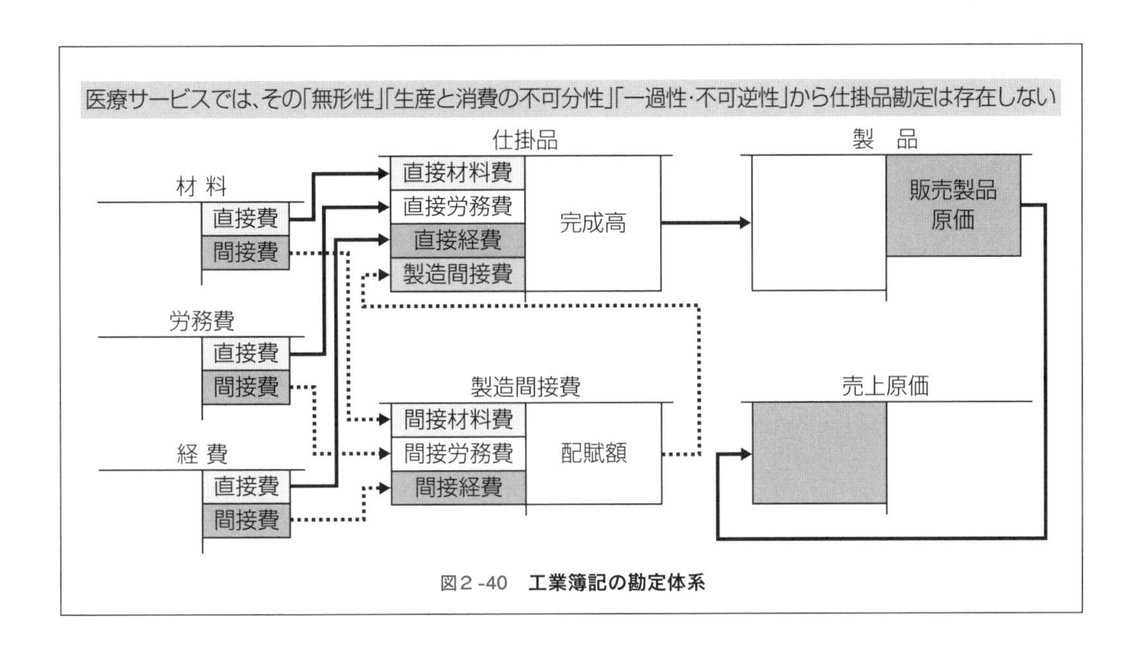

図2-40 **工業簿記の勘定体系**

理に役立つ会計情報を報告することを目的とする会計であり、経営管理会計とか内部報告会計という場合もある。そして一般に、管理会計としての原価計算とは、内部管理のために、原価管理、価格決定、予算管理、経営意思決定(経営計画策定)を目的として実施される原価計算をいい、上記の原価計算制度との整合性を有しながら、併せて、特殊原価調査に有用な情報を提供するものを指す。

特殊原価調査とは、経営の基本計画や意思決定に必要な特殊な原価(例えば、機会原価[諸代替案のうちの1つを受け入れ他を断念した結果、失われる利益のことをいう]、差額原価[経営活動の変化の結果生じる原価の変動値]など)の調査について、財務会計とは独立して実施するものである。

したがって、管理会計としての原価計算とは、財務会計としての原価計算(原価計算制度)に対し、特に原価管理の仕組みを経営組織のPDCAサイクルに組み込んだ、いわば管理会計「制度」における原価計算として捉えることもできるといえる。

そして、この場合、財貨の実際消費量と実際価格または予定価格によって計算される「実際原価」だけでなく、科学的・統計的調査に基づく、財貨の標準消費量と予定価格または正常価格をもって計算される「標準原価」を用いるところに大きな特徴を有する。すなわち、標準原価と実際原価を比較し、その差異を分析することによって、原価管理に資する情報提供を可能にする標準原価計算を実施するのである。前述の「管理会計としての原価計算」とは、この管理会計としての原価計算を指すことになる。

3　病院における原価計算の目的と種類

(1)病院における原価計算の目的

①原価管理目的

原価計算の目的の１つとして、まず原価管理に有用な情報を提供することが挙げられる。ここで原価管理とは、原価情報をもとに原価の無駄を把握したうえで、その原因を究明してそれらの無駄をなくすよう、業務プロセスの合理化や効率化のための業務改善案を検討・構築・実行し、原価低減を図ることである。

原価を管理するためには、原価の発生場所や原価責任者ごとに原価を把握し、原価責任者等にとって管理可能であるか、または管理不能であるかを明らかにしたうえで、前年あるいは前月の実績との比較、あるいは予算との比較を行うことが必要である。

また、過去の一定期間における責任センターごとの損益を把握し、これを明示することによって、各責任部門の原価(コスト)意識を向上させることが可能となる。

②予算管理目的

次に、原価計算の目的としては、予算管理に有用な情報を提供することが挙げられる。すなわち、予算管理とは予算編成および予算統制をいい、予算を管理手段として、経営管理者の損益責任を管理対象とし、目標利益の達成を管理目的とする経営管理手法である。

また、予算とは、短期的な組織の経営指針として、責任センターごとに予算期間における利益目標を設定するものである。経営管理者は、それぞれの権限と責任に応じて損益責任を負っているが、この損益責任を予算によって明確にし、原価管理と同様に、予算と実績の比較によって、その達成度合いおよび差異を分析し、目標利益の達成への動機づけ(モチベーション)にしようとするものである。

したがって、この予算と目標原価である標準原価との関係については、予算が病院等の経営組織の全体的諸活動における経営資源の全体最適を図る機能を有する以上、原価管理機能を担う標準原価は、当然、予算と有機的に結合されなければならない。

なお、予算管理の効果としては、短期利益計画すなわち予算編成の過程において、経営組織全体にかかる総合的観点から、さまざまな業務活動の調整が行われる点が挙げられる。

③経営意思決定目的

さらに原価計算の目的としては、組織経営全体にかかる意思決定を行う際に、経営管理者に対して有用な情報提供を行うことが挙げられよう。

病院の経営管理者は、組織の現状を調査し、経営分析(財務諸表分析)等によって問題点を発見したあと、それらの問題を解決するために、さまざまな改善案を比較・検討し、その中から最も有利な改善案を選択(意思決定)しなければならないが、その場合、原価計算は上記の比較・検討に必要な原価および利益に関する会計情報を提供することになる。

病院における経営意思決定の具体例としては、次のようなものが考えられる。

1)いわゆる赤字診療科の存続または閉鎖の検討

2)高額な医療機器の購入の際の採算分析

3)診療科目の増設、特殊外来(専門外来)の設置、およびそれに伴う医師の招聘の検討

4)医師の増員あるいは交代等の収支予算の策定

5)看護体制の再編、増員計画および収支予算の策定

6)医薬分業への移行、調剤薬局の利用の検討

7)検査、給食、清掃、洗濯、警備等の業務委託の利用および将来の労務政策の策定

(2)原価計算のプロセスと種類

①原価計算プロセス

原価計算の一般的プロセス(特に製造業を対象)については、原価の費目別計算→部門別原価計算(特に病院での原価計算では、診療科別、病棟別、医師別等)→製品別原価計算(特に病院での原価計算では、診療行為別、患者別、疾病別等)という流れになる(図2－41)。

DPCに基づく診療報酬の包括評価に対応した病院の経営管理体制を構築するためには、最終的には疾病別の原価管理が必要となってくるが、多くの病院において、病院全体の損益の状況しか把握できていないという現状では、最初から疾病別原価計算を導入することは極めて困難とみられる。そこで最初は、まず部門別原価計算の一種である診療科別原価計算の導入に取り組み、原価管理体制の整備を段階的に構築するのが合理的と考えられる。

②原価計算の種類

上記の原価計算プロセスで示された各原価計算について、以下説明する。

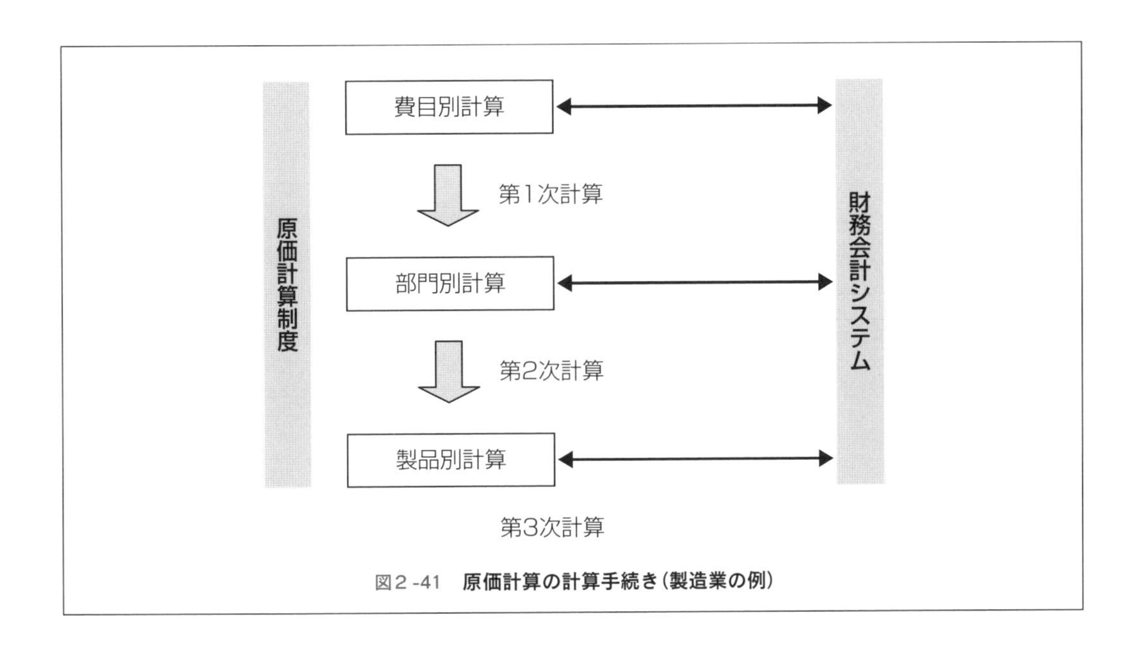

図2-41　原価計算の計算手続き(製造業の例)

1）費目別原価計算

これは、原価計算期間について、診療行為のために消費された原価の要素を、基礎的な分類（形態別分類）である材料費（材料単価×材料消費数量）、労務費（労務費単価×人件費消費量）、経費（経費単価×経費消費量、あるいは消費金額合計）という費目別に分類し、記録集計する手続きをいう（図２－42）。

主に製造業を対象とした原価計算基準に従えば、材料費、労務費、経費については、以下のように定義できる。

材料費

材料費とは、物品の消費によって生じる原価をいい、製造費用の中でも金額的に比重が高く、原価管理やコストダウンの主要項目となる。材料費は、一般的に形態別分類に機能別分類を加味して区分を行う（図２－43）。ここで材料費の機能別分類であるが、次の通りである。

主要材料費とは、製品を管理する材料のうち主要な材料のことで、金額的にも重要性があり、実際消費量の把握においては入出庫記録を管理する継続記録法で行わなければならない。なお、この継続記録法に対し、棚卸計算法が存在し、それは入庫のみを記録するというものであるが、棚卸減耗が把握できる点から前者のほうが優れているといえる。

買入部品費とは、社外から購入したものを加工せずにそのまま使用する材料で、主要材料費と同様に、継続記録法による管理が必要である。

補助材料費とは、製品の生産に補助的に費消される材料をいい、主要材料費や買入部品費と異なり金額的にあまり重要性のないものである。出庫記録によらない棚卸計算法

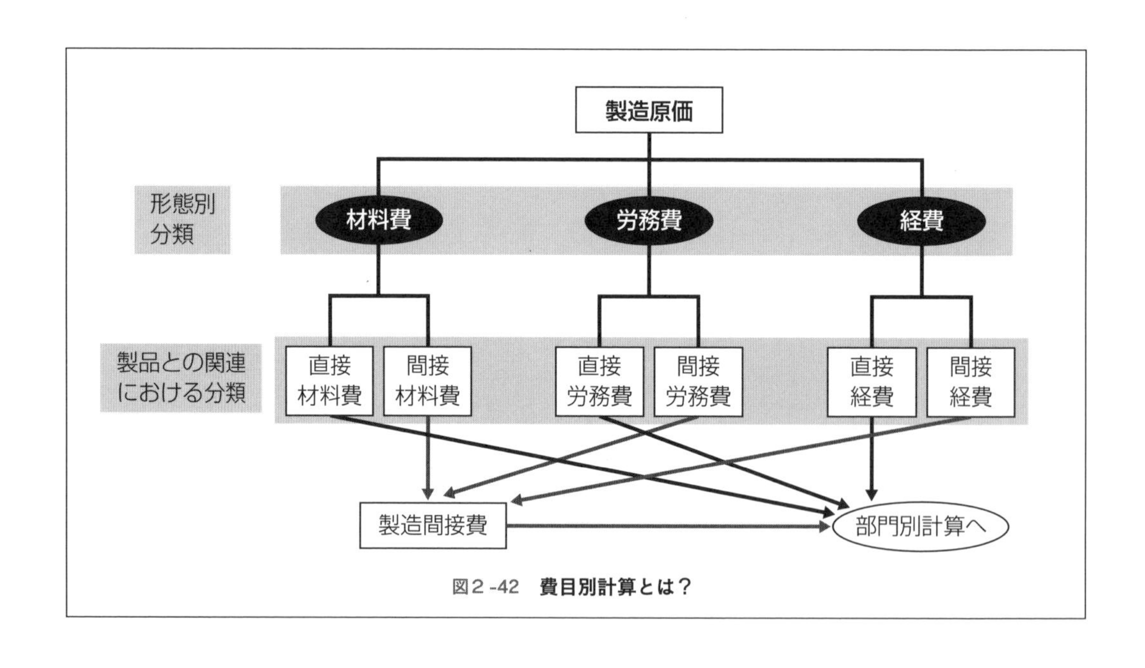

図２-42　**費目別計算とは？**

によるのが一般的である。

工場消耗品費とは、ボルト類やねじ類、包装資材などのように工場で費消される消耗品のことである。

消耗工具器具備品費とは、工具、器具、備品のうち耐用年数が1年未満であるか取得原価が相当額以下であるために、固定資産に計上されないものをいう。

労務費

労務費とは、労働サービスの消費によって生じる原価であり、原価計算基準によれば、形態別分類については、賃金、給料、賞与・手当、退職給付費用、法定福利費に区分される(図2－44)。

賃金とは、工員に対して支払われる労働力の対価をいい、給料とは技術者や事務担当者、管理担当者に対して支払われる労働力の対価をいう。雑給とは、臨時工や季節工、パート、アルバイトに対する労働力の対価のことである。

退職給付費用とは、退職金支給に備えた引当金の繰入額であり、法定福利費とは、社会保険料の事業主負担や福利厚生のための費用をいう。

次に消費別分類によれば、形態別分類の費用は労務主費と労務副費に区分され、前者は労働力の提供に対する対価のことであり、後者は労働力を調達することにより付帯的に発生する費用をいう。

そして、前述の労務主費と労務副費は、製品との関連による分類によって、直接労務費と間接労務費に区分される。この分類は原価計算を行ううえで非常に重要な分類であり、原価計算基準によれば、製品に対する原価発生の態様、すなわち原価の発生が一定単位の製品の生成に関して調節的に認識されるかどうかによる分類である。

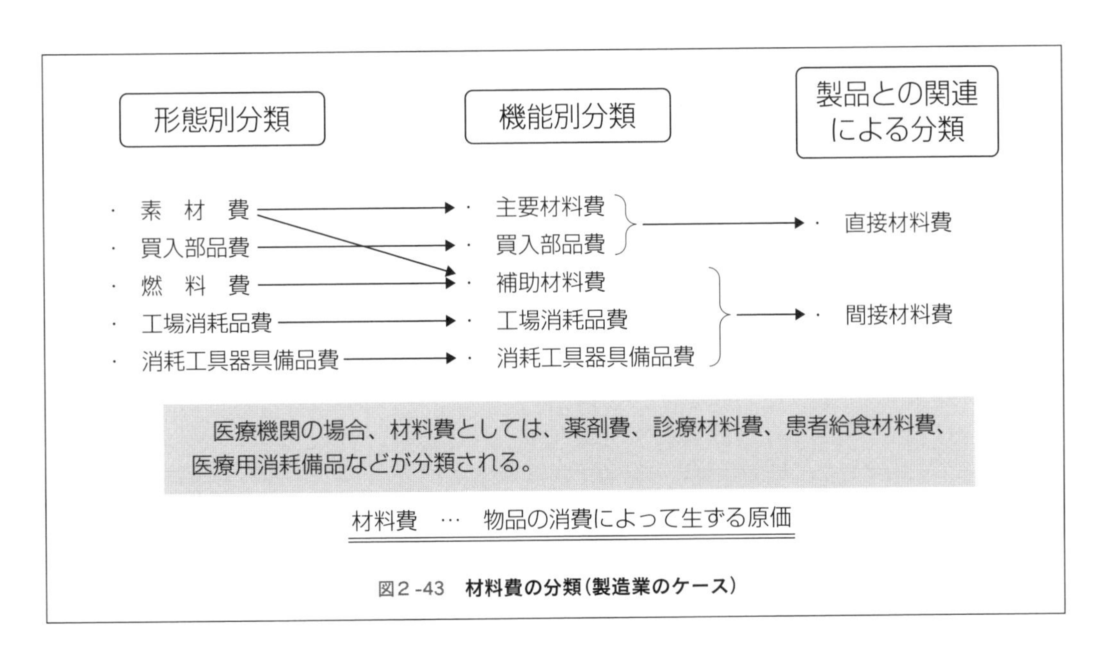

図2-43　**材料費の分類(製造業のケース)**

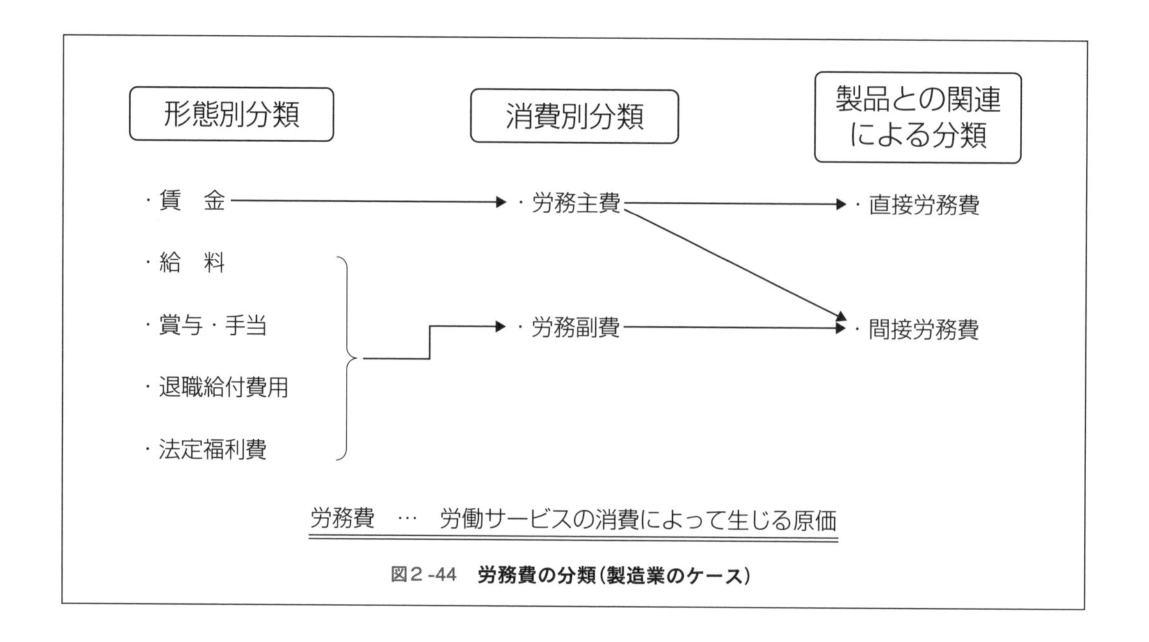

図2-44　労務費の分類（製造業のケース）

支払賃金の計算

支払賃金は、工員1人ひとりに対して、記載の計算式によって計算される（図2－45）。ここで式の中の用語をみていくと、加給金とは、危険作業手当や残業手当など作業に直接関連のある手当（割増賃金）をいう。諸手当（通勤手当・住宅手当など作業と直接関連のない手当）とは区別される。

基本賃金の計算方法については、何を基準に賃金を支払うかによって時間給制度と出来高給制度がある。

時間給制度とは、就業時間1時間当たりの賃金（賃率）に実際の就業時間を乗じることにより、基本賃金の計算を行う制度をいう。なお、工員1人ひとりの作業時間は、作業時間票によって把握される。

出来高給制度とは、出来高1単位当たりの賃金（賃率）に実際出来高を乗じることにより、基本賃金の計算を行う制度をいう。

就業時間と労務費計算

賃金の消費額を計算する際には、直接工の消費額（労務費）と間接工の消費額（労務費）を別々に計算する（図2－46）。

まず直接工の労務費（消費賃金）とは、原価計算期間における直接工の賃金のことである。直接工の賃金を求める式は記載の通りである。就業時間については、作業時間票などによって把握されるが、記載の図のように区分される。なお、図中の手待時間とは、機械の故障などにより作業のできない時間をいい、手待時間票により把握される。この時間に対して支払われる賃金は間接労務費となる。

消費賃率は、記載の式で求められるが、賃率は通常、工員によって異なるものである。

■基本給　＝　支払賃率　×　就業時間
■支払賃金　＝　基本給　＋　加給金
■給与支払総額　＝　支払賃金　＋　諸手当
■現金支給総額　＝　給与支給総額　－　源泉所得税等控除額

基本賃金の計算方法については、何を基準に賃金を支払うかによって時間給制度と出来高給制度がある。

■時間給制度による基本賃金　＝　就業時間1時間当たりの賃金（賃率）　×　就業時間
■出来高制度による基本賃金　＝　出来高１単位当たりの賃金（賃率）　×　出来高

図2-45　**支払賃金の計算**

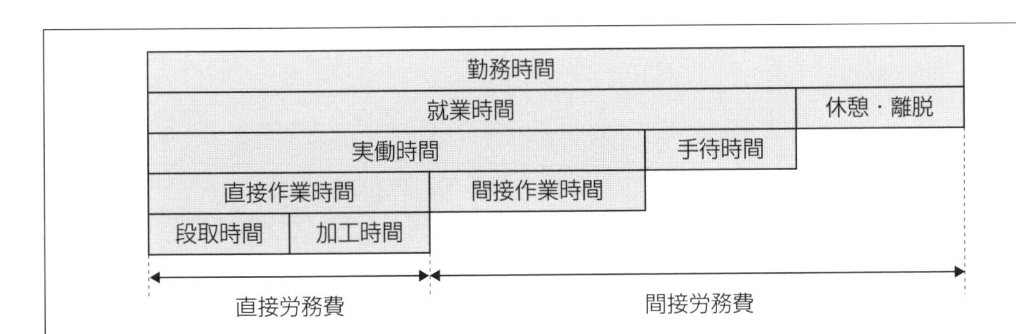

■直接労務費＝消費賃率×（段取時間＋加工時間）

■間接労務費＝消費賃率×（手間時間＋間接作業時間）

＊消費賃率＝（基本給＋加給金）÷就業時間

図2-46　**就業時間と労務費計算**

そこで工員別に個別の賃率を用いる場合や、職種別もしくは工場全体の平均賃率を用いる場合がある。

次に間接工の労務費は、直接工のように時間測定を行わず、原価計算期間の要支給額をもって労務費とするものとされている。

支払賃金計算と消費賃金計算

原価計算期間は、通常、暦月（１日～月末）であるが、この原価計算期間と給与計算期間が一致していないことが多い（図２－47）。例えば、21日～翌月20日の給料を翌月25日に支払うといった規定になっているところが多い。このような場合、当月の25日に支給する賃金は、前月21日から前月末の分の賃金を含んでおり、一方で当月21日から当月末までの分を含んでいないことになる。このため、当月に支払った賃金に前月と当月の未払い分を加減しなければ原価計算期間の要支給額とはならない。

したがって、当月の要支給額は、記載の式に従えば、次の通りになる。

(4/21～5/20)－(4/21～4/30)＋(5/21～5 /31)＝(5/ 1～5 /31)

5月25日に支給する賃金は、支払賃金計算期間にかかるものである。当原価計算期間の要支給額は消費賃金計算期間の部分であるから、5月25日に支給する4/21～4/30の分(前月未払分)を減算し、5/21～5 /31の分(当月未払分)を加算しなければならない。

経費

経費とは、材料費、労務費以外の原価要素をいい、例えば、工場建物の減価償却費や工場設備にかかる電力料などがこれに該当する。経費は、その消費額の把握方法によって次のように分類される(図2－48)。

ⓐ支払経費：実際の支払額によってその消費額が把握されるもの。旅費交通費、通信費、外注加工費など

ⓑ測定経費：施設内部でメーターによって消費量を測定し、その数値に基づいて消費額を把握するもの。電力料、水道料など。

ⓒ月割経費：1年分または数か月分を月割りすることによって、原価計算期間の消費額を把握するもの。減価償却費、保険料など。

ⓓ発生経費：実際の発生額をもって消費額とするもの。棚卸減耗費、仕損費など。

経費を製品との関連で分類すると、直接経費と間接経費に分類できる。

ただし、直接経費になるものはごくわずかであり、具体例として、外注加工費や特許権使用料が挙げられる。

なお、病院会計上では、病院会計準則での医業収益に対応する、費用としての医業費用が計上されることになる。

すなわち、医業収益は、入院にかかる収益(入院料収益、入院診療収益、室料差額収益)、外来にかかる収益(外来診療収益)、保健予防活動にかかる収益(保健予防活動収益、医療相談収益)、その他の収益(受託検査・施設利用収益、その他の医業収益)、保険等査定減に分けて計上する。一方、医業費用は、材料費、給与費、経費の3つに大きく区分される。

2)部門別原価計算

これは、1)のように費目別でとらえた原価を、病院等の原価集計部門すなわち経営内部機能、作業や業務の区分等によって、原価の発生箇所別に分類集計する手続きを指す。この部門別原価計算は、従来、損益責任や原価責任が明確にされてこなかった病院

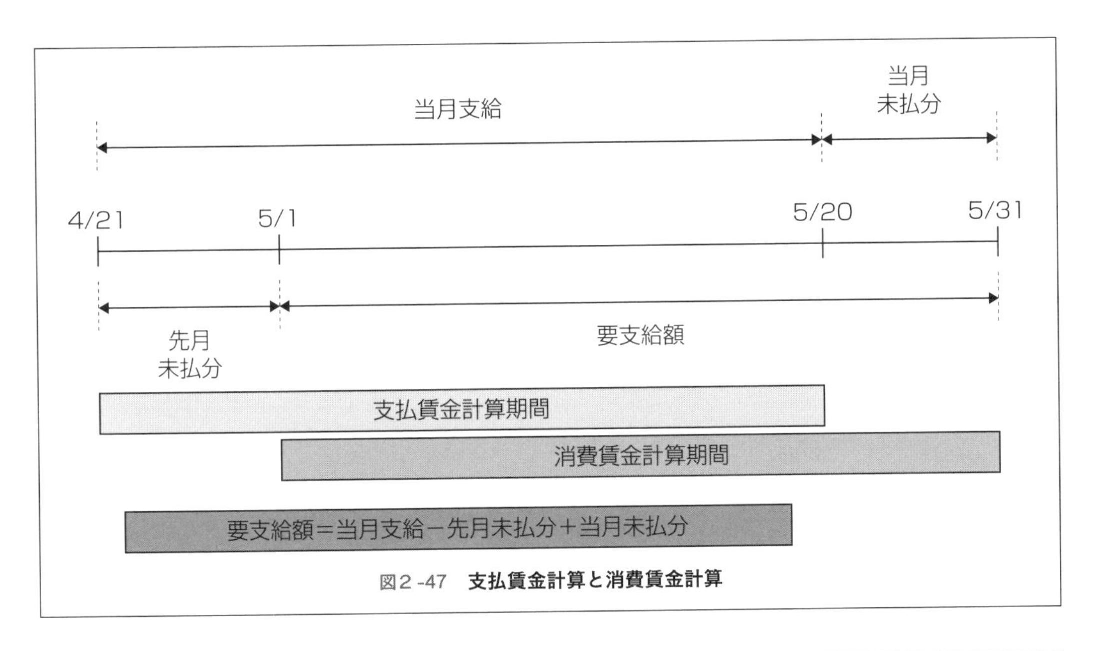

図2-47　**支払賃金計算と消費賃金計算**

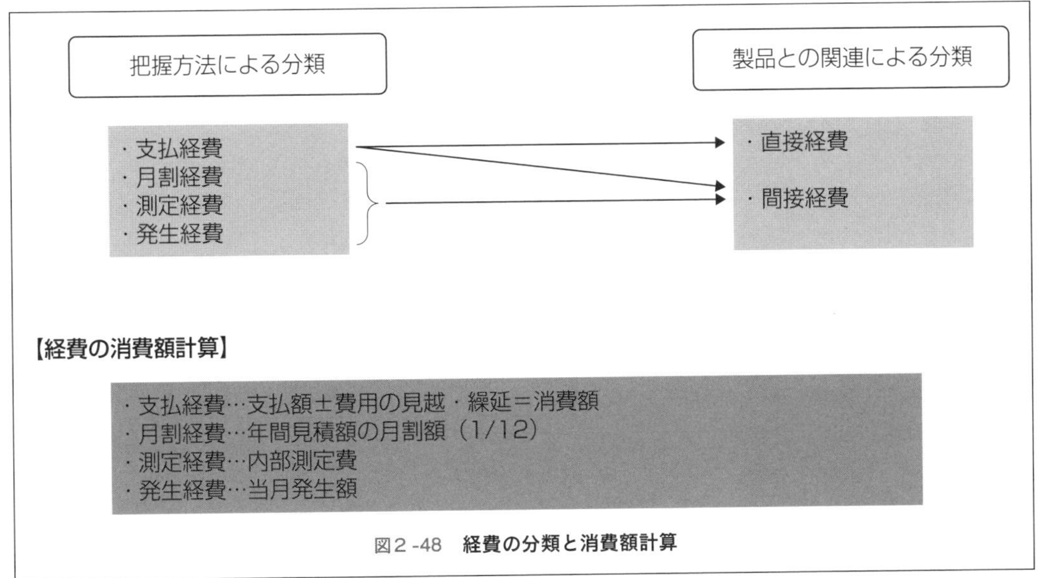

図2-48　**経費の分類と消費額計算**

等について、責任会計を行う際に必要となる。

また、部門別原価計算については、その種類として、例えば診療科別原価計算（各診療科を原価集計部門とする）、病棟別原価計算（各病棟を原価集計部門とする）、医師別原価計算（個々の医師を原価集計部門とする）等が挙げられるが、このうち、病院の原価集計部門の業績評価を実施したり、また不採算の診療科の存続や病棟の存続改編の可否等、病院経営にかかる重要な意思決定を行うにあたって重要となる、診療科別原価計算については、次節で採り上げることにする。

この部門別計算は、製造業のケースでは、第１次集計、第２次集計、第３次集計の３段階の計算手続によって行われるが、医療機関においては、いわゆる部門損益把握のための部門別原価計算では第２次集計までなされ、さらに患者別、疾病別で行う場合は第３次集計として実施される(図２－49)。

第１次集計では、まず部門に集計する原価を部門個別費と部門共通費に分類する(図２－50)。部門個別費とは特定の部門のみに発生する原価をいい、部門共通費とは複数の部門に共通して発生する原価をいう。

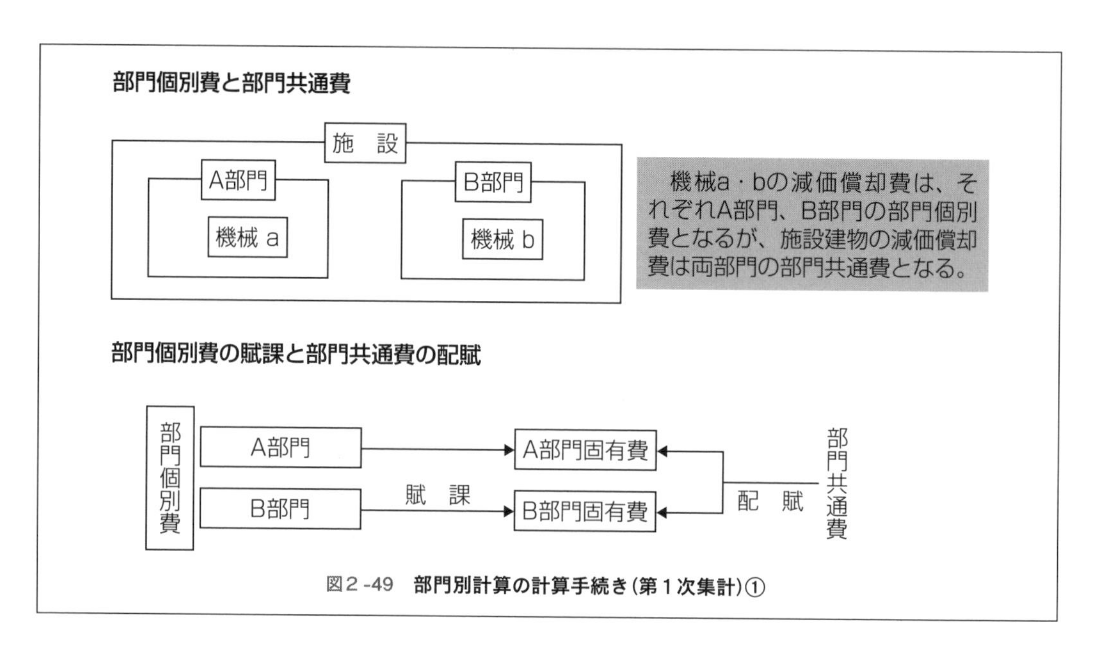

図２-49　部門別計算の計算手続き(第１次集計)①

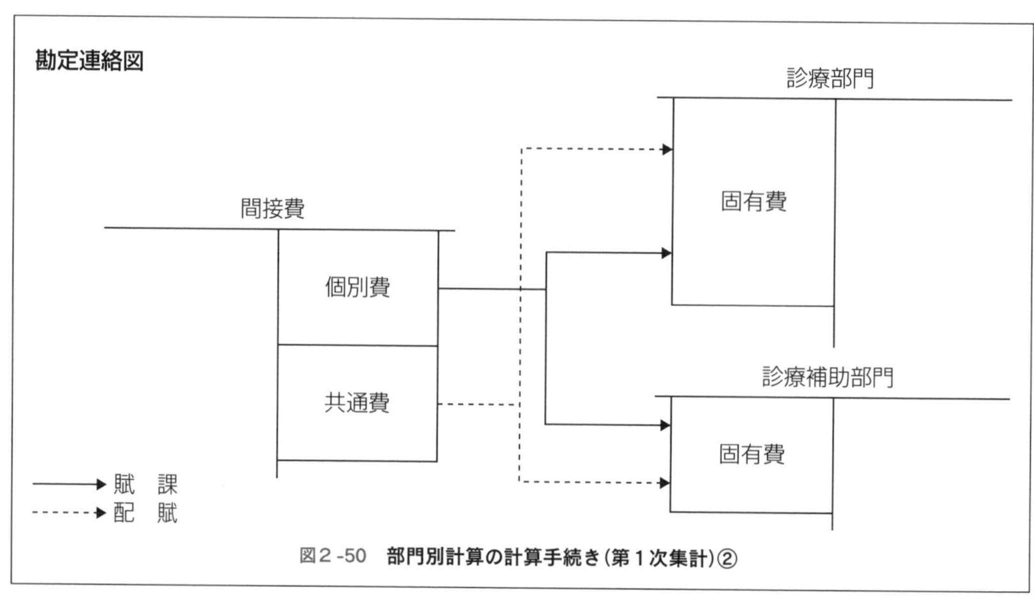

図２-50　部門別計算の計算手続き(第１次集計)②

部門個別費については発生部門に賦課し、部門共通費については適当な基準を用いて各部門に配賦する。こうして各部門に集計された原価を部門固有費という。

製造業のケースでは、部門別計算の第３次集計として、最後に第２次集計で製造部門に集計された原価を配賦するが、医療機関が第３次集計を行う場合、それは患者別原価計算、疾病別原価計算の実施を意味する（図２－51～52）。

3）疾病別（患者別、診療行為別）原価計算

これは、製造業を対象とした製品別原価計算に該当するものである。医療では、原価

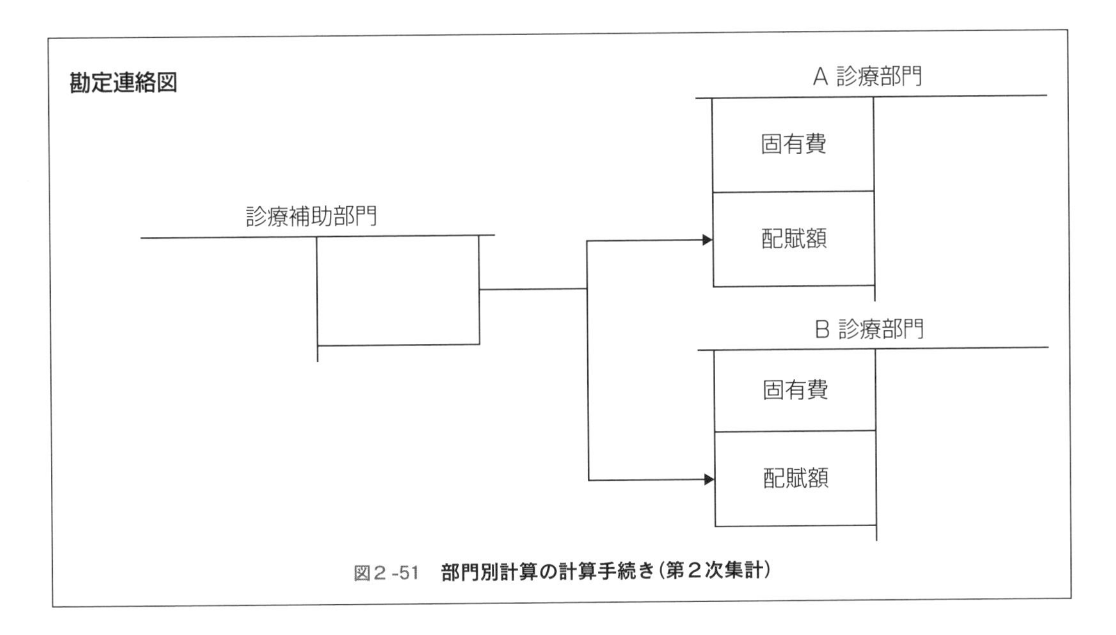

図２-51　**部門別計算の計算手続き（第２次集計）**

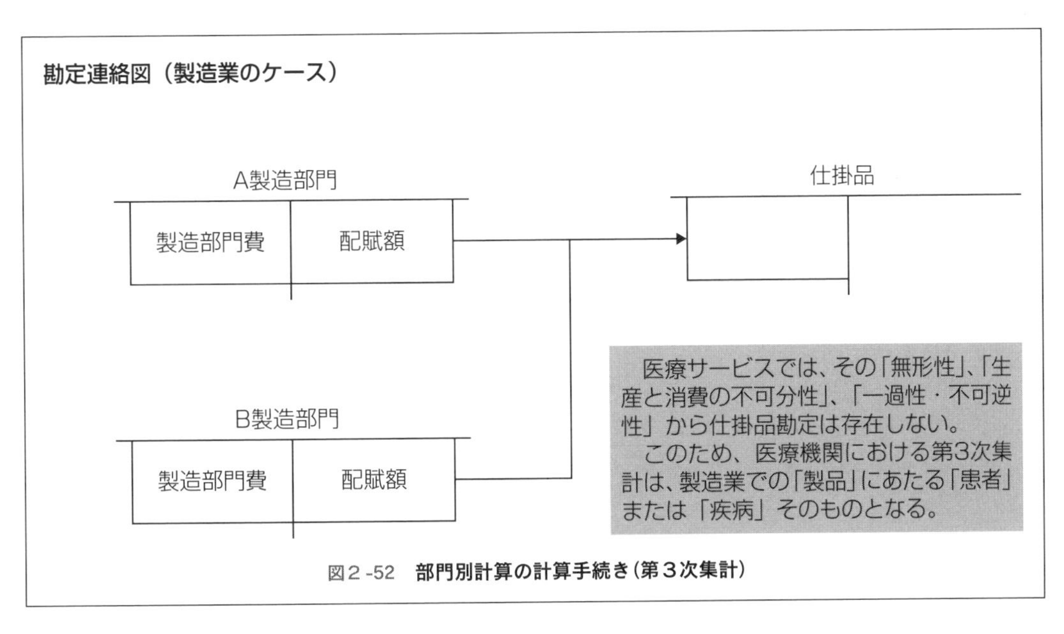

図２-52　**部門別計算の計算手続き（第３次集計）**

を一定の製品単位別に集計する代わりに、疾病別、患者別、診療行為別に集計し、単位当たりの疾病にかかる原価を算定する手続きを行う。

特に疾病別原価計算については、例えばDPCに基づく診療報酬の包括評価が導入された場合、主要なDPCについて診療にかかる原価を集計して、償還される診療報酬と比較することが経営管理上必要となる。そしてこの場合、主要なDPCについては、例外的なものを除けば､一定の診療行為を反復継続的に実施しているものとみられるので、クリティカル・パス等の経営管理手法により医療の標準化が進展すれば、標準的な診療行為について、それらの原価を予定原価または標準原価により集計することが可能になる。

4　診療科別原価計算の導入プロセス

(1)診療科別原価計算導入の準備

①原価部門(原価集計単位)の設定

部門別計算実施に際して、まず原価を集計するための部門を設定する必要がある。医療機関の場合、収益との対比を図るうえでも、診療科別の部門設定が原則であるが、診療科以外にも中央診療部門(放射線科、麻酔科などの診療補助部門)や管理部門についても原価管理の責任が発生することから、原価集計単位として設定することが必要となる(図2－53～54)。

ここで原価部門とは、原価要素を分類集計する計算組織上の区分単位のことである。原価管理を実施するためには、前述のように、原価の発生場所別あるいは原価責任者別にその実際発生額を把握し、それが当該責任者にとって管理可能なのか管理不能なのかを区別したうえで、前年度実績や予算あるいは標準原価と比較することが必要となる。

したがって、正確な原価計算と有効な原価管理を目的とした場合、当該目的を考慮したうえで原価部門を設定することが肝要といえよう｡具体的には､まず病院の経営組織に従って権限と責任の区分に対応する形で原価部門の設定を行う。これによって、原価管理対象を適切にとらえることが可能になる。次に、正確な原価計算を実施するために、各作業現場の業務の同一性を基準に原価部門の設定を行う。

②診療部門と診療補助部門の区分設定

病院における原価部門には、主部門としての１)診療部門と、２)診療補助部門の２つに大きく区分することができる。

1)診療部門

診療部門とは、患者に対して直接診療を行う直接部門である。具体的には、内科や外科、小児科等の各診療科がこれに該当し、入院患者の看護を行う病棟についても診療部

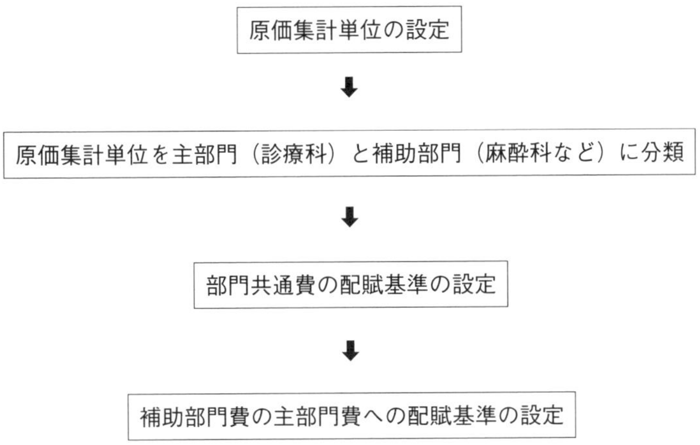

原価集計単位の設定

⬇

原価集計単位を主部門（診療科）と補助部門（麻酔科など）に分類

⬇

部門共通費の配賦基準の設定

⬇

補助部門費の主部門費への配賦基準の設定

図２-53　**部門別計算実施前の手続き**

原価部門の設定例

■直接部門

—外来部門：内科、外科、神経内科、呼吸器科、形成外科、産科婦人科、神経外科、整形外科、泌尿器科、心臓血管外科、小児科、眼科、救急科、歯科口腔外科、神経精神科、耳鼻咽喉科、皮膚科…

—入院部門：第一病棟（内科系）、第二病棟（外科系）、産科病棟…

■間接部門—中央診療部門（診療補助部門）：検査部、手術部、栄養部、理学療法室…

—管理部門：経理部、総務部、企画部、施設管理部…

—補助部門：医事課、病歴室…

※なお、麻酔科や放射線科は、診療報酬を請求する診療科であるが、他の診療科の診療行為に併せて業務を行うことが多いことから、原価計算上は、診療補助を行う中央診療部門として位置づけるのが適当と考える。

図２-54　**医療機関における原価部門の分類**

門に該当する。さらに、病棟については、病棟単位ではなく、１階北、１階南というように、各病棟においていくつかのスペースに区分して管理する場合、それごとに原価部門を設定しているケースもある。

2）診療補助部門

診療補助部門とは、診療部門のように直接患者を診療するのではなく、間接的に患者の診療に必要なサービスを提供する部門であり、実務上は、中央診療部門と呼ばれる。この診療補助部門は、さらに次の２つに区分される。

すなわち、1つは、検査科、薬剤部、栄養科のように、直接患者の診療を担当するのではなく、各診療科の指示により患者に対し医療サービスを提供する「コメディカル部門」であり、もう1つは、医事課、会計課、総務課のように、病院全体の管理を行う「管理部門」である。

したがって、原価部門を設定する際には、診療部門である診療科および病棟、診療補助部門であるコメディカル部門および管理部門の4つの原価部門を設定することになる。

部門別計算は、最終的に主部門である診療部門(診療科)に原価を集計させるための計算上の仕組みであり、診療部門の活動を補助しているコメディカル部門、管理部門に計算・集計された原価は、サービスを提供している診療科へ一定の基準によって配賦される。

診療科などの直接部門は、当該部門にかかる収益と費用については、原則としてすべて集計するが、これらの原価部門は、管理の基礎となる損益責任と等しくなるよう設定されていることから、当該部門の管理責任者にとって管理可能な費用(「管理可能費」)であるか、管理不能な費用(「管理不能費」)かの区別を認識しつつ集計する必要がある。

③部門個別費と部門共通費

ここまで述べてきたように、原価部門は、診療科、病棟、コメディカル部門および管理部門の4つに区分されるが、その発生が各部門で直接認識できるか否かによって、原価要素を各部門に集計する際には、「部門個別費」と「部門共通費」に分類する。

部門個別費とは、当該原価部門において発生が直接認識できる原価要素をいい、部門共通費とは、直接的に認識できない原価要素をいう。例えば、施設全体または病棟で共通的に発生するなど、複数の部門にまたがって発生する減価償却費や人件費、水道光熱費等が部門共通費であり、一方、特定部門で発生するものは部門個別費となる。

この部門共通費については、直接的に診療科や補助部門の各部門に賦課することができないため、便宜上、共通費部門という架空の原価部門を設定し、いったん共通費部門に集計したあと、各部門に対し適切な配賦基準により配賦することが必要になる。

なお、コメディカル部門や管理部門の原価は、最終的に主部門(診療科)で原価集計するため、これらがサービスを提供した部門へそのサービスの提供割合に応じて配賦することになる。また、管理部門については診療科ばかりでなく、管理部門のサービスを受けたすべての他の診療補助部門に対しても原価を配賦することになる。

④部門共通費の配賦基準の設定

前述のように、部門共通費については、最終的には診療部門および診療補助部門がそれぞれ患者への診療にかかわらせて財貨・サービスの消費を行っているものとみられることから、当該消費額が直接的に認識できない場合には、部門共通費を各部門が受けたサービスの度合いに応じて、適切な配賦基準を設定し、各部門に費用配分する必要がある。では、どのような配賦基準によって費用配分すればよいのだろうか。

すなわち、部門共通費の配賦基準については、次の３つである。

１)配賦する費用と配賦基準の間に強い相関関係があること

２)配賦基準とするデータの入手が容易であること

３)配賦すべき各部門に共通した基準であること

例えば、建物の減価償却費については、各部門の占有面積を配賦基準とすればよく、また間接労務費については、各部門の人員数や直接労務費を基準として配賦を行うことが一般的である。

⑤診療補助部門費の配賦基準および配賦方法の決定

部門共通費を各部門へ配賦することによって、各原価要素は診療部門費か診療補助部門費に分類されるが、次に診療補助部門費を診療部門へ配賦することが必要となる。また場合によっては、補助部門相互間での配賦も必要となる。このように診療補助部門費の配賦方法については、１)直接配賦法、２)階梯式配賦法、３)相互配賦法の３つがある。

1)直接配賦法

直接配賦法とは、診療補助部門費を他部門に配賦する際に、各診療補助部門間でのサービスの授受はまったく無視し、診療補助部門は直接診療部門である診療科にのみサービスを提供しているとみなして、すべて診療科へ直接配賦する方法である(図２－55)。

実務上では、「計算が簡便である」「配賦計算はいくら精度を高めても客観的な合理性に限界があり、継続的な実施など、一定の適正性が確保されていれば十分である」との理由から、この直接配賦法が広く採用されている。

2)階梯式配賦法

階梯式配賦法とは、診療補助部門のうちで、他の多くの診療補助部門にサービスを提

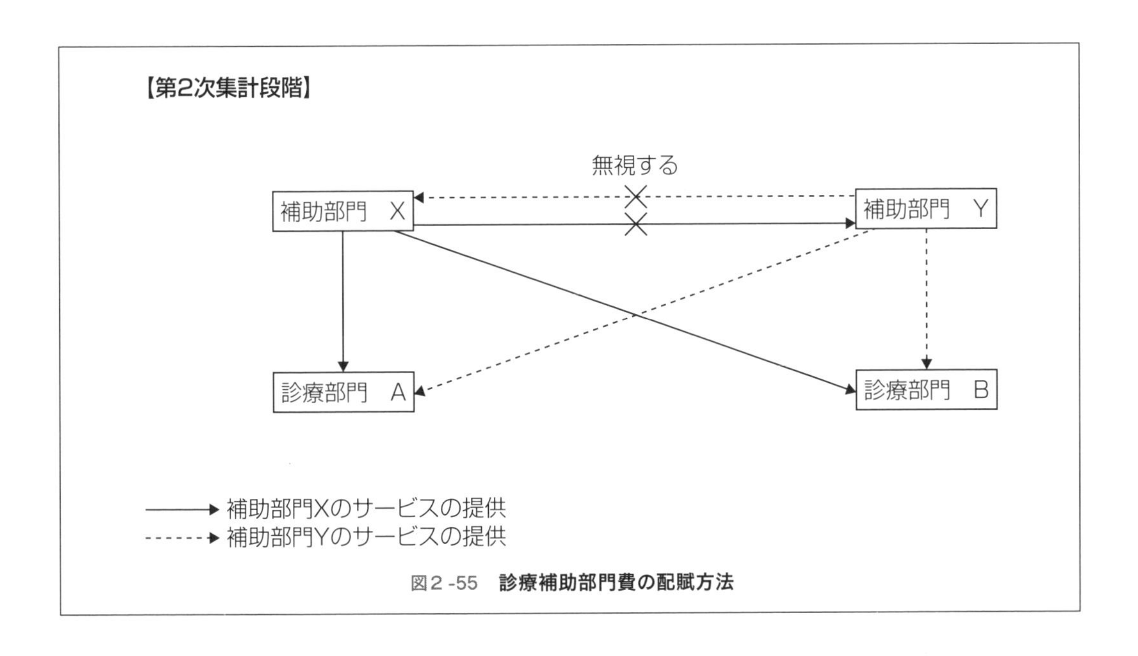

図２-55　**診療補助部門費の配賦方法**

供している診療補助部門から順に、診療補助部門間でのサービスの授受が行われると仮定して段階的に配賦計算を実施し、最終的にはすべて診療科に集計する方法である（図２－56）。

直接配賦法が、計算の便宜上、診療補助部門間の相互のサービスの授受をまったく無視していたのに対して、階梯式配賦法では、診療補助部門間でのサービスの授受のうち、一部分だけが計算上無視される形となる。

3）相互配賦法

相互配賦法とは、診療補助部門間でのサービスの授受について、その事実の通りに診療補助部門間で配賦を行う方法である（図２－57）。

なお、相互配賦法には、連続配賦法、連立方程式法、簡便法などがある。

連続配賦法とは、診療補助部門間での配賦額がなくなるまで繰り返し配賦計算を行う方法である。

連立方程式法とは、診療補助部門間でのサービスの授受を連立方程式によって求める方法である。

簡便法とは、第１次配賦計算では、診療補助部門間のサービスの授受について、その事実関係通りに配賦し、第２次配賦計算では、診療補助部門間でのサービスの授受は無視して、診療部門のみに配賦する方法である。直接配賦法を一部加味した相互配賦法ということができる（原価計算基準導入以前の製造工業原価計算要項では、この簡便法が補助部門費の配賦法として規定されていた）。

3つの配賦法の長所と短所

直接配賦法は、計算手続きそれ自体は簡略化されるため、手数がかからないという長所

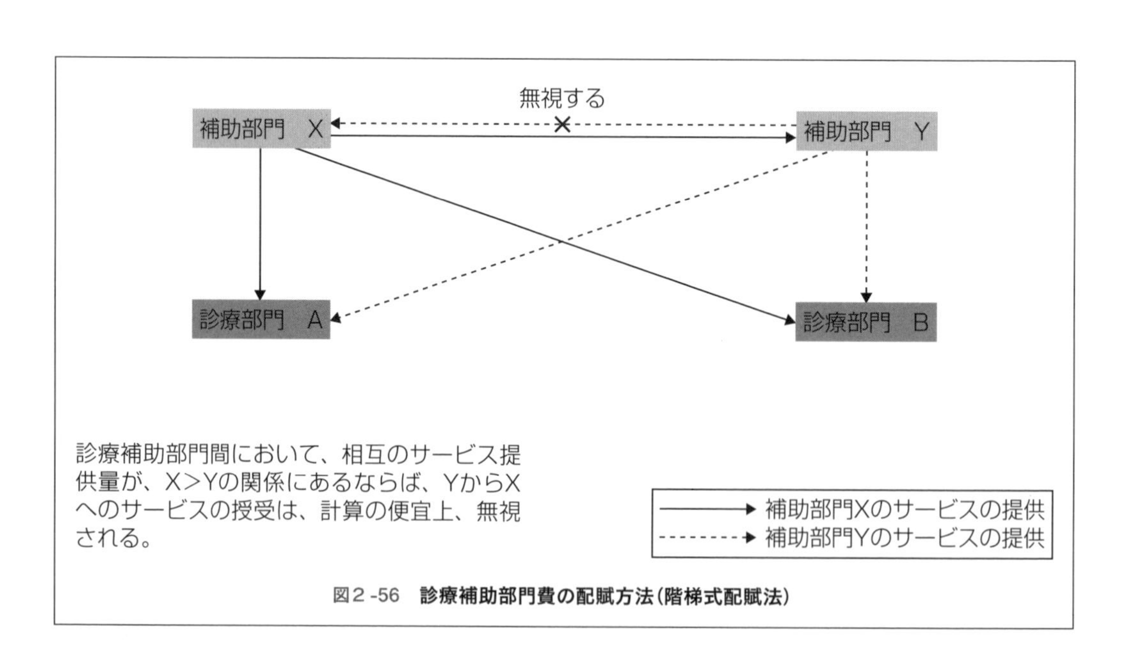

図２-56　**診療補助部門費の配賦方法（階梯式配賦法）**

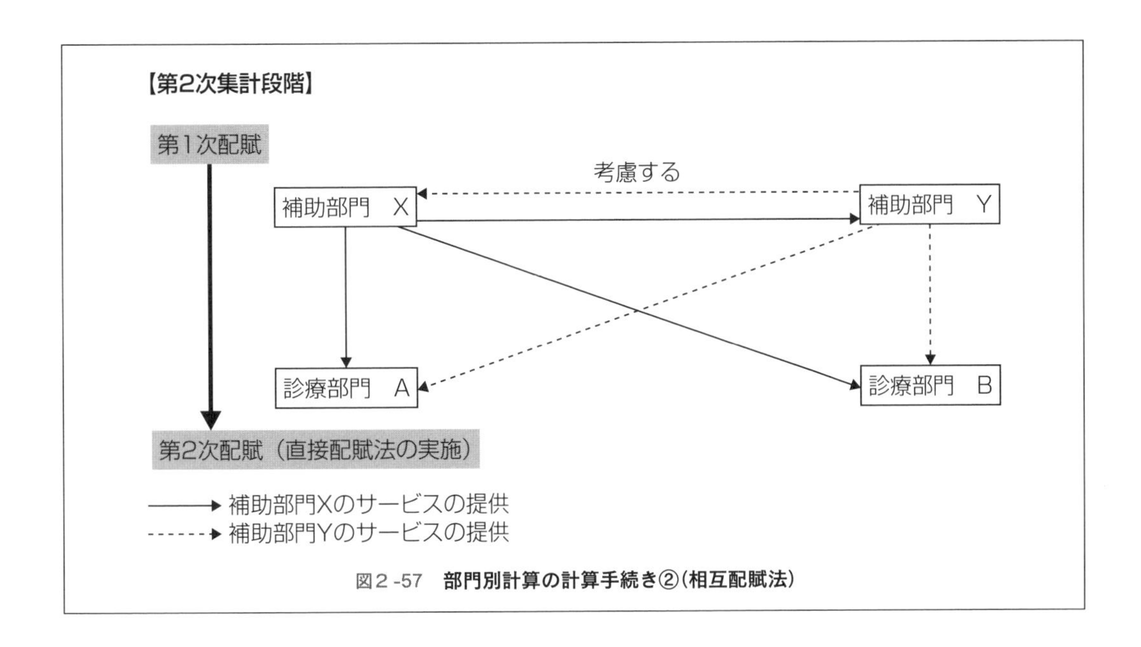

図2-57　**部門別計算の計算手続き②（相互配賦法）**

を有する一方、診療補助部門間のサービス授受を無視していることから、原価計算が不正確なものになるという短所がある。

これに対し、階梯式配賦法は、共通費部門や診療補助部門間でのサービス授受を考慮した計算を行うため、直接配賦法より正確な原価計算を実施することができるから、階梯式配賦法による方が望ましいといえる。

(2)診療科別原価計算の実施

前述のように、診療科別原価計算の実施プロセスとは、費目別原価計算および部門別原価計算における集計手続きを意味する。

費目別原価計算は、既述のように、一定期間(原価計算期間)において発生した原価要素を費目別に分類・測定する手続きをいう。それは財務会計における費用計算であると同時に、原価計算における第1次の集計段階でもある。この費目別原価計算においては、給与費、材料費、経費という形態別分類を基礎として、直接費と間接費に大別され、集計が実施される。

部門別原価計算は、上記の費目別原価計算において把握された原価要素について、原価部門別に集計する手続きをいい、原価計算における第2次の集計段階にあたる。また部門別原価計算は、各原価部門への費用の分類集計と、分類集計後の部門間の配賦計算によって構成される。すなわち、この部門別原価計算まで実施することこそが、まさに診療科別原価計算の実施といえるのである。

5　疾病別原価計算の概要

上記の診療科別原価計算は、部門別原価計算の一種であったが、さらに疾病別原価計算を定義すれば、それは疾病を最終的な収益および費用の集計単位とする原価計算で、製造業でいう製品別原価計算に相当するものといえる。

この疾病別原価計算には、過去の実績値に基づく実際原価を用いる（1）疾病別実際原価計算と、標準原価を用いる（2）疾病別標準原価計算がある。特に疾病別標準原価計算については、前述のように、今後DPCに基づく包括評価が本格的に導入され、診療報酬の定額払い対象となる疾病が増えていった場合のことを想定するとすれば、その対策として、病院が原価管理を充実させる一方で医療の効率性向上を図っていくために、この疾病別標準原価計算は原価管理手法としてますます重要なものとなるであろう。

（1）疾病別実際原価計算

疾病別実際原価計算を実施することは、厳密には患者別実際原価計算を実施することになる。なぜならば、同じ特定の疾病について診療した場合でも、当然、個々の患者ごとに診療内容は異なるのが普通だからである。

したがって、疾病別実際原価計算を実施する場合、まず患者ごとに費用を集計したうえで、その後、疾病ごとにその費用合計を把握していく必要がある。その場合、患者ごとの費用を集計するためには、まず患者ごとの診療内容が明確になっていなければならない。なぜならば、患者ごとの診療内容に基づいて給与費、材料費、経費等、実際に消費した医療資源にかかる原価を集計することになるからである。

そして、上記の患者ごとの診療内容を把握していくためには、カルテやレセプトがその情報源となることから、電子カルテやレセプト電算処理システム等、ITを活用した院内情報システムの充実が、疾病別原価計算の導入の前提条件となる。

ここで疾病別原価計算の原価集計プロセスを図示すれば、図2－58～59のようになる。この原価集計プロセスで特に重要な点は、最終的に患者ごとに原価を集計していくためには、まず原価を直接費と間接費とに区分することである。

すなわち、直接費とは、一患者に対する診療について直接的に認識できる原価であり、一方、間接費とは、同じく一患者に対する診療について直接的には認識できない原価をいう。直接費については患者ごとに直接賦課し、また間接費については合理的な配賦基準によって行う。

（2）疾病別標準原価計算

次に疾病別標準原価計算であるが、これは疾病別実際原価計算と同様、疾病を最終的な収益および費用の集計単位とする原価計算である。疾病別実際原価計算が実際原価を疾病

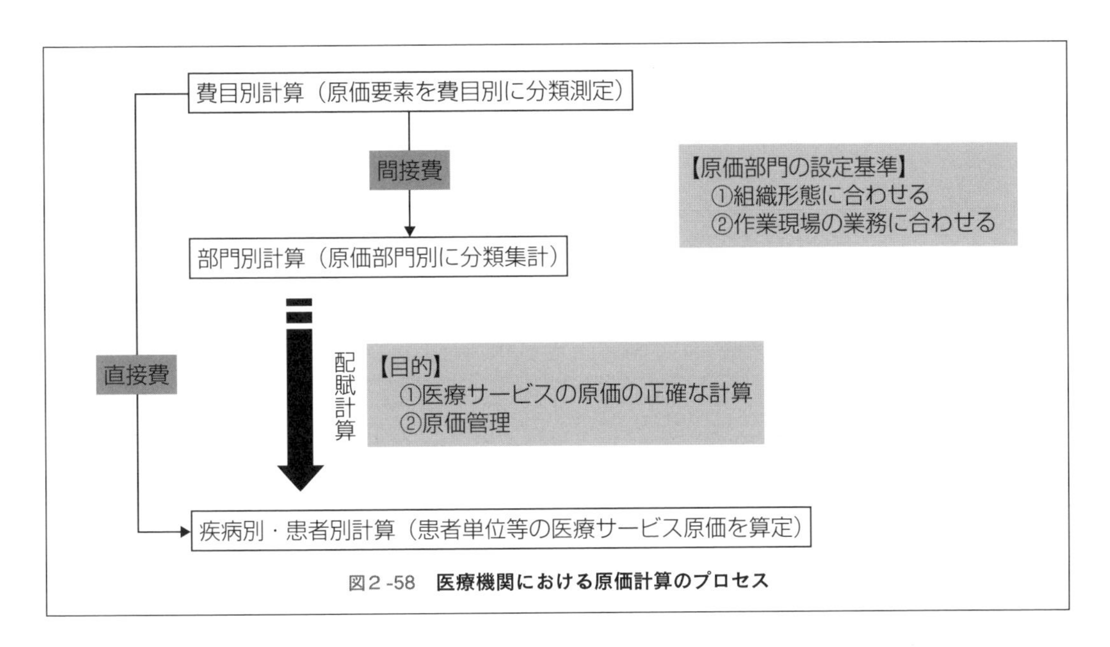

図2-58　**医療機関における原価計算のプロセス**

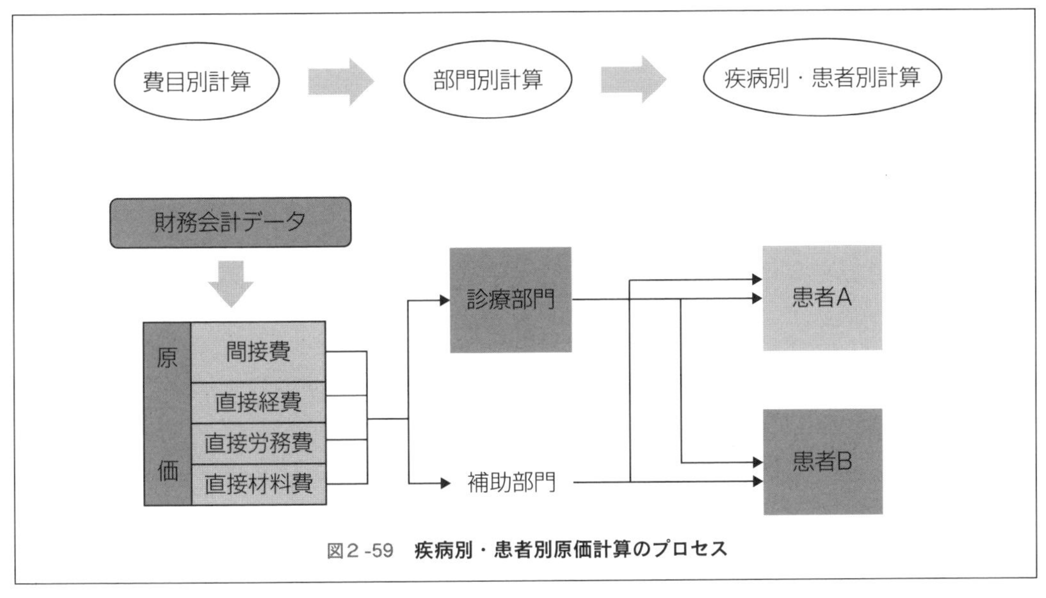

図2-59　**疾病別・患者別原価計算のプロセス**

別に集計するのに対し、疾病別標準原価計算では、あらかじめ目標とすべき原価標準を設定して(標準原価の設定)、それに基づいて疾病別原価計算を行い、実際原価と標準原価の差異を分析することによって、原価管理を行うというものである。

標準原価とは、財貨・サービスの消費量について、科学的、統計的調査に基づいて能率の尺度になるよう予定し、予定価格または正常価格をもって計算した価格をいう。標準原価による原価差異分析の対象としては、一般に、直接材料費、直接労務費、固定費がある。

直接材料費にかかる原価差異分析

まず直接材料費にかかる原価差異分析であるが、「価格差異」は、購買担当者の購買のタイミングの判断や交渉力の良し悪しが反映されることから、その差異は購買部門(あるいは購買担当者)の責任となる(図2－60)。

一方で、「数量差異」は、診療担当者の材料の使い方に無駄があったりロスなどが多くなると増加するので、その差異は診療部門(あるいは担当者[具体的には、主に医師])の責任となる。

なお、価格と消費量の双方がミックスされた差異の部分については、価格差異に含めるのが一般的である。なぜならば、価格差異は材料価格の変動をはじめとして組織の外部環境の変化に反映される部分が多いと考えられるが、数量差異については診療部門の効率性が反映されていると考えられるので、組織の経営管理という目的、あるいは問題点の発見、業績評価という観点からは、純粋な数量差異を捉えることのほうが重要と考えられるからである。

直接労務費にかかる原価差異分析

次に、直接労務費にかかる原価差異分析であるが、「賃率差異」は、どの賃金レベルの担当者を現場に割り当てていくかについて、採用や教育あるいは配置の良し悪しが反映されるので、組織全体、あるいは管理部門(あるいは人事担当者)の責任となる(図2－61)。

一方、作業時間差異は、病院であれば、診療担当者の時間の使い方に無駄があったり、ロスなどが多くなると増加するので、診療部門(あるいは担当者)の責任となる。

なお、賃率と作業時間の双方がミックスされた部分の差異については、賃率差異に含めることが一般的である。なぜならば、賃率差異は雇用状況の変化をはじめとして組織の外部環境の変化に反映される部分が多いと考えられるが、作業時間差異については診療部門の効率性が反映されているとみられるので、組織の経営管理という目的、あるいは問題点

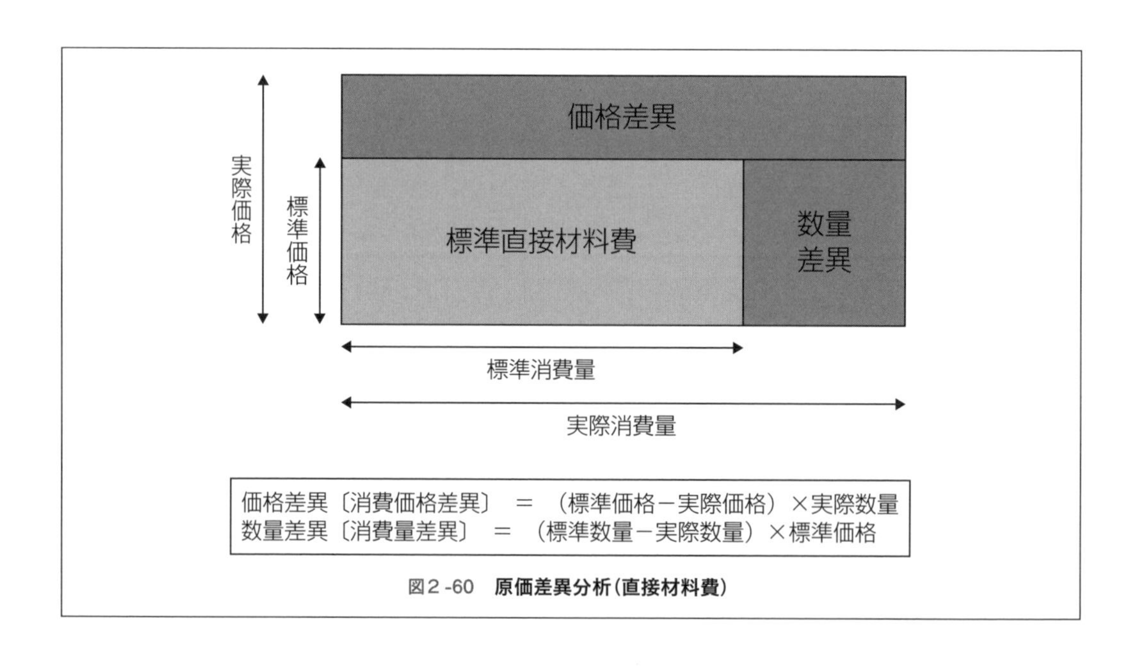

図2-60　**原価差異分析(直接材料費)**

の発見、業績評価という観点からは、純粋な作業時間の差異を捉えることのほうが重要とみられるからである。

関接費の原価差異分析

間接費(製造業でいえば､製造間接費)の差異分析方法にはさまざまな分析方法があるが、ここでは代表的な三分法を説明する(図2－62～63)。

「予算差異」は、生産やサービス活動にかかる間接費全体について、どの価格水準のものを使ったのかが反映されるので、病院であれば、組織全体、あるいは診療部門や管理部門(あるいは担当者)の責任となる。

「能率差異」は、診療担当者の時間や補助材料などの間接費の使い方に無駄があったり、ロスなどが多くなると増加するので、診療部門あるいは当該部門の担当者の責任となる。

なお、予算と能率がミックスされた部分の差異については、予算差異に含めることが一般的である。なぜならば、予算は市況の変化などの組織の外部環境の変化が反映される部分が多いと考えられるが、組織の経営管理という目的、あるいは問題点の発見、業績評価の観点からは、純粋な能率の差異を捉えることのほうが重要とみられるからである。

また、「操業度差異」については、現場のキャパシティを十分に使用しなかったことを表す差異であるため、実際には、診療等にかかる組織全体の計画や方針に影響される部分が大きいが、労務管理について、当該現場で独自の理由がある場合には、その現場にも責任が生じる。

(3)クリティカル・パスを利用した標準原価の設定

ところで、疾病別原価計算は、入院患者が入院から退院までに受けた一連の診療行為に

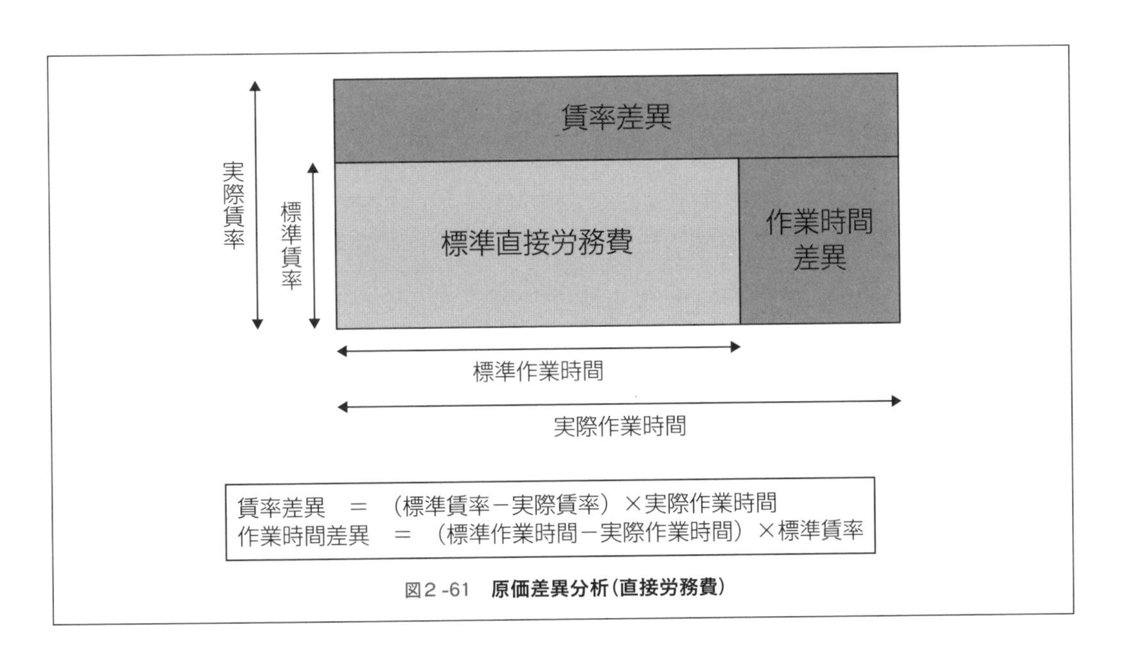

図2-61　**原価差異分析(直接労務費)**

【変動予算のケース】

■予算差異＝｛(変動間接費標準配賦率×実際作業時間)＋固定間接費予算額｝－間接費実際発生額
■能率差異＝標準配賦率×(標準作業時間－実際作業時間)
■操業度差異＝(標準配賦率×実際作業時間)－｛(変動間接費標準配賦率×実際作業時間)
　　　　　　　＋固定間接費予算額｝
　＊標準配賦率＝変動費率＋固定費率
　＊変動間接費標準配賦率＝変動間接費予算額÷正常操業度（変動費率）

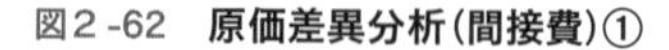
図2-62　**原価差異分析(間接費)①**

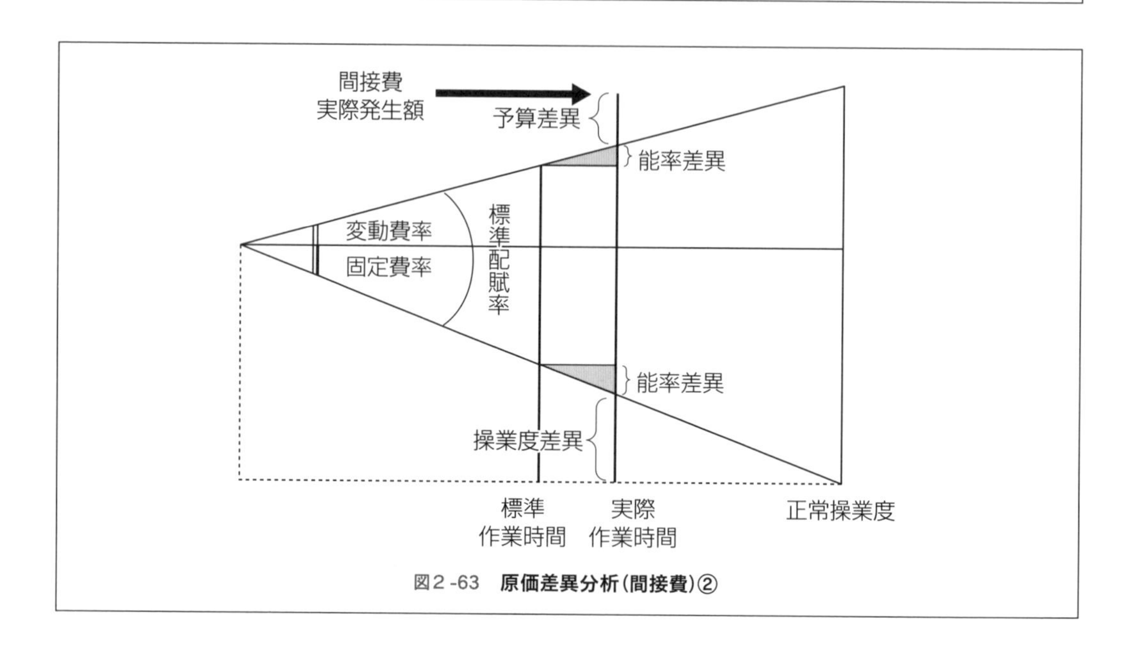

図2-63　**原価差異分析(間接費)②**

対する原価を算出するものであるが、これについて標準原価を設定するにはいかなる方法が考えられるだろうか。

現実的な方法としては、前述のクリティカル・パスの利用が考えられる。これは、疾病ごとに必要な治療を効率的に実施するために当該プロセスを標準化したものであり、いわば治療のための「標準作業工程表」ともいうべき性格を併せ持つものである。

すなわち、そこでの標準消費量に標準価格を乗じることによって標準原価を算定することが可能となることから、クリティカル・パスについては、疾病別標準原価計算の計算根拠として用いることが可能となる。

したがって、本章の冒頭でも述べたように、DPCに基づく包括評価が拡大されつつある現在、クリティカル・パスという管理ツールを活用しつつ疾病別標準原価計算を実施することによって、平均在院日数が短縮されるだけでなく、一定の医療の質を保ちながら、原価(コスト)削減を図っていくことが可能になるのである。

3 経営分析

病院や診療所などの医療機関(以下、病院等という)を取り巻く経営環境は、目まぐるしく変化しており、このような変革期にあって、病院経営は今後さらに厳しい状況が続くものと予想される。

このような状況の中で、もはや従来のような経営管理者の経験と勘に頼った病院経営は通用せず、経営管理者は、常に有用で迅速な会計情報等の収集・分析を実施し、病院経営の実態を適時に把握して、的確な意思決定を行う必要がある。

経営分析とは、財務諸表等のデータを加工・分析することによって、当該組織の経営実態を明らかにする技術であり、収益、利益、あるいは総資産といった数値を用いて、他の経営組織との比較や当該組織の期間比較を行う場合、比率分析を利用した比較分析が行われるようになるといえる。

とりわけ、病院経営の状況を把握していくためには、一般的な財務諸表による財務指標に基づく分析のみならず、病床利用率や平均在院日数など、医事統計資料による非財務指標に基づく分析(医療管理指標)も重要となってくる。

1 一般的な経営評価の視点

経営分析は、組織の経営活動の状況や活動結果を分析するものであるが、一般的には、それを行うために次の４つの視点からアプローチされる。すなわち、(１)機能性、(２)収益性、(３)生産性、(４)安全性の４つである。

(1)機能性評価

病院等の経営における機能性評価とは、当該施設がどのような機能を有しているか、自らに与えられた機能をどのように果たしているか、有限な医療資源を効率的に活用しているかどうかという観点から評価を行う。

(2)収益性評価

収益性評価は、医業活動によって獲得した収益と費用の関係をみることで、一定期間の経営成績を明らかにするものである。

(3)生産性評価

生産性評価では、特に人的資源の投入と産出の関係を明らかにし、医業経営の中心的な資源である「ヒト」の活用の程度を評価する。

(4)安全性評価

安全性評価は、財政状態をみるものであり、投下総資本や保有資産の観点から機能性や収益性をみるとともに、財務の安全性を確認するものである。営利企業であれば、利益の極大化を目的として成長を目指すのが通常であり、安全性に代えて成長性を重視する場合もある。しかし、病院等の場合は、財務的な数値の成長というよりも、良質の医療を適切かつ効率的に提供しており、その施設がいかなる機能を果たしているかのほうが重要といえる。

したがって、病院等の経営指標の場合は、成長性ではなく機能性を評価する項目が中心として挙げられ、成長性に代えて安全性の指標を重視することになる。

2　財務指標に基づく経営分析

(1)収益性分析

病院等は、営利企業とは異なり営利を追求するものではないが、医療サービスを永続的に継続していくためには収益性を向上させていく必要があり、収益性指標は経営上重要な指標の1つとなっている。

①医業収益対医業利益率

医業収益対医業利益率(単位：%)は、医業損益を医業収益で割ることによって求められる(図2－64)。医業活動から生じる収益と費用の差引金額である医業損益が医業収益に対してどの程度の比率が生じているかを明らかにする指標である。赤字の場合は、収益＜費用のため医業収益対医業利益率はマイナスで表示されることになる。

医業収益対医業利益率は、その会計期間の病院等の本来の医業活動の結果を表すので大変重要な指標といえる。この段階でマイナスになっているということは、医業外損益段階で計上されてくる借入金の支払利息を負担する前の段階で赤字ということなので、赤字の理由が臨時的(例えば、設備投資の直後で減価償却費負担が大きいケース)でない場合は、極めて大きな経営上の問題があることになる。

②医業収益対経常利益率、医業収益対税引前利益率、医業収益対純利益率

先ほどの医業収益対医業利益率と同様に、経常損益の医業収益に対する比率を医業収益対医業利益率、税引前当期純利益の医業収益率に対する比率を医業収益対税引前利益率、

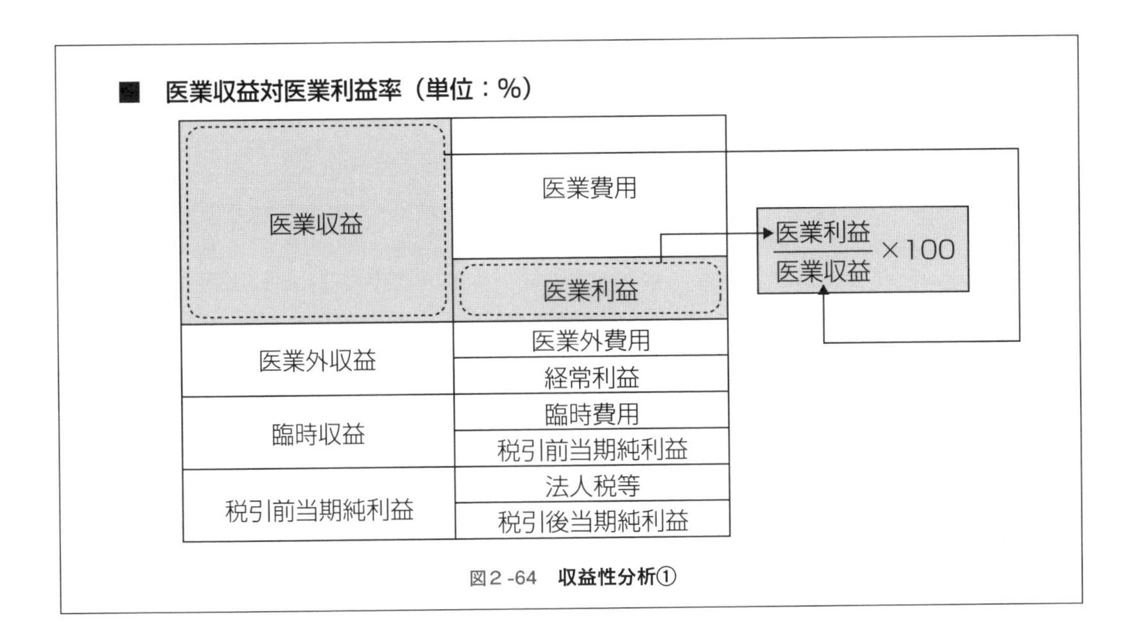

図2-64　**収益性分析①**

当期純利益の医業収益に対する比率を医業収益対純利益率という（単位はすべて%）（図2－65）。どれも損益計算書の各段階で算出される損益を医業収益で割った指標である。

これらの収益性指標は、先ほどの医業収益対医業利益率も含め、損益計算書の段階計算と同様の意味を有している。それぞれの段階でどのような比率が出ているのか、どのように変化しているかをみることによって経営の各段階における状態がわかるといえる。

③医業収益対各医業費用比率

医業収益対医業費用率（単位：%）は、医業収益と医業費用の内訳科目との関係を明らかにする比率である（図2－66～67）。1）医業収益に対する給与費の割合を人件費率、2）材料費の割合を材料費率、3）経費の割合を経費率、4）委託費の割合を委託費率、5）研究研修費の割合を研究研修費率、6）減価償却費の割合を減価償却費率という。

1）人件費率

人件費率は、医業収益に対する給与費の比率である。人件費率は、医療機関における費用の中で一番大きな費用項目であり、一般には50%付近に分布しており（50%を超えると、良好な経営成績を残すことが難しいと一般にいわれている）、経営上最も管理すべき費用項目といえる。

なお、医業活動の結果、得ることができた医業収益との対応関係において、医業費用がどのように変化するかということは、収益性分析を行ううえで重要なことであるが、操業度の変化に対応して変動する費用（原価）を「変動費（valuable cost）」、操業度の変化にかかわらず変動しない費用（原価）を「固定費（fixed cost）」と分類される。

医療機関の場合、操業度とはそれが保有する病床や受け入れ可能な外来患者に対する現実の稼動状態の比率をいう。簡単にいえば、病床の利用状態や外来患者数の変化によっ

■医業収益対経常利益率（単位：%）
（経常利益÷医業収益）× 100

■医業収益対税引前利益率（単位：%）
（税引前当期純利益÷医業収益）× 100

■医業収益対純利益率（単位：%）
（税引後当期純利益÷医業収益）× 100

図2-65　**収益性分析②**

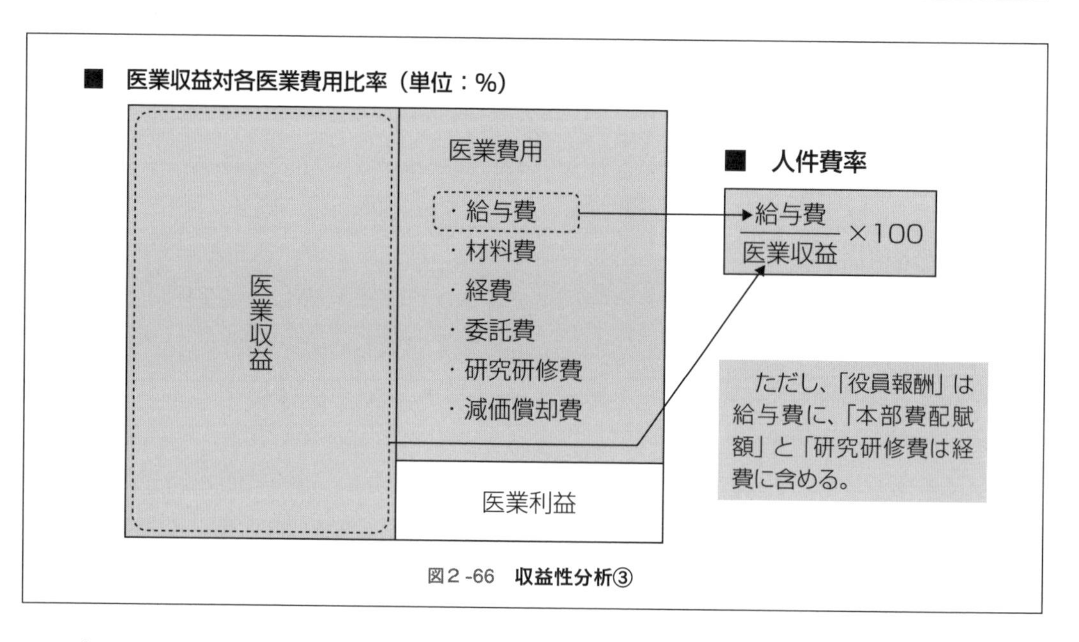

図2-66　**収益性分析③**

て変動するのが変動費、変動しないのが固定費ということになる。

2）材料費率

材料費率は、医業収益に対する材料費の比率である。病院会計準則では、材料費を医薬品費、給食用材料費、診療材料費、医療消耗器具備品費の４つに分類している。材料費は、主に医業活動に対応して変動する変動費のため、投入と産出の関連性が把握できるという性格を有している。

3）経費率

経費率は、医業収益に対する経費の比率であるが、経費には他の費用項目と異なり、さまざまなものが雑多に含まれていることが一般的である。病院会計準則で経費として示されている費用項目は次の通りである。すなわち、福利厚生費、旅費交通費、職員被

■医業収益対各医業費用比率〔単位：%〕】

・材料費率（単位：%）
（材料費÷医業収益）× 100

・経費率（単位：%）
（経費÷医業収益）× 100

・委託費率（単位：%）
（委託費÷医業収益）× 100

・減価償却費率（単位：%）
（減価償却費÷医業収益）× 100

図2 -67　**収益性分析④**

服費、通信費、広告宣伝費、消耗品費、消耗器具備品費、会議費、水道光熱費、保険料、交際費、諸会費、租税公課、医業貸倒損失、貸倒引当金繰入額、雑費である。

4）委託費率

委託費率は、医業収益に対する委託費の比率である。委託費とは、外部に委託した業務の対価としての費用であり、医療機関が行っているさまざまな業務のうち、どの程度を外部委託しているかをみる指標である。具体的な委託業務の内容としては、検体検査業務委託、給食業務委託、寝具委託、医事業務委託、清掃業務委託、各種機械保守委託などである。

5）研究研修費率

研究研修費率は、医業収益に対する研究研修費の比率である。研究研修費は、研究費と研修費から構成される。医業収益に対する比率はそれほど大きくないことが一般的であるが、医療安全確保のための病院職員に対する院内外での研修の実施など、当該病院等が、どれだけ人的資源への投資を行っているかが見られる指標である。

6）減価償却費率

減価償却費率は、医業収益に対する減価償却費の比率である。医業収益に対する比率はそれほど大きくないことが一般的であるが、設備投資の状況や財政状態と関係するとともに、キャッシュ・アウトフローが発生しない費目であるため、キャッシュ・フロー分析とも関連してくる指標である。

④経常収益対経常利益率、経常収益対支払利息率

経常収益に対する比率として経常収益対支払利息率と経常収益対経常利益率がある（単位はともに%）（図2－68）。この2つの指標は、ともに経常収益に対する支払利息あるいは経常損益の比率として表示される。経常収益とは、医業収益と医業外収益の合計値であることから、経常収益対経常利益率は医業収益対医業利益率と同じ観点から計算された指標であることがわかる。

これに対して、経常収益対支払利息率は、経常収益に対する支払利息の割合、つまり1年間の経常的な収益を獲得するために、どれほどの財務費用が必要であったかを示すものである。

損益計算書の支払利息は、指標の使い方によって財政状態、特に借入金との関係を明らかにすることが可能で、有利子負債に依存した投資の状況や資金の回収度合い、今後の借入可能額などについてみることができる。

⑤総収益対純利益率

総収益対純利益率（単位：％）は、当期純利益を総収益で割った比率である（図2－69）。総収益とは、医業収益、医業外収益、特別利益の合計額で1年間の全収益を表している。

（2）生産性分析

生産性分析とは、経営資源である労働力や設備の投入に対して、経営成果である付加価値をどれだけ生み出したかという効率性の分析である。ここでは、特に人的資源との関係から一般的に行われる経営分析指標を取り扱うが、病院等に特有な管理指標については、176ページ「3　非財務指標に基づく経営分析」で特に生産性指標として別途、取り扱う。

①職員1人当たり年間給与費、常勤医師1人当たり年間給与費、常勤看護師1人当たり年間給与費

人件費が50％に達する病院経営では、職員1人当たりの給与費をとらえることは重要

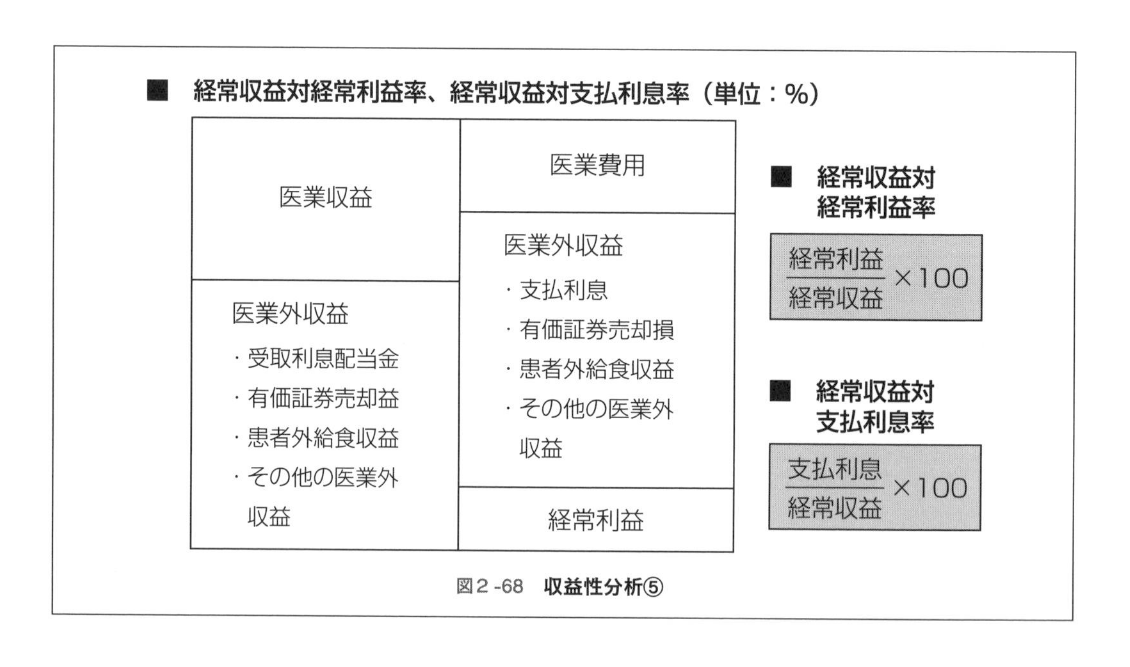

図2-68　収益性分析⑤

な分析であり、生産性分析としてこの３つの指標(単位はすべて円)を挙げるのは一般的である(図２－70)。

ただし、看護師などの有資格者が不足している地域では、１人当たりの給与費は相対的に高い数字となり、また歴史の古い病院の場合、職員の平均年齢が高くなるので、同じように相対的に高い数字となることに留意する必要がある。

②職員１人当たり年間医業収益、労働生産性、労働分配率

従事者１人当たりの年間医業収益(単位：円)は、大雑把に従業者の生産性効率をみる１

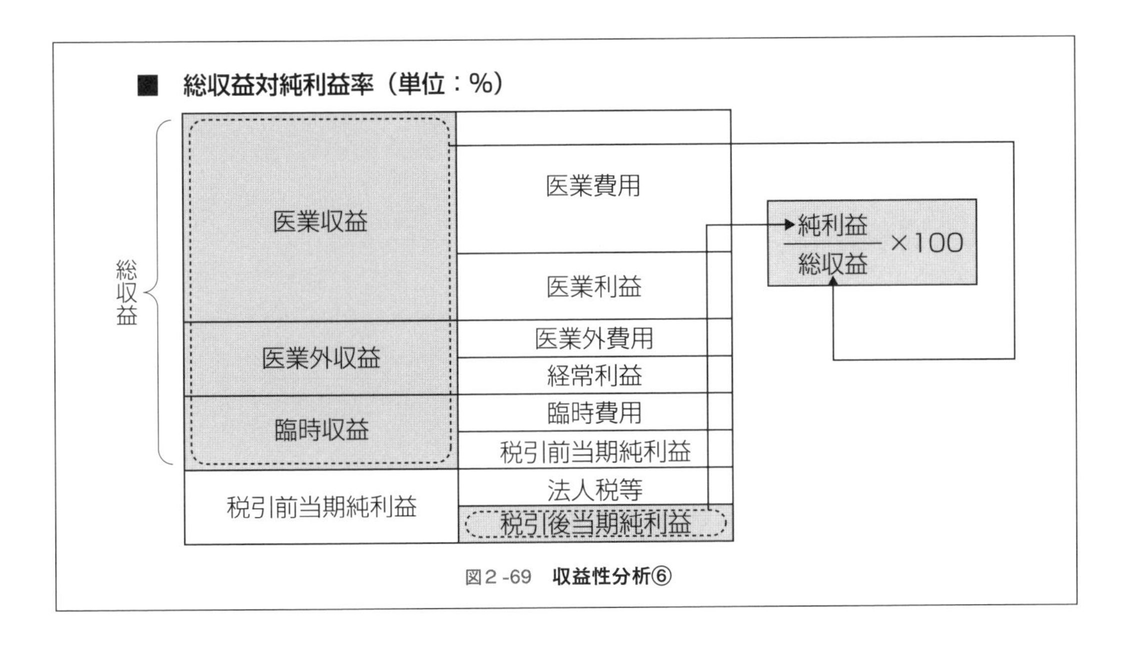

図２-69　**収益性分析⑥**

■職員１人当たり年間給与費（単位：円）
給与費÷職員数

■常勤医師１人当たり年間給与費（単位：円）
給与費（医師＋歯科医師）÷(医師数＋歯科医師数)

■常勤看護師１人当たり年間給与費（単位：円）
給与費(看護師＋准看護師＋助産師)÷(看護師数＋准看護師数＋助産師数)

図２-70　**生産性分析①**

つの判断指標である（図2－71）。原則として、給与は医業収益を財源として支払われるため、平均して病院等の従事者が年間どれだけ医業収益を上げているかを判断する材料となる。しかし、どれだけ医業収益を上げてもそれ以上に費用がかかっては経営を維持できないことから、経営組織自らがどれだけの付加価値を生み出しているかが重要となる。

付加価値とは、売上高から外部購入価格を控除した数値をいう。付加価値の計算方法にはさまざまなものがあるが(中小企業庁方式、日銀方式など)、一般に付加価値を構成するものとして、①純利益、②支払利息、③減価償却費・地代・家賃・租税公課、④人件費となる。そして、従事者1人当たりの付加価値を算出したものを労働生産性(単位：円)といい､給与費が付加価値のうちどの程度を占めているかを示したものを労働分配率(単位:%)という。特に労働分配率をみることによって、経営組織が生み出した経済的な価値（付加価値）のうち、どの程度が人件費に費消されているかが明らかとなり、人的資源からみた経営の効率性が判断できることになる。

（3）安全性分析

これまでみてきた収益性分析、生産性分析は、主に損益計算書を利用した分析であったが、安全性分析では主に貸借対照表を用いて分析を行う。安全性分析（もっといえば、財務安全性分析）とは、簡単にいえば、支払不能にならないだけの十分な資金量が確保されているかをみる分析である。

①1病床当たり総資産額、1病床当たり利益剰余金額、1病床当たり固定資産額、自己資本比率

1病床当たりの総資産額、1病床当たり利益剰余金額、1病床当たり固定資産額の3つ（単位はすべて円）は、機能性の視点からみた1病床当たりの財政状態の指標といえる（図

■職員1人当たり年間医業収益（単位：円）
　医業収益÷職員数

■労働生産性（単位：円）
　医業収益－(材料費＋経費＋委託費減価償却費＋その他の費用)÷従事者数

■労働分配率（単位：%）
　(給与費×100)÷{医業収益－(材料費＋経費＋委託費＋減価償却費＋その他の費用)}

図2-71　生産性分析②

2－72)。

とりわけ、1病床当たり利益剰余金額は、利益剰余金が過去に累積した利益の累計額から法人税等を控除したものであることから、この指標の数値が大きいということは、過去からの利益の蓄積が大きいとみることができる。

また、1病床当たり固定資産額は、総資産のうちで土地・建物・医療器械備品に投下した分の表示を行うものである。

これに対し、自己資本比率(単位:%)は、財務安全性からみた財政状態の指標であるが、これ以外にも、次に説明する固定長期適合率、流動比率、借入金比率がある。

自己資本比率とは、資本(自己資本)を総資本(負債＋資本)で割ったものである。この数値が高ければ資本の蓄積が高いことになり、財務の安全性は高まる。

②固定長期適合率、流動比率、医業収益対長期借入金比率、総資本対経常利益率

固定長期適合率(単位：%)は、固定資産を資本(自己資本)＋固定負債で除した数値である(図2－73)。設備投資などの固定的な投資と自己資本と固定負債(長期借入金)のバランスをみる指標で、固定資産を自己資本と固定負債(長期借入金)の合計値ですべて賄なわれているかをみるものである。病院等の土地や建物、医療器械等の固定資産投資は、回収するのに時間がかかることから、長期の資本とみられる自己資本や固定負債(長期借入金)の範囲で賄われることが重要である。

流動比率(単位：%)は、流動資産を流動負債で割った数値である(図2－73)。通常、1年以内に支払う必要のある買掛金や短期借入金などの流動負債に対し、その支払い原資となる預金や1年以内に回収される医業未収金などの流動資産がどの程度準備されているかを示す。

■1病床当たり総資産額（単位：円）
総資産÷総病床数

■1病床当たり利益剰余金額（単位：円）
利益剰余金÷総病床数

■1病床当たり固定資産額（単位：円）
固定資産÷総病床数

■自己資本比率（単位：%）
{資本÷(負債＋資本)} × 100

図2-72　**安全性分析①**

医業収益対長期借入金比率(単位：%)は、固定負債に計上されている長期借入金の期末残高を年間医業収益で除したもので、資金返済のもととなる医業活動の年間収益と借入金残高の割合を明らかにしたものである(図2－73)。

総資本対経常利益率(単位：%)は、事業に投下された総資本(負債＋資本)に対して1年間で獲得した経常的な利益がどの程度になるかを計算するもので、これは総資本回転率と医業収益対経常利益率に分解することができる(図2－73)。

③総資本回転率、固定比率、当座比率、支払利息負担率

総資本回転率(単位：%)とは、事業に投下された総資本、すなわち使用総資本が1年間に何回転したかを表す指標であり、医業収益を総資本で除して求める(図2－74)。

固定比率(単位：%)は、固定資産を資本(自己資本)のみで除した数値で、固定資産を自己資本でどの程度賄いきれているかを示すものである(図2－74)。換言すれば、固定的な設備投資などは、自己資本の範囲内で賄われていれば財務的にかなり安定した状態であるということができる。

当座比率(単位：%)は、当座資産を流動負債で除したもので、直接的な支払い能力を示しているといえる(図2－74)。

支払利息負担率(単位：%)は、病院等の本来的な事業である医業活動の成果としての医業収益を得るために、どれだけの財務的な費用がかかったかを示すものである(図2－74)。

④損益分岐点分析

損益分岐点(break even point：BEP)とは、損失が出るのか、あるいは利益を出すことができるかの分岐点であり、そこでは利益がゼロになるような売上高(医業でいえば、医

■固定長期適合率（単位：%）
{固定資産÷(資本＋固定負債)}×100

■流動比率（単位：%）
流動資産÷流動負債

■医業収益対長期借入金比率（単位：%）
(長期借入金÷医業収益)×100

■総資本対経常利益率（単位：%）
{経常利益÷(負債＋資本)}×100

図2-73　**安全性分析②**

業収益）のことである（図２－75）。

また、原価、売上高や生産高のような操業度、利益の３つの関係から、操業度が変化すると原価や利益がどのように変化するのかを分析することをCVP（cost-volume-profit）分析といい、損益分岐点分析は、代表的なCVP分析ということもできる。

損益分岐点分析の手法が最も活躍する場面は、経営計画の策定や予算編成の場面である。売上高や医業収益のような収益を推測できれば、必然的に利益の予想も立てることができるし、原価節減の効果を確認するうえでも、損益分岐点分析は有用なものといえよう（なお、損益分岐点分析については、100ページ「（２）損益分岐点分析（CVP分析）」を併せて参照）。

⑤限界利益、限界利益率

限界利益とは、売上高や医業収益のような収益から変動費を差し引いたものをいい（なお、限界利益については、101ページ「（３）限界利益と貢献利益」を併せて参照）、限界利益と売上のような収益との割合を限界利益率という（図２－76）。

限界利益率こそが、収益の増減に伴う純利益の増減そのものであり、限界利益率を用いることで損益分岐点売上高を計算することが可能となる。損益分岐点分析における損益は、限界利益から固定費を差し引いて計算するため、損益がゼロになるということは、限界利益と固定費がちょうど同額になることを意味する。

3　非財務指標に基づく経営分析

病院を対象に、非財務指標に基づく経営分析を行う場合、機能性、生産性などにかかる医療管理指標が中心となる。

■総資本回転率（単位：％）
｛医業収益÷（負債＋資本）｝×100

■固定比率（単位：％）
固定資本÷資本

■当座比率（単位：％）
（当座資産÷流動負債）×100

■支払利息負担率（単位：％）
｛（支払利息－受取利息配当金）÷医業収益｝×100

図２-74　**安全性分析③**

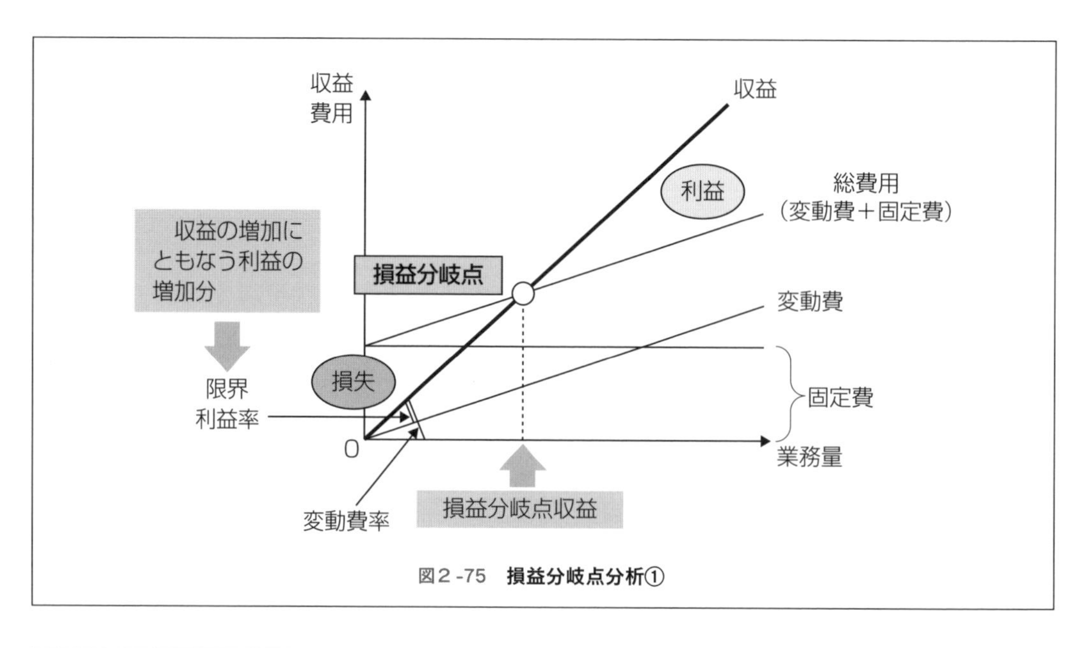

図2-75　**損益分岐点分析①**

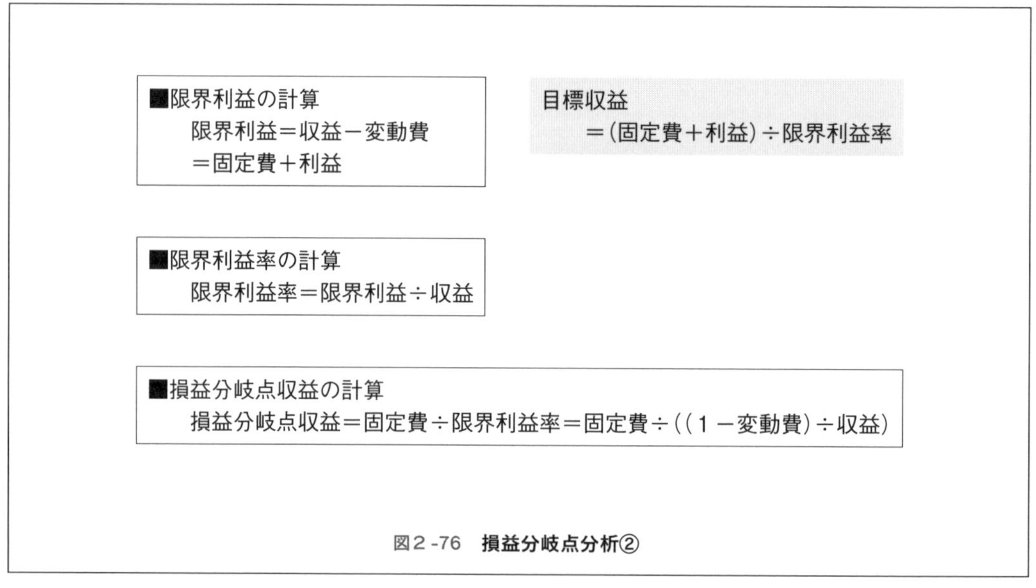

図2-76　**損益分岐点分析②**

医療管理指標は、医療管理の一環として医療評価を行うための基準となるものであり、医療の質を評価し、標準化させるための管理ツールとなりうるものである。

最近では、医療行為の経過や結果について評価を行うため、その中で意義ある項目をクリニカル・インディケーター（clinical indicator：臨床評価指標）として設定しようとする試みが世界的に行われてきている。

(1)機能性指標(入院)

①平均在院日数、病床利用率、病床回転率、在院患者数

平均在院日数(単位:日)は、入院患者が入院している期間の平均を示す。短いほど急性期医療の特性を示すものとみられるだけでなく、診療報酬上でも種々の要件として定められているため、特に重要性が高い指標である(図2－77)。

病床利用率(単位:%)は、平均的に病床がどのくらい利用されているかを示す指標であり、施設サービスを中心とする医療機関にとっては重要な管理指標である(図2－77)。分母は病床延べ数であり、単位期間によって、月間であれば30日、年間であれば365日を病床数に乗じて産出する。公的な統計では許可病床数を使用することが多いが、実務上は稼動病床数を分母にするほうが実態を表していて実用的なこともある。

病床回転率(単位:回)は、病床の稼働状況をみるための管理指標であるが(図2－77)、病床利用率や平均在院日数ほどは重視されていない。

在院患者数(単位:人)は、医療機関では、日中の入退院の他、時間外の緊急入院、死亡退院、出産による入院者増などにより、現在の在院患者数を刻々と変化しうる。通常は、その日の在院患者数を記載の方法で算出し、外泊中の患者数も在院者として数える(図2－77)。レセプトにおける患者数の数え方も同じである。

②病床数(ベッド数)、院内死亡率、剖検率、要手術患者術前在院日数

病床(単位:床)は、許可病床数と稼動病床数とに分類され、さらにICU、無菌室など通常の患者を収容できない病床を除いた実働病床数を使用する場合がある(図2－78)。特に注釈がなされない場合には許可病床数を指している場合が多い。

院内死亡率(単位:%)は、①は退院患者に対する比率で、②は取り扱い患者における比率であり、どちらも医療評価指標の1つとして重要なものである(図2－78)。

剖検率(単位:%)は、入院中に死亡した患者数のうち病理解剖が行われた患者数の割合を示すものである。病理解剖の実施は、臨床診断の妥当性や治療の効果の判定など、その後の診療に役立つことから、剖検率は、医療の質を評価するうえで重要な指標といえる。それゆえ剖検率は、高機能病院や臨床研修病院などの承認基準においても重視されており、一定以上の高い水準が求められている(図2－78)。

要手術患者術前在院日数(単位:日)は、手術前の検査等の処置が効率的に行われていれば、手術前の入院日数は短くなり、平均在院日数の短縮化につながることになる(図2－78)。

(2)機能性指標(外来その他)

①外来患者数、入院外患者数、平均通院回数

外来患者(単位:人)は、初診患者(新患数)と再来患者数とに区分できるが(図2－79)、初診患者は厳密には当該医療機関でまったく初めて受診する場合と、来院実績はあるが初診患者として、診療報酬で初診料を算定できる場合もあるので、区別して理解する必要がある。再診には、同日再診や電話再診もあるが、通常、再診料を算定する患者を再診患者として数える。

入院外患者数(単位：人)は、外来患者数と同じ意味で使用されることが多いが、病院の中心的な機能である入院部門の患者と、それ以外の機能の患者を大きく2つに分ける考え方である(図2－79)。具体的には、健康診断、人間ドックなどの受診者や、往診や訪問

■平均在院日数（単位：日）
在院患者延べ数÷｛1/2×(新入院患者数＋退院患者数)｝

■病床利用率（単位：%）
｛在院患者延べ数÷(病床数×日数)｝×100

■病床回転率（単位：回）…3つの算出方法
①年間退院数÷年間平均病床数
②年間暦日数÷平均在院日数
③(年間新入院数＋年初繰り越し入院数)÷年間平均病床数

■在院患者数（単位：人）
当日の午後12時の在院患者数＋当日中の退院数

図2-77 **機能性指標(入院)①**

■病床数（ベッド数）（単位：床）
原則、「許可病床数」（使用許可を得ている病床数）
⇒場合によっては、「稼動（可能）病床数」（実際に使用可能な病床数）

■院内死亡率（単位：%）
①(院内死亡数÷退院数)×100
②｛院内死亡数÷(繰り越し患者数＋新入院数)｝×100

■剖検率（単位：%）
(病理解剖数÷死亡数)×100

■要手術患者術前在院日数（単位：日）
(要手術患者の術前在院日数の合計÷要手術入院患者数)×100

図2-78 **機能性指標(入院)②**

看護などの患者である。

平均通院回数(単位：回)には２つの算出方法がある。特に①は近似値であるが速報性がある(図２－79)。平均通院回数は、医療機能によって各病院等で差が出る場合がある。

②紹介率

紹介率(単位：%)であるが、医療機関からの患者の紹介は、医療機能が高い場合あるいは特定分野に絞り込まれているなど、機能が明確であれば、その患者数に占める比率は高い傾向を示すといえる(図２－80)。医療機能連携の強化・向上が国の医療政策の中心となるなかで、2006(平成18)年度診療報酬改定において、初診料にかかる病院紹介患者加算および診療所紹介患者加算が廃止されたが、それまで診療報酬上の加算要件として重視されるなど、紹介率は、特に重要な管理指標の１つとして位置づけられてきている。

③外来／入院比率、診療行為別･診療科目別･入院外来別収益、患者1人1日当たり収益

外来／入院比率(単位：倍)とは、入院患者の数に対して、外来患者の数がどの程度の水準であるかを示すものである(図２－81)。略して入外比率と呼称する場合がある。

診療行為別・診療科目別・入院外来別収益(単位：円)であるが、診療報酬体系の分類(初診、再診、入院、指導管理、在宅、検査、画像診断、投薬、注射、リハビリテーション、処置、精神科専門療法、手術、麻酔、放射線治療など)ごとの月次・年次の統計が重要となる。また、併せて、室料差額、その他(診断書の文書料など)も集計する(図２－81)。

ただし、DPCなど包括的な診療報酬が拡充されていく中で、詳細な診療行為別の分析が困難な状況になりつつあることに留意すべきといえる。

患者１人１日当たり収益(単位：円)は、いわゆる患者単価(あるいは診療単価)として代表的な管理指標の１つであるが、一般には単価の高いほうが医療機能も高い傾向にあると

■外来患者数（単位：人）
新患数(初診患者数)＋再来患者数

■入院外患者数（単位：人）
外来患者数＋入院・外来以外の患者数

■平均通院回数（単位：回）…２つの算出方法
①{外来患者延べ数÷新患数(初診患者数)}×100
②(外来レセプトの診療実日数÷外来レセプト枚数)×100

図２-79　**機能性指標(外来)**

みられている。また、診療科別、診療行為別の数字の把握や、月次・年次での数字の把握も重要といえる(図２－81)。

(3)生産性指標

①職員１人当たり収益、医師１人当たり収益、薬剤部門１人当たり投薬料収益、放射線部門１人当たり画像診断収益、検査部門１人当たり検査料収益

職員１人当たり収益(単位：円)は、職員が１人当たり、どのくらいの収益を上げている

■紹介率（単位：%）
①特定機能病院
A：{(文書による紹介患者数＋紹介した患者数＋救急用自動車による搬入患者数)
÷(初診患者数＋紹介した患者数)} × 100
B：{(文書による紹介患者数＋救急用自動車による搬入患者数)÷初診患者数} × 100
②地域医療支援病院
{(文書による紹介患者数＋緊急的に入院し治療を必要とした救急患者数)
÷(初診患者数－休日･夜間に受信した救急患者数－緊急的に入院し治療を必要とした救急患者数)}
× 100
③一般病院
{(文書による紹介患者数＋救急用自動車による搬入患者数)÷初診患者数} × 100

図2-80　**機能性指標(その他)①**

■外来／入院比率（単位：倍）
（１日平均外来患者数÷１日平均在院患者数）× 100

■診療行為別・診療科目別・入院外来別収益（単位：円）

■患者１人１日当たり収益（単位：円）
①患者１人１日当たり入院収益
入院収益 ÷在院患者延べ数
②患者１人１日当たり外来収益
外来収益 ÷外来患者延べ数

図2-81　**機能性指標(その他)②**

ことになるかを算出し、施設全体としての生産性を判断、比較するための指標である(図2－82)。

医師1人当たり収益(単位：円)は、医療という業務の中核にある医師について、その生産性をみる指標である。診療科別によって収益性は大きく異なるため、科別に収益を把握する必要がある(図2－82)。

薬剤部門1人当たり投薬料収益(単位：円)であるが、外来の医薬分業の進展、薬剤指導業務の推進等によって、各施設の状況が異なっているため、施設間比較などの分析に用いにくくなっていることに留意する必要がある(図2－82)。

放射線部門1人当たり画像診断収益(単位：円)であるが、これについても同様に、放射線部門の業務内容が、施設の機能や規模によって大きく異なるため、他施設との単純な比較が困難な状況になってきていることに留意する必要がある(図2－82)。

また、検査部門1人当たり検査料収益(単位：円)についても、近年、検査部門は外部業者への業務委託が進展していることから、分析を行う際には注意が必要である(図2－82)。

②給食部門1人当たり給食料収益、投薬(注射)薬品使用効率、1日(1食)当たり給食材料費、1病床当たり年間収益、検査部門1人当たり検査料収益

給食部門1人当たり給食料収益(単位：円)は、栄養指導など給食業務以外の業務分野が拡大していることに加え、入院給食を担当している部門が、同じ厨房で同じ調理職員を使って、外来食堂や職員食堂など、患者給食以外の業務を行っている場合も多く、この点、分析を行う際には留意が必要である(図2－83)。

投薬(注射)薬品使用効率(単位：%)は、高価な医薬品は高い採算性を期待できることか

■職員1人当たり収益（単位：円）
医業収益÷医療機関全体の平均職員数

■医師1人当たり収益（単位：円）
医業収益÷平均医師数

■薬剤部門1人当たり投薬料収益（単位：円）
投薬料÷薬剤部門平均職員数

■放射線部門1人当たり画像診断収益（単位：円）
画像診断料÷放射線部門平均職員数

■検査部門1人当たり検査料収益（単位：円）
検査料÷検査部門平均職員数

図2-82　**生産性指標①**

■給食部門1人当たり給食料収益（単位：円）
給食関係収益÷給食部門平均職員数

■投薬（注射）薬品使用効率（単位：%）
{投薬(注射)料収益(入院＋外来)÷投薬(注射)薬品購入費} × 100

■1日（1食）当たり給食材料費（単位：円）
給食材料費÷患者給食日数（給食延べ食数）

■1病床当たり年間収益（単位：円）
年間医業収益÷平均実働病床数

■検査部門1人当たり検査料収益（単位：円）
検査料÷検査部門平均職員数

図2-83　**生産性指標②**

ら、使用効率の高低が業務効率を通じて施設損益に与える影響は大きい。記載の計算式によって、薬価差益や薬剤管理の効率性などが把握できる(図2－83)。

ただし、購入した薬品がすべて使用され、診療報酬請求が可能なものがすべて請求されていればよいが、逆に、デッドストックや使用期限切れなどによって廃棄されている薬品などがあれば、採算悪化に直結することになる。

1日(1食)当たり給食材料費(単位：円)は、患者以外の給食費(職員給食費など)を含まない数値の把握が求められることに留意する必要がある。通常は、1日当たり給食材料費で算出する(図2－83)。

1病床当たり年間収益(単位：円)は、医療機能の中心である入院業務の生産性を図る管理指標の1つである。患者単価が高くても、病床稼働率が低ければ、当該指標の数値は低めとなる。また、分母として許可病床数が用いられることもある(図2－83)。

設備投資の経済性計算に関する説明について、次の選択肢のうち適切でないものを１つ選べ。

[選択肢]

①設備投資の経済性計算とは、複数の投資代替案から選択を行う際に、設備に対する資本支出の意思決定に必要な計量的情報を経営管理者に提供するものである。

②貨幣の時間価値について、例えば元本の10,000円を年利５％で２年間複利運用した場合、元本に運用利息1,000円を加算した11,000円が元利合計となる。

③貨幣の時間価値とは、金利を通じて、現在価値や将来価値という形で貨幣価値を時間と対応させて捉えていく考え方である。

④貨幣の時間価値を考慮しない方法としては、回収期間法、投下資本利益率法がある。

⑤貨幣の時間価値を考慮する方法としては、正味現在価値法、内部利益率法がある。

確認問題　解答　解説

②

①○：選択肢の通りである。

②×：単利計算の場合の説明である。複利計算で運用を行った場合（１年後の元利合計を２年目に運用する元本とし運用を行う）、１年後の元利合計は単利場合と同じで10,500円となり、２年後に得られる利息は、10,500の５％の525円ということになる。

③○：選択肢の通りである。

④○：選択肢の通りである。

⑤○：選択肢の通りである。

確認問題

病院経営における原価計算について、次の選択肢のうち正しいものを１つ選べ。

[選択肢]

①DPC (Diagnosis Procedure Combination：診断群分類) に基づく包括評価(支払い)方式の導入以来、わが国の病院経営管理は医業収益偏重型経営思考へとシフトした。

②財務会計としての原価計算とは、内部管理のために原価管理、価格決定、予算管理、経営意思決定(経営計画策定)を目的として実施される原価計算をいい、原価計算制度との整合性を有しながら、併せて特殊原価調査に有用な情報を提供するものを指している。

③診療科別原価計算の実施とは、費用別原価計算を実施することを意味する。

④電子カルテやレセプト電算処理システム等、ITを活用した院内情報システムの充実は、疾病別原価計算を導入するうえで前提条件となる。

⑤疾病別実際原価計算では、あらかじめ目標として設定した標準原価に基づいて疾病別原価計算を行い、実際原価と標準原価の差異を分析することによって原価管理を行う。

解答 2

④

解説 2

①×：アメリカで生じた動きと同様に、出来高払い制を前提とした医業収益偏重型重視思考に基づく経営体制から、原価管理重視思考に基づく経営体制への転換が求められるようになっている。

②×：管理会計としての原価計算に関する説明となっている。

③×：費用別原価計算ではなく、部門別原価計算である。

④○：選択肢の通りである。

⑤×：疾病別標準原価計算の説明になっている。疾病別原価計算には、過去の実績値に基づく実際原価を用いる疾病別実際原価計算と、標準原価を用いる疾病別標準原価計算の２つがある。

参考文献

浅田孝幸『戦略的管理会計 キャッシュフローと価値創造の経営』有斐閣、2002年

あずさビジネススクール[編]『財務諸表と経営分析(新版)』エクスメディア、2004年

安部勝一『医療法人の税務実務　組織変更と課税関係』税務経理協会、2010年

飯野利夫『財務会計論(第三版)』中央経済社、1993年

伊藤邦雄『新・現代会計入門(第3版)』日本経済新聞出版社、2018年

伊藤嘉博『環境を重視する品質コストマネジメント』中央経済社、2001年

伊藤嘉博・清水 孝・長谷川惠一『バランスト・スコアカード 理論と導入』ダイヤモンド社、2001年

岡本　清『原価計算(四訂版)』国元書房、1990年

岡本　清・廣本敏郎・尾畑　裕・挽　文子『管理会計(第2版)』中央経済社、2008年

加古宜士『財務会計概論(第6版)』中央経済社、2006年

金子　宏『租税法〔第23版〕』弘文堂、2019年

川野克典『管理会計の理論と実務(第2版)』中央経済社、2016年

川渕孝一『進化する病院マネジメント 医療と経営の質がわかる人材育成を目指して』医学書院、2004年

国際医療福祉大学医療経営管理学科[編]『医療・福祉経営管理入門(四訂版)』国際医療福祉大学出版会、2004年

小林啓孝・伊藤嘉博・清水　孝・長谷川恵一『スタンダード管理会計【第2版】』東洋経済新報社、2017年

桜井久勝『財務会計講義〈第19版〉』中央経済社、2018年

櫻井通晴『管理会計(第三版)』中央経済社、2004年

櫻井通晴[編著]『ＡＢＣの基礎とケーススタディ』東洋経済新報社、2004年

櫻井通晴『管理会計　基礎編』同文館出版、2010年

櫻井通晴・佐藤倫正[編著]『キャッシュフロー 経営と会計』東洋経済新報社、1999年

清水　孝・庵谷治男『基礎管理会計』中央経済社、2019年

社団法人日本医療法人協会[監修]、田中重代[著]『医療法人ものがたり』SEC出版、2012年

新日本監査法人 医療福祉部『病院会計準則ハンドブック』医学書院、2005年

高橋淑郎『変革期の病院経営』中央経済社、1997年

高橋淑郎[編著]『医療経営のバランスト・スコアカード』生産性出版、2004年

千代田邦夫『新版　会計学入門(第5版)』中央経済社、2018年

内藤文雄『財務諸表監査の考え方』税務経理協会、2004年

中村彰吾・渡辺明良『実践　病院原価計算』医学書院、2000年

西村　明・大下丈平(編著)『新版　ベーシック管理会計』中央経済社、2014年

広瀬義州『財務会計(第13版)』中央経済社、2015年

藤沼亜起・平松一夫・八田進二『会計・監査・ガバナンスを考える』同文館出版、2003年

ラルフ・スミス[著]、高橋淑郎・橋口 徹・宇田 理[訳]『バランスト・スコアカードの実践作法 現場を生かすプロセス・マネジメント』生産性出版、2009年

門田安広(編著)『セミナー管理会計』税務経理協会、2016年

Kohn L.T., Corrigan J.M., Donaldson S.M. eds. (1999) Committee on Quality of Health Care in America, Institute of Medicine, To err is human : building a safer health system. Washington, DC: National Academy Press. (L.コーン/J.コリガン/M.ドナルドソン[編]、米国医療の質委員会/医学研究所[著], 医学ジャーナリスト協会[訳]『人は誰でも間違える－より安全な医療を目指して』日本評論社、2000年)

厚生労働科学研究費補助金政策科学研究推進事業『開設主体別病院会計準則適用に関する調査・研究　平成15年度総括研究報告書』(主任研究者：会田一雄)平成16年4月.

厚生労働省医政局『病院会計準則適用ガイドライン』平成16年9月.

平成16-18年度厚生労働科学研究費補助金・政策科学推進研究事業 総合研究報告書『医療における安全・質確保のための必要資源の研究：「品質原価」と「持続可能性のための原価」の測定と分析』(主任研究者：今中雄一)平成19年3月.

平成18 - 20年度厚生労働科学研究費補助金・地域医療基盤開発推進研究事業 研究報告書『集積された医療事故事例の予防可能性の検証と防止のために必要となる費用に関する研究』(主任研究者：大道 久)平成21年3月.

索　引

[く]

[け]

[こ]

[さ]

[し]

[せ]

[そ]

[た]

[ち]

[つ]

[て]

[と]

[な]

NOTE

著者紹介

橋口　徹（はしぐち　とおる）

日本福祉大学経済学部・大学院医療・福祉マネジメント研究科医療・福祉マネジメント専攻（修士課程）・大学院福祉社会開発研究科福祉経営専攻（博士課程）教授

1965年生まれ。早稲田大学商学部卒業。早稲田大学大学院商学研究科修士課程、同大学院経済学研究科修士課程修了。早稲田大学大学院社会科学研究科博士後期課程修了要件満了。日本大学大学院医学研究科博士課程社会医学系医療管理学専攻修了。博士（医学）。株式会社日本総合研究所研究事業本部副主任研究員、国際医療福祉大学医療福祉学部医療経営管理学科専任講師などを経て、現在、日本福祉大学教授。主な研究テーマは、非営利組織会計（特に、病院会計）、医療管理（特に医療法人経営、医療安全管理）など。『非営利組織と営利組織のマネジメント』（中央経済社：分担執筆）、『病院経営のイノベーション』（建帛社：分担執筆）、『会計情報の変革』（中央経済社：分担執筆）、『会計学説と会計数値の意味』（森山書店：分担執筆）、『脱予算経営』（生産性出版：分担翻訳）、『福祉の経済学－21世紀の年金・医療・失業・介護－』（光生館出版：分担翻訳）、『バランスト・スコアカードの実践技法　現場を生かすプロセスマネジメント』（生産性出版：分担翻訳）など著書・翻訳書多数。

本書は、2010年7月20日発行の医療経営士テキスト・中級・一般講座・8巻「財務会計／資金調達(1)——財務会計」を加筆・修正及び情報を更新したものです。

医療経営士●中級【一般講座】テキスト8

病院会計——財務会計と管理会計

2020年8月7日　初版第1刷発行

著　　者　橋口　徹
発 行 人　林　　諄
発 行 所　株式会社 日本医療企画
〒104-0032　東京都中央区八丁堀 3－20－5 S-GATE八丁堀
TEL 03-3553-2861(代)　http://www.jmp.co.jp
「医療経営士」専用ページ　http://www.jmp.co.jp/mm/
印 刷 所　図書印刷 株式会社

ISBN978-4-86439-920-3 C3034　　定価は表紙に表示しています

『医療経営士テキストシリーズ』全40巻

初　級・全8巻

(１)**医療経営史**――医療の起源から巨大病院の出現まで［第３版］
(２)**日本の医療政策と地域医療システム**――医療制度の基礎知識と最新動向［第４版］
(３)**日本の医療関連法規**――その歴史と基礎知識［第４版］
(４)**病院の仕組み／各種団体、学会の成り立ち**――内部構造と外部環境の基礎知識［第３版］
(５)**診療科目の歴史と医療技術の進歩**――医療の細分化による専門医の誕生、総合医・一般医の役割［第３版］
(６)**日本の医療関連サービス**――病院を取り巻く医療産業の状況［第３版］
(７)**患者と医療サービス**――患者視点の医療とは［第３版］
(８)**医療倫理／臨床倫理**――医療人としての基礎知識

中　級［一般講座］・全10巻

(１)**医療経営概論**――病院経営に必要な基本要素とは［第２版］
(２)**経営理念・経営ビジョン／経営戦略**――戦略を実行するための組織経営
(３)**医療マーケティングと地域医療**――患者を顧客としてとらえられるか
(４)**医療ＩＣＴシステム**――ヘルスデータの戦略的活用と地域包括ケアの推進［第２版］
(５)**組織管理／組織改革**――改革こそが経営だ！
(６)**人的資源管理**――ヒトは経営の根幹［第２版］
(７)**事務管理／物品管理**――コスト意識を持っているか？［第２版］
(８)**病院会計**――財務会計と管理会計
(９)**病院ファイナンス**――資金調達の手法と実務
(10)**医療法務／医療の安全管理**――訴訟になる前に知っておくべきこと［第２版］

中　級［専門講座］・全9巻

(１)**診療報酬制度と医業収益**――病院機能別に考察する戦略的経営［第５版］
(２)**広報・広告／ブランディング**――集患力をアップさせるために
(３)**管理会計の体系的理解とその実践**――原価計算の手法から原価情報の活用まで
(４)**医療・介護の連携**――これからの病院経営のスタイルは複合型［第４版］
(５)**経営手法の進化と多様化**――課題・問題解決力を身につけよう
(６)**多職種連携とシステム科学**――異界越境のすすめ
(７)**業務改革**――病院活性化のための効果的手法
(８)**チーム医療と現場力**――強い組織と人材をつくる病院風土改革
(９)**医療サービスの多様化と実践**――患者は何を求めているのか［第２版］

上　級・全13巻

(１)**病院経営戦略論**――経営手法の多様化と戦略実行にあたって
(２)**バランスト・スコアカード**――その理論と実践
(３)**クリニカルパス／地域医療連携**――医療資源の有効活用による医療の質向上と効率化
(４)**医工連携**――最新動向と将来展望
(５)**医療ガバナンス**――医療機関のガバナンス構築を目指して
(６)**医療品質経営**――患者中心医療の意義と方法論
(７)**医療情報セキュリティマネジメントシステム（ISMS）**
(８)**医療事故とクライシスマネジメント**――基本概念の理解から危機的状況の打開まで
(９)**DPCによる戦略的病院経営**――急性期病院経営に求められるDPC活用術
(10)**経営形態**――その種類と選択術
(11)**医療コミュニケーション**――医療従事者と患者の信頼関係構築
(12)**保険外診療／附帯事業**――自由診療と医療関連ビジネス
(13)**介護経営**――介護事業成功への道しるべ

※タイトル等は一部予告なく変更する可能性がございます。